跟著老子去修行
用「道」闖關升級

無止盡的貪欲、人性間的猜疑、勾心鬥角的職場……
以不變應萬變，做最真實的自己

楊煜萍 著

覺得自己的工作沒有意義，浪費你的寶貴生命？
被同事、老闆、客戶的無理要求搞得焦頭爛額？
下屬、新人永遠狀況外，黃金給他都能成糞土？
—— 如果有個方法能讓這些爛事變成你的成就，你願意嗎？
加入老子從兩千五百年前發起的練等邀請，讓你的生命開外掛！

目錄

目錄

目錄

目錄

目錄

自序

我的名字有點獨特，用了生僻字，還有點容易引發性別誤解，一直沒弄明白其含義，家中老人不說，就自己去理解。

字典裡的解釋，煜是陽光照耀的意思，萍是一種水草。太陽照耀到鋪滿水面的水草之上。畫面感倒是很強，內心卻一直未能完全接受，總覺得太柔和了。成年後，書看得多了，知道萍的另一個解釋，萍者，劍也。張端緒因愛劍而改名，成了眾所周知的張愛萍上將。梁羽生武俠小說《萍蹤俠影》講的是劍與俠的故事。另一個畫面浮現出來，陽光照射在一把插入岩石的劍上。自感氣勢不凡，多了幾分滿意。

兩個畫面，兩種詮釋，兩種心境。要說此刻偏好於哪個畫面，我的答案是回歸初心，柔和些的為上。這個答案，來自研讀《道德經》（又名《老子》）後的感悟。有陽光的通透，有溪水的柔和，有水草隨水流而擺動的順遂……全然與《道德經》的思想吻合。冥冥之中有親近感，自然找來了若干大家釋讀《道德經》的著作來讀，比如近代的林語堂先生、陳鼓應先生、任繼愈先生等的大作，乃至高明先生的《帛書老子校注》，以及古時的韓非子、王弼、李世民、蘇軾的解老。

比較著看，跟隨著大家們的思維，體會著大家們的思想深度和細微處的差異，個人對《道德經》基本思想的理解也多了起來。

這份個人理解，歸納起來，就是虛靜謙下順自然。兩種句讀方法，一從體系看，虛靜／謙下／順自然，二從具象看，虛／靜／謙／下／順／自然。

《道德經》八十一章，約五千字，前三十七章是「道經」，後四十四章為「德經」，所以，可以分三個角度去理解 —— 道、德、行。道是無形的、混沌狀態的，可以看作人之本性。嬰兒一出生就有不同，有的活潑，有的安靜，這是與生俱來的，在內心、潛意識中主宰著人的一生。這一點

自序

是無法解釋的。

道展示出來讓人可感知的形態，就是德，也就是道之用或者說道之功，是具體的思想、價值觀。如果說道與德還是精神層面的，那麼，行就是實踐層面的踐行。打個不那麼恰當的比喻，精神支柱是道；轉化成「我可以」、「我能堅持」的想法，這是德；用行為展示出來，比如多跑一公里，就是行了。

虛靜，是道的維度。虛懷若谷，內心中空，無成見，無執念，無雜念，少私寡慾。老子尚雌，靜若處子，清靜淡定，回歸質樸，包容一切，讓心柔和到無形。

謙下，是德的維度，表現出來的是謙謙有禮，內斂不外露，思想深邃、修為高遠，深藏不露、自帶光芒。對外界人與事，低調不炫耀，慈善為本，寧卑不傲，甘居於下。

順自然，是行的維度。內心是和順的，氣息是平順的，與環境是和諧共處的。要簡單而不圖簡單，積極行動但不妄為，計劃有序而不窮忙，持續前進而不冒進，合作但不主宰，建功而不據為己有。

當然，還有很多的思想，比如布局、平衡、分寸、變（無常形）、正（正心、正念、正行、正果）等，可以融於自己的身心，自然而非刻意地、無意識而非由意念掌控著地展現在我們的言談舉止之中。

《道德經》歷經數千年，我們看到的文字表述，與原作已有差別，但不影響其深度和價值。它的思想已經成為中國文化核心的一部分，影響著中國人的思維和舉止。越浮華之時，它所帶來的啟迪越顯珍貴。權且撇開辯證法、唯心論等的哲學角度，它對我們的生活與工作、為人與處事能帶來哪些啟示？對高階人士、中年人群以及奮鬥青年又會有哪些啟示？

要找到答案，就讓我們一起跟著老子去修行一番。長期堅持、反覆精進，能達開悟通透之境，自然是極好的。即便跟著修行一次，能有點滴收穫，甚至只受一語一詞的點醒，也是好的。爾後踐行之……終會遇見一個不同的自己。

第一章
道不可道：道是天地萬物之始源

道，可道，非恆道。名，可名，非恆名。

無，名天地之始也；有，名萬物之母也。

故，恆無，欲以觀其妙；恆有，欲以觀其徼（ㄐㄧㄠˋ）。

兩者同出，異名同謂。

玄之又玄，眾妙之門。

《道德經》開宗明義，一開篇就講道是什麼。其實後面還有數章在描述道。我們借用開天闢地的神話故事，可能更容易理解。天地開始之前，宇宙是混沌一片的氣，恍恍惚惚，若有若無，玄得很。這就是道的狀態，說不出，講不透，需要靠內心去體會。某時，在某種條件下，重物質降落成為「地」，輕物質上升成為「天」，天地之間的空間越來越敞亮、明朗，道用無窮盡在其間。

第一章講的就是這個「道」。道，是說不出講不透的，需要靠內心去體會。體悟越深，越會感覺到其中的深奧、玄妙。

▊ 一、道無法用言語描述，無法用標籤框定

「道／可道／非恆道」。道，如果能說得出來，就不是道了。

「恆」，有版本寫為「常」，是為避諱皇帝名字而改。我們還原本意，用「恆」字。道，是宇宙規律、自然規則，就像一隻無形的手，不可捉摸，不可觸摸，但卻永恆存在，永遠地作用於宇宙，持久地主宰萬物。

現在，又要把它說給大家聽，這就是要強行說它了。而一旦描述，其實已經限定了它，也就帶有了局限性。這正是道的永恆性和不可捉摸性。不可捉摸之中，包含著變化。我們可以用活的「太歲」來理解。太歲，形

態上沒有定式，究竟是什麼物質還說不清。道，只可意會不可言傳，永恆存在又不斷變化。

「名／可名／非恆名」。如果把「名」理解成名利，認為名利可以被命名，就不是真實無虛的、永遠的名利，那倒是符合道家思想。因為，老子提倡的是「死而不亡者壽」、「成功而弗居也／夫唯弗居／是以弗去」，他不要浮名，要的是跨越生死且符合道統的名聲。但這樣去理解，與第一句「道／可道／非恆道」之間，缺乏邏輯關係。所以，還是要從道是不可捉摸的角度去理解「名／可名／非恆名」。我們這樣解釋：名，一旦下了定義、做了標籤，就不是原來那個名了。為什麼呢？因為，下了定義、做了標籤，就有了局限性，而初始的道與名，是不可限量的。

開篇兩句，講道與名，可見這兩個概念是十分重要的，有必要理解透澈，以利於理解道家整體的思想。所以，要搞懂道與名之間的關係。道即名？顯然不是。因為道是老子終極的概念，是金字塔尖中之尖。「道生一」，然後才逐漸有萬物。所以，道與名不太可能平起平坐。其實，兩者是內道外名的關係。

以地球打個比方，地球結構由內而外是地核、地函、地殼。如果說道是地核之最內層，是地心，那麼，名是地殼之最外層，是地表。地心，深藏不露，遠不可知，沒有地心，地球玩完；地表，外物附著，可以被感知。

▌二、天地和萬物來源於無與有，而無與有同出於道

「無／名天地之始也／有／名萬物之母也／故／恆無／欲以觀其妙／恆有／欲以觀其徼」。要理解這兩句話，斷句很重要。我認為，在老子思想體系中與道同等重要的概念是無，與無相對應的則是有，因此，我採用「無」、「有」、「恆無」、「恆有」的句讀，而非「無名」、「有名」、「恆無欲」、「恆有欲」的句讀。

「兩者同出／異名同謂」，這說的是，無和有，出自同一處，只是叫法不同而已，本質上是相同的。它們同出的這一處就是道了。也就是說，無與有，是同門的師兄弟。可見，道的狀態雖是混沌的，但中間是有東西的，那就是無與有。

「無／名天地之始也」，無，是作為天地混沌未分之際的命名。

「有／名萬物之母也」，有，是作為萬物本源的命名。這有點拗口，我們要倒過來說這句話：天地的始端是無，萬物的起源是有。

我們談天說地，但什麼是天，什麼又是地呢？無法說得十分清楚，更多是一個大概念，而非特定的物質，所以還得回溯到無這個點上。而萬物是物質之存在，所以是有。

無與有，是幹嘛的呢？「恆無／欲以觀其妙／恆有／欲以觀其徼」。也就是說，它們是觀察「道」的渠道和途徑。道是無形無相的，要去考察它，需要透過某種媒介。這個媒介，就是無與有，透過它們能看到道的「妙」和「徼」。

什麼是「妙」？妙，不是我們日常理解的好，它的本義是「微之極」。一旦微小到極限，那幾乎就是無了，這就是無和妙的關聯。

道可以無限小，在微小中觀察道體的玄通。

什麼是「徼」呢？歸終也，意思是終極，還有邊界之意。

端倪也有邊界之意，所以可以引申為端倪。帶著邊界的東西，四方上下，只會從有中來。所以，可以透過有去觀察道廣大無限的外在表現。

可以說得更加直白點，意思就是：常處於無，就可以明白無的道理，透過無去觀察宇宙間變化莫測的祕密。常處於有，就可以明白有的道理，透過有去觀察萬物紛紜的跡象。

▌三、道是玄而又玄的

　　講了這麼多，開了個頭，但對老子思想的玄妙，應該已經有點感覺了。老子自己也承認，道是「玄之又玄」的。「玄」，黑色，凡遠而無所至極者，其色必玄。所謂玄之又玄，黑乎乎，像煤球似的，實際指的是道的幽微深遠。這麼悠遠的道，正是看待一切的總則。

　　《小王子》中有這樣一段話：「只有用心靈才能看得清事物的本質，真正重要的東西是肉眼無法看見的。」這段話可以用來理解道的玄妙，用來理解有、無。

　　日常的工作、生活中，有、無有哪些呢？企業中的文化、體育競技中的拚搏精神、個人的意志，是不是屬於無的範疇？還有哪些呢？……

第二章
居無為事：一切言行循於自然天成

天下皆知美之為美，惡矣；

皆知善，斯不善矣。

有無相生，難易相成，長短相形，高下相盈，音聲相和，前後相隨，恆也。

聖人居無為之事，行不言之教。

萬物作而弗辭，為而弗恃，成功而弗居。

夫唯弗居，是以弗去。

一般都認為，第二章是講相對論、辯證法。在這裡，我們不去分析老子辯證法與西方各類辯證法的異同，只需知道老子具有辯證思想。其實，對本章更需關注的是老子透過辯證法，引出的頗具道家特色的做事方法——無為、不言。

從這個角度去理解，那麼，本章講的是自然領域的無為。後續幾章還會講其他領域的無為。

▌一、萬物歸同，不存分別心

本章第一句話是這樣說的，「天下皆知美之為美／惡矣／皆知善／斯不善矣」，知道怎樣才算美、怎麼才是善，並非好事。

因為，這就動了意念，就有了醜與惡的概念，這是不夠純粹的。細細品讀，其實，老子的語氣中是帶有感慨與遺憾的。老子並不是想弘揚美和善，而是認為有了美、善的標準，就有了分別心，就不足夠自然了。人在開化前，思想很單純，心裡沒有什麼心機，把很多事都看得很認真。後來，開化了，思想啟蒙了，心靈就沒那麼純粹了，雜念、心機也開始出現

了。老子認為，這是許多社會問題、國家治理問題產生的根源。所以，在這裡，我們要理解，老子不是要表達美醜、善惡的對立性，而是想告訴世人萬物歸同、毋須存有分別心的觀點。

在現實中，大家已經對美醜、善惡有了各自的判斷，而且每個人的判斷標準都有差別。比如，你認為少，他人可能認為多；你認為好，別人可能看不慣。這就是差別。有了差別，就會產生觀念的碰撞、觀點的衝突。一旦內心被自己的觀點填塞，固執己見，就容易出現心理的波動和情緒的起伏。比如，自己提出的想法很好，但上司採納了另一個不那麼好的意見，就可能想不通，氣不打一處來，情緒就上來了。時間一久，總感覺別人處處針對自己，越來越氣，越來越不聽勸，越來越與大家合不來。而這些問題的源頭，就是有了分別心。老子反對固執己見，他提倡的是虛懷若谷，要的是心靈虛靜、千般柔順。

那麼，問題就來了。是不是就不要有自己的見解、主張了呢？並非如此，堅持己見不一定就錯了。其中有一個度的問題，後面會探討到這一點。沿著老子的思維，可以這樣去修行：有了想法後，很自然地傳達出去，內心不預設結果，也不去強求外界接受。如果外界不接受，則說明條件不成熟，不因此煩憂。

如果與外界發生衝突，則反求諸己，試著理解他人的出發點，看到他人觀點的可取之處，或者暫且擱置自己的觀點，或者修正自己的見解，找到各方觀點的平衡點和公約數。

這是比較現實和基本的做法，如果能進一步，那就更好了。

那就是，在形成見解的過程中，已經去除了分別心。無論說話還是做事情，不帶主觀色彩，而是要講事實，展現客觀、公正，達到無物不然、無物不可的境界。要知道，如果放下了自以為是，豁達自然會隨之而來；如果沒有執念，則能眾人歡喜、圓融無礙。

▌ 二、調和相融，以動應變

講清了無有分別心的觀點，接下來，老子用這個思想基點告訴我們如何看待萬事萬物。那就是一切皆為動態平衡。他是這樣講的：「有無相生／難易相成／長短相形／高下相盈／音聲相和／前後相隨／恆也。」

在這裡，老子說了六對概念：有無、難易、長短、高下、音聲、前後。其實這不只是六對概念，其中還囊括了萬事萬物。

它們，相互關聯，相互倚靠，相互演化，就像陰陽太極圖，「白魚」頭連著「黑魚」尾。這種辯證性，在現代也有許多。可見，大與小，是被人為分割、人為比較而來的，其實，可以相互轉化，甚至本就是一致的。

對這六對概念，我們還可以有哪些更加深入的理解呢？

（一）二元論或多元論。六組概念，成對出現。這讓我們知道，事物絕對不是一面的，至少是兩面的，也常常是多面的。

我們都知道，兩條腿走路總比一條腿走路更能行穩致遠。

如果只看到一面，或者只強調一面，那是押寶、賭博，帶來的後果就是天平失衡，可能一時能得益，但是災禍一定不會遠。

我們生活、工作在各種矛盾體之中，需要處理各種關係，比如，經營中處理規模與效益、業務與管理的關係，日常要處理工作與生活、健康與財富的關係等。如果悟透了老子的多元論，處理這些關係也會遊刃有餘。當然，這也是如何拿捏分寸的問題。

（二）做事得調和。高下相盈 —— 高與低相互包容；音聲相和 —— 音樂與人聲相互調和；前後相隨 —— 前與後按順序排列。看來，事物的兩面不是對立面，更多的是融合，水乳交融。

還要拿太極圖來說，「白魚」有黑眼，「黑魚」有白眼，白中有黑，黑中有白，這才是事物的常態。

因此，面對矛盾和衝突時，需要以調和的方式，而不是吵架、壓制的

方式去處置。怎麼調和？把各方訴求搞清楚，找到情感共通點和利益共同點，求同存異，這樣才能平息問題。爾後舉一反三，從機制上、從深層次剷除產生問題的根源。

（三）一定要動起來。老子一直在講動態的平衡。你眼中的高可能是他人眼中的低，因為各自的角度不同；現在的高，不可能一直是高，以後也可能會是低，因為時空會帶來變化。

太極圖的圖案，似靜實動，動靜相融，在動態之中孕育著無窮的變化。

當然，我們也要看到，動態雖然是常態，但它的振頻、振幅可以是不規則的，不一定有規律。那該怎麼辦？這個時候，我們就一定要因時、因事、因地來做決定，不能墨守成規，不要千篇一律，不要自以為是。

三、處無為之事，行不言之教

既然無有分別之心，既然萬事萬物相融轉化，那麼，處理事情的正確方法，也就呼之欲出了。老子眼中的正確方法就是無為，他的原話是這樣的，「聖人居無為之事／行不言之教」。

老子所講的「聖人」，可以理解成有道之人。聖人並非高不可攀，任何人，只要體道、信道、行道、守道、護道，體任自然，拓展內在的生命，都能成聖。什麼是無為之事、不言之教？

這個要先從「事」、「教」這兩個字說起。

「聖人居無為之事／行不言之教」，從整句話的句型看，「無為」對應的是「事」，動手，做各種事；「不言」對應的是「教」，是動嘴，說很多的話的意思。這正好是我們每個人日常一定要做的兩件事 —— 做事、說話。

再連接這句話的主語「聖人」。我們感覺，這是老子觀察世人的日常言行後得到的哲思。教，有人理解成傳道授業解惑之教導，我覺得，這個理

解雖未嘗不可，卻也偏窄。我們更願意看成老子在以聖人之標準引領普通人的言和行，是針對所有人身上普通得不能再普通的點滴所做出的勸告。

聖人（有道之人）是怎麼做事、說話的呢？一無為，二不言。

這當然不是字面上的不做事、不說話，而是指不瞎做、不亂說。

無為、不言，這是繼「道」、「無」等核心概念之後，老子提出的又一對核心概念。

讀《道德經》，需要有整體觀、大視野、也需要有邏輯，看到段落之間的連繫。我們在思考無為、不言時，就要連繫前面六對概念（有無、難易、長短、高下、音聲、前後）。這六對概念，傳遞給我們的訊息是自然天成、和諧共生，這正是在為闡述無為、不言這對核心概念作鋪墊和引子。《道德經》通行本將此句寫為「是以聖人居無為之事」，我們透過六對概念所傳遞的資訊，理解到前後句不是因果關係。因此，我們去除了一些版本中的「是以」二字。接下來，我們立足於無分別心、萬事萬物相融轉化的角度，來理解無為和不言。

首先，無為，不是不作為。老子很喜歡用嬰兒、雌牝來比喻道，這些看起來都取守勢，但從他的二元論、靜動相融的觀點來看，其中是有積極向上的意味的。即便守勢，也不是死守，不是消極懈怠，不是守株待兔。我們常用一個成語，叫「水到渠成」，水流到之處便有了水渠，比喻條件成熟，事情自然會成功。那麼，條件怎麼來的呢？絕不是消極等來的。鄒韜奮在《雜感‧能與為》中講過一句話，「都是有了充分準備以後的親切寫真」。

可見，具備條件是做成事情的先決，不能隨著自己的性子來做事；創造條件也並非違背無為思想。這裡要講的是，無為首先要有積極向上的做事態度。

第二，無為，不是瞎作為。以一己之私去考慮問題，胡亂搞一通，不是無為。朝令夕改，新點子層出不窮，反覆窮忙，也不是無為。如果要用一個字來形容無為，我想歸結為一個「順」字。沒有分別心，意味著融

合，那就不會去劃定人的邊界、職責的界限，所有人、所有事都要用起來。做事是平順的，不卡住，沒有阻隔感。做事結果呢，關照到各方的核心訴求，各方都很順心。所以說，無為是順應自然的做事套路。依天地自然之理而行動，自爾如是，自然而然，毫不造作。

這是對無為之事的理解。而不言之教呢？

第一，它不是不說話用行動去教導的意思，而是指不妄言。

言所知之事，止於所知範圍，安守自然的本分，便是達到認知的極點。天花亂墜、添油加醋、真假參半，不是不言。

第二，不言，也是不專斷。不認為自己的觀點就是觀點之全部，不把自己的觀點強加於人。我們知道，世界因差異而多采多姿，有了五彩斑斕才有世界的美麗，有了不同性情的人才有世界的精采。人和人打交道時，也是各有想法，不可能千篇一律，不可能統一成一個腦子。那麼，怎麼辦呢？可以把思維打開些、放開些，看到相互間的不同，也懂得無分別的實質，因此，欣然地接受，保留不同思想間的差異，既不壓制，也不為之所惱，讓各方觀點相互融合、相互作用，事情的結果也會油然而生。

這就是不專斷的不言。

■ 四、無為、不言的具體表現

搞清楚了處理事務的方法，那麼，自然界的無為、不言，是怎樣的表現呢？「萬物作而弗辭／為而弗恃／成功而弗居／夫唯弗居／是以弗去」。老子用大自然影響萬物生長的過程來進一步解釋「順遂自然」這個核心意思，這可以幫助我們深入理解，一旦學深悟透，頭腦也會通透起來。

老子講，世間萬物依著自己的軌跡成長，植物根據氣候生根、發芽、開花、結果，動物該生育時生育、該捕食時捕食，這都是在利用自然資源。但大自然沒覺得自己吃了虧，它沒做任何的推託。而且，大自然就這

麼培育著萬物，沒覺得自己有很大能耐，不會覺得做出點成績就很驕傲，就到處炫耀；世界豐富多彩，一派成功的景象，但大自然沒覺得這是自己的功勞，更不會居功而去索取。

這樣來看，從萬物的角度而言，自由生長，無拘無束，知道大自然的生養之恩，也知道大自然不推託、不恃能、不居功的品格，所以，萬物感恩、傳頌大自然，大自然的功績因此永遠存續。而從大自然的角度而言，沒把生養萬物當作施恩，也不在意自己的利益，從來沒想過自己有沒有功勞的問題，也就根本談不上功勞會消逝了。這就是「夫唯弗居／是以弗去」。

這就是自然界的無為。大自然的做法，就是全社會的榜樣。

老子勸告世人，要消除占有欲，淡化功勞感，助力他人成功。

這一切都基於沒有分別心的意識，基於自然順遂的方法。這正是無為之事、不言之教。

第二章　居無為事：一切言行循於自然天成

第三章
無為之治：社會治理的終極目標是讓百姓內心純樸、不起貪念

不尚賢，使民不爭；不貴難得之貨，使民不為盜；不見可欲，使民不亂。

是以聖人之治也，虛其心，實其腹，弱其志，強其骨。

恆使民無知無欲也，使夫智不敢。

弗為而已，則無不治矣。

本章重點講的是社會治理領域的無為，努力教化、引導百姓淨化心靈，沒有偽詐和心機，回歸純樸。

本章是從執政者對百姓、上對下的角度來講述的，意在引導執政者們治理好國家。這一章，常常被誤解為「愚民政策」——讓百姓只關注吃喝，不必有思想，不必去思考，全聽從執政者和上司，天下就能大治。現在也有管理者是這樣理解和施行的。

我們認為，這真的是不懂老子的心呀。

其實，要落實老子的治國路徑，實現天下大治，需要兩個前提條件，第一，執政者們自身要最合於道，第二，所有人的心都回到純樸的狀態。這顯然有點理想化了，實際操作性不夠強，自然難以實現。但當我們讀懂本章的內涵時，還是可以得到許多的啟示。

▍一、聖人之治的三條底線

老子期待的是太平世界，百姓不爭不搶、不偷不盜，民心恬淡，秩序井然（不亂）。為了實現這個目標，他提出了三條禁令——不尚賢、不貴難得之貨、不見可欲。從字面上可以這樣理解：不推崇賢人、不重視珍稀

之物、不展示引起欲望的東西。

老子希望百姓回歸原始的純樸。在那個時代，賢人少，只有幾個守道的首領；物質匱乏，珍稀物少，金銀珠寶更是罕見；只有野果和獵物，引起欲望的東西少，只要吃飽穿暖就滿足了。

這些東西不那麼充足，所以也會備受關注。一旦高舉這些東西，定成了標準，世人就會起心動念，爭鬥也由此開始。在老子看來，這是很大的惡。

我們往深裡再看一層，賢，是不是名位？貨，是不是利益？

所以，從本質上說，老子在講名利的使用。老子要求執政者們，不能高舉名利之器去誘惑世人，否則破了人心，一定會出現爭名奪利之亂。

其實，進入文明社會之後，無論在什麼年代，名與利都是存在的。與名利隔絕的想法與做法有點過於虛幻。既然無法隔絕名利，那麼，利用的方式就很講究了。名利不是不可以有，只是特別需要以正為出發點，適度使用。

▌二、聖人之治的方子

三條措施，也是三條底線，都是禁止事項。那麼，有沒有正向舉措去實現天下大治呢？有。老子給出了他的答案。這就是他要講的第二層意思：聖人之治的方子是「虛其心／實其腹／弱其志／強其骨／恆使民無知無欲也／使夫智不敢」。

這句話，從字面理解，是讓百姓不必思考、不用懂知識、沒有鬥志，只要吃飽、體格好，智慧之人受壓制不敢亂動。如果這樣理解的話，確實容易被認定為「愚民」的證據。但這完全是誤解，老子要講的不是這些，因為，「愚民」不符合老子的核心思想。我們一句一句來解釋老子的治國方略。

「虛其心」，是讓內心純淨之意。虛是一種中空的狀態，其中並不是空無一物，而是充滿氣。心虛，不是「作賊心虛」的心虛，而是讓心靈空無一物卻充滿能量。怎麼做到心虛？那就得時常把思想拿出來晾晒晾晒，做做減法，減少點負重。也要洗一洗，把汙垢去掉。這樣，能淨化心思，了斷妄念，內心唯有純樸。

「實其腹」，是基本物質需求得到滿足，不起貪欲之意。

吃飽肚子，是物質上的事情，涉及一個人的基本生存。物質需要得滿足，否則就要餓死了。同時，老子認為，止於滿足最基本的需要就足夠了。有太多的物質需求，會形成私慾。控制不好，或者說駕馭不住的話，就會想方設法滿足私慾。怎麼個想方設法呢？用強，用蠻力，使橫勁，強求得來，顯然不符合順自然的方法。如果強求得不來，為此起了貪念、執念、怨念，那就走上了逆自然之路。

除此之外，我們還可以看到另外一個角度。時代在發展，物質越來越豐富，總不能還是衣衫不整、衣著襤褸的。在溫飽之後追求小康，符合時代發展的節奏，只要物質需求適度，不奢華，還是在自然之道的範疇之內。如果刻意地去穿舊衣、用舊物，要麼會與外界不融，要麼自己內心不順，這些顯然是不符合道的。所以，不必刻意簡樸，在自身條件達得到的情況下去吃穿用，就是生活中的無為。人家有錢可以供得起豪華生活，也不必看著怪異。我有我的生活，他有他的生活，各自安好就都是最好的生活。

「弱其志」，是削減好鬥之心，不去爭名逐利之意。在老子看來，這個「志」不是志氣，而是趨名逐利的想法。這個想法，是引發衝突的原因所在。名利雖然長期存在，但如果沒有趨之若鶩的想法，社會也能清平。所以，老子主張一定要削弱、淡化和遏制世人趨名逐利的想法。從我們個人角度來說，就是要淡泊名利，不起爭鬥之心。

在老子的時代，沒有體育鍛鍊一說。第四句話的「強其骨」，顯然不

是倡導鍛鍊、強健體格的意思。那是什麼意思呢？我們這樣去理解：在原始社會，有了基礎的分工，有打野獸的，有抓魚的，有摘野果的，每個人的工作對部落的存續都很重要。

這種情況下，保持身體的康健就是一件重要的事情了。所謂「強其骨」，是要求執政者們讓老百姓有一個能工作的身體，投身勞動。這樣，大家有事做，能各得其所；會做事，能各居其位。

用現代的話來講，就是讓下屬保持工作能力，工作量飽滿，

無暇心生雜念、胡思亂想，也就不易生出事端，去胡作非為了。

四句話講完了。歸納起來，講的是，百姓內心純樸，沒有貪念，沒有爭名逐利之心，而且都衣食無憂，分工合作，各得其所，世人長久地處於天真自然的狀態。這樣的話，會有什麼結果呢？

「恆使民無知無欲也／使夫智不敢」。

老子說「恆使民無知無欲也」，如果是按「讓百姓沒有知識、沒有欲望」去理解，那簡直是把百姓管成了「傻子＋蠢蛋」，這顯然與前幾句意思不合。老子作為國家圖書館館長、文化界的領頭羊，博覽群書，如果存有這樣的想法，真是讓人匪夷所思。所以，要重新做出解讀。知是一種感知、一種感覺。什麼感覺呢？是對應「實其腹」、「強其骨」來說的，是餓肚子、遊手好閒的感覺。欲是一種想法、一種欲念，是對應「虛其心」、「弱其志」而言的，想法太多，爭強好勝。所以，無知無欲，講的是百姓吃喝不愁，想法單純，無偽詐，無貪欲，永保純真質樸之心。

百姓都做到了純真、質樸，這樣的社會氛圍一定是良好的，主流的社會風氣一定是正的。在這樣的環境中，「智不敢」。智，不是指聰明人，而是指有心機的人、投機取巧分子、偷奸耍滑之徒、詭計多端的陰謀家等。在社會風氣良好的情況下，這類人就不會有用武之地，就不敢作惡。

看來，營造氛圍，相對於教化個體，在管理上顯得重要得多。

▊ 三、無為，則無不治

從前面的內容看，想要天下大治，要從對老百姓進行思想引導做起。看來，思想也是生產力，做文化工作是更高階的、更重要的工作。

大家想的都是同一個方向，想的都是共同的目標，想的都是一個「公」字，想的都是首先把自己的事情做好，如果是這樣的話，還需要為「集體目標能不能實現」這樣的問題煩惱嗎？

「弗為而已／則無不治矣」，只要做到了無為，任何事情就都能做得成了。這是個再自然不過的結果了。

所以，本章講的無為之治，就是要講明社會治理的終極目標 —— 讓百姓內心純樸、不起貪念。這也是實現大治的起點。

社會管理如此，單位管理亦如此，家庭管理不外如此。涉及管理的一切事務，都是如此啊！

第四章
道沖不盈：道深沉無比，功用無窮

> 道沖，而用之又弗盈也。
> 淵兮，似萬物之宗；湛兮，似或存。
> 吾不知其誰之子也，象帝之先。

老子在第一章講到道的玄妙。本章中，老子再次講道是什麼，對它的玄妙、它的地位、它的來源做了具體的描述。

大多數版本在「似萬物之宗」後有「挫其銳／解其紛／和其光／同其塵」之語。這句也出現在了第五十六章，放在本章，倒是擾亂了語意。所以，我們把這十二個字從本章中去除，也不在本章做解讀。

▌一、道有無窮功用

「道沖／而用之又弗盈也」。「沖」，本義是水流搖晃沖洗、沖刷，引申為沖虛。沖是怎麼和「虛」關聯上的呢？這要繞幾個彎，不容易理解，我們來做點說明。

湖南湘潭韶山沖，當地的地形地貌富有特色。丘陵地帶、山谷地形，那就是山沖。它不同於深山裡的峽谷，兩邊的山丘不是很高，所以落差不大，山腳有平地。這樣的山谷，中間是虛空的。對「沖虛」的理解可以由此而來。所以，「道沖」可以理解為道是中虛的。

山沖當中，不是空無一物的，其中有看不見的空氣。而且，空間足夠接納、收藏很多動植物，比如各種蟲鳥獸，還有樹竹草。

人類還可以在山沖裡，開墾水田，種上糧食，可以在山腳，整地造屋。萬物孕育其中，生靈滋養其間，山沖就是這麼有包容性。

道，就像這樣的山沖，它的功用無有窮盡。

▌二、道乃萬物之主，卻難覓其蹤

「淵兮／似萬物之宗／湛兮／似或存」。老子用兩個字描述了道的兩個特徵，一個字是「淵」，另一個字是「湛」。「淵」字，我們平常用得比較多，比如「深淵」，在這裡，代表道的深沉。

老子認為，道是宗主，宇宙萬物都出於此。

湛，有一個釋義也是深沉，比如「湛藍」。但將「湛兮／似或存」解釋成「深，好像存在似的」，就有點前言不著後語了。

所以，我們更願意用湛的另外一個釋義，即清澈透明。前段時間網上流傳著一張圖片，一條小船，好像懸浮在空中，其實是漂在清澈見底的水面之上。這個場景很美，也很奇妙，據說在湖北恩施土家族苗族自治州鶴峰縣的屏山峽谷。這個場景可以用來理解道「湛兮」的形態，湛清的水，隱而無形，若有若無。

所以說，道既很深沉，又很清透，有點像「藍洞」給我們的印象，孕育萬物，卻隱藏在水面以下，似存非存。此外，老子用了「似」、「或」這樣的字眼，表達了非肯定的語氣，想說又說不出，越想說明白越說不透。這強化了道的神祕、玄奧。

▌三、道之來源成謎

老子講，「吾不知其誰之子也／象帝之先」。象帝，也就是天帝。老子不清楚道是誰所生，只知道它比天帝出現得還早。

也就是說，從時間順序上說，先有道，後有天帝，再有天地萬物。道存在的時間實在太過長久，看來，道深沉無比、功用無窮，沒有人能識其廬山真面目。

我們知道，宇宙，在人類出現前早已存在。人類從觀察天象到膜拜祭天，從猜測設想到科學探測，歷經幾千上萬年，對宇宙也只有點滴的認

知。而宇宙之外，有更多的事物，有更多的不解之謎，至今無法得到完整解答。

　　道可比宇宙，也是那麼高深莫測，是像謎一般的存在，又該怎麼去理解呢？老子後面會講到，要靠內心體悟，靠自我的修行，只要堅持下去，總能知其一二。即便只是這一二，也已經可以把為人處世、做事管事看通透，足以受益無窮了。

第四章　道沖不盈：道深沉無比，功用無窮

第五章
無仁守沖：不偏執無傾向，持守虛靜

天地無仁，以萬物為芻狗；聖人無仁，以百姓為芻狗。

天地之間，其猶橐籥歟？虛而不淈，動而愈出。

多言數窮，不如守沖。

本章延續第二、三章的內容，繼續講「無為」。第二章講自然領域的無為，第三章講社會治理領域的無為，本章講人際關係中的無為。

▎一、不偏執、無傾向

各版本都是用「天地不仁」、「聖人不仁」的表述，按字面去理解，成了「不仁義」的意思，其實不然，實際上是「無所謂仁」的意思。既然是這樣理解，我乾脆改成了「天地無仁」、「聖人無仁」，這樣就不需要繞著彎去理解了。

儒家講仁者愛人，仁是孔孟之道的核心。但老子對待仁愛，卻是無所謂的，這是為什麼？難道道家是無情無義的？當然不是這樣的。比如，老子、莊子都是道家代表人物，莊子逍遙不羈，老子謹言慎行，兩個人的個性、風格有明顯的差別，但這並不影響他們的思想同出一脈、相互一致。如果道家講的是無情，肯定容不下情感豐富、浪漫無比的莊子。所以，老子無所謂仁愛與否，個中原因還要另外找一找。「無仁」究竟是講什麼意思？

這要從「芻狗」說起。

芻（ㄔㄨˊ）狗，是用草製成的狗，作為祭祀的用具。祭祀是很神聖的活動，所使用的物品，卻不是珍稀的東西，而是很普通的草。

祭祀時草狗能成莊重之物，這是符合場合的。祭祀後草狗沒用處了，

就被丟掉了，又還原成草，不再去愛惜它。可見，隨場合不同而成不同的物，這是再自然不過的事了。

天地對待萬物，聖人對待百姓，也是這樣的方式。

我們再往深裡看一層，來分析一下芻狗與草的關係。天地、聖人無所謂仁，也會無所謂不仁。所以，在天地、在聖人看來，沒有仁的標準，不會以仁的某種標準去看待、評價、對待外界。

準確地說，沒有任何的定見（固定不變的看法），芻狗和草，只是不同場合被賦予了不同的意味，草可以變成芻狗，芻狗也能變成草。

這就告訴我們，堅持無有分別心的核心思想，對待一切事務，都應做到一視同仁。第一，不偏袒，無差別。這樣，就無所謂親疏遠近，不會有敵人朋友、密友外圍的差別，這樣就能與外界的人、事達到和諧共處。（孔子的仁愛則是有差別、講等級的。）第二，以外界普遍意志為己心，沒有我執的想法。不固執己見，也不抱有成見，自己的內心能夠很自然地接受世界的各種色彩，不管是紅黃藍，或者是白黑灰，都是順眼的、順心的。我們這裡講外界的意志，不是指外界某個具體個人的意志。如果把某個人、某個領導者的意志作為自己的意志，服從甚至屈從，就放棄了自由之心，無法活得灑脫，這就不是老子所倡導的風格了。

我們以外界的普遍意志為自己的心，這樣，與環境才是融為一體的。

■ 二、風箱之喻：長於修為，肚裡有貨

前一段，在講人與人交往的自然無為，接下來的文字，老子用風箱作比喻，描寫天地之間，講人與事之間該怎麼自然無為。

這段文字，很有畫面感，以一種活潑的方式寫出老子的核心思想，實在是很經典。

橐龠（ㄊㄨㄛˊ　ㄩㄝˋ），古時候的一種風箱。這種風箱，在現在的中

國北方農村還有，它由木箱、活塞、活門構成，與灶臺連在一起，用來鼓風，一拉一推，氣流汩汩湧出，動作越大，出風越多，爐火燒得越旺。

天地之間，「其猶橐龠歟」，正像一個風箱，中間是空的，裡面全是空氣。這個風箱不動的時候，不見風起。這個風箱一旦動起來，氣流湧動，動作幅度小點，就是和風拂面，動作幅度一大，就是狂風大作了。這就是「虛而不淈／動而愈出」的意思。這個「淈」（ㄍㄨˇ），是枯竭的意思。地球上的空氣，當然不會枯竭。

如果把天地之間看作一個大的風箱的話，其實，我們人類自己，作為世間精靈，也是一個一個的小風箱。人的一生，總是起起伏伏的，動靜有時，正像拉風箱的動作，一拉一推。在蟄伏期，沒機會發揮作用的時候，不置一物於心，不氣餒也不消沉，需要明白，這正是自我修煉、培養自己小宇宙的大好時機，要海納百川，備足能量。而在爆發期，有機會出山一展身手，就要根據外界的需要，把自己儲備的能量逐漸地釋放出來，建功立業。其中，有一點是必須掌握住的，我們要像風箱一樣，得肚裡有貨。

不在沒條件做事時出手，不在有條件做事時保留，不在做事時肆意妄為，這都是自然之態。

▌三、言行適當，保持虛靜

老子講，「多言數窮／不如守沖」。對此，有一種解釋——說話太多影響行動，政務繁多難以施行，不如適可而止。這樣的理解，更像儒家的思維，還沒達到道家超然的境界。我們回歸道的角度，先來理解幾個字眼，就能看清整句話的含義了。

「多言」是相對「不言之教」的「不言」來講的，指妄言、專斷。數，在這裡讀ㄕㄨㄛˋ，屢次之意。窮，有兩個讀音，ㄑㄩㄥˊ或ㄍㄨㄥ，造字本義是在洞穴裡身體被迫彎曲。我認為，守中是儒家常用的。道家的「中」

可能是通「沖」的。這樣，語義通順，而且與窮的ㄍㄨㄥ音是押韻的，還與第四章「道沖而用之或弗盈」呼應。

這樣梳理下來，「多言數窮／不如守沖」的含義就是妄言、專斷，常常使自己陷於囧境，不妨保持內在的中虛，言行自然而然。這是不是更貼近老子的無為思想呢？

綜合歸納一下整個章節的意思。老子認為，天地讓萬物自然成長，聖人讓百姓隨性發展，都無所謂親疏愛恨。我們要學習天地、聖人的無為，像風箱一樣，加強內在修為，進入虛靜境界，實現心無一物、坦蕩無礙；在日常中，不妄言不專斷，順天時而作，依地利而行，隨人和而動。這樣，在為人處事上才能避免囧境，在職場上方可處處坦途。

第六章
玄牝之門：道涵養萬物，不綿不息

> 谷神不死，是謂玄牝。
>
> 玄牝之門，是謂天地之根。
>
> 綿綿兮若存，用之不堇。

我們已經了解，道微妙玄通，難以捉摸。有這個特徵的事物，是難以描述的。但是，為了傳播道，為了讓普通人都能了解道，總是要把它講清楚。這該怎麼辦呢？就不得不取個名字，拿一些我們耳熟能詳的實物來作比喻。搞懂了這個實物的特點，也就能對難以捉摸的道有所認識。

所以，在《道德經》中，老子給道「強為之名」，而且還用了很多的名字。在本章中，就講了其中的一個別名——「谷神」。

透過這樣一個實物，繼續講出了道有尊貴的地位，道的存在已經很長久，道具有無限的功用。

▌一、谷神與玄牝

老子對山谷是情有獨鍾的。前面章節講到「山沖」，認為山谷不僅中間虛空，而且包容萬象、孕育萬物，這就是老子告訴我們的道的形態。在此基礎上更進一步，把山谷予以神化、賦以靈性，就成了谷神。

谷神是不死的。只要保護好生態，山谷成百上千年都還是一個樣子。老樹死去，新樹又長起來，山谷永遠是生機勃勃的樣子。這對只有幾十年壽命的人類來說，就是不死。

谷神的這個特徵，就是道的特徵。而且，道無所謂死，無所謂生，所以更是不死的，可見道是長久的存在。那麼，與谷神類似，還有什麼東西是長久存在的呢？「谷神不死／是謂玄牝」，那就是玄牝了。

■ 二、產門與天地根

玄牝是什麼？牝，這個字在現代已經不常使用了，古時候的意思是雌性生殖器，與牡丹的牡是相對的，牡是指雄性生殖器。後面的章節中會多次出現這兩個字。在本章中，牝具體指的是產道。古人認為，所有的動物都是跨過這道產門來到世上的。我們現在知道，其實只有哺乳動物才是這樣的出生方式，但在理解這一句話的時候，就不必去分卵生還是胎生了。總之，玄牝，孕育了萬物，而且延綿不絕，從這個角度看，也是不死的。

這樣一看，就能搞懂本章的第二句話，「玄牝之門／是謂天地之根」。

我們還記得，在第一章中，也提到了「門」，說的是「玄之又玄／眾妙之門」。在第四章中，還講到這麼一句，「淵兮／似萬物之宗」。本章提到的門，就是第一章的「眾妙之門」；本章提到的「天地之根」，也正是第四章的「萬物之宗」，前後呼應。這樣看起來，老子表達思想的邏輯是極為嚴密的。

我們梳理了一下本章前兩句的邏輯，從谷神，講到玄牝，再講到天地之根。可以看到，道，生養了萬物，它是天下之主。

■ 三、至柔至微，功用不竭

這麼高能的東西，有什麼用處嗎？「綿綿兮若存／用之不堇」。

這東西雖然很柔（似乎沒有氣力）、很微妙（似乎很弱小），但卻是功用不竭的。

「綿綿兮若存」。玄牝，雖然是天地之根，卻是若存的，好像存在，又好像不存在，若有若無，似存非存。這與第四章「湛兮／似或存」是對應的。為什麼天地之根會是這樣的狀態呢？在這裡，要看到它終歸是雌性的特徵。雌性是柔弱的，這就叫「綿綿」。「綿綿」不是講綿綿不絕，其實，它還有另一個意思，那就是微弱。這倒讓我們聯想到林黛玉的形象了，至

柔至微，似病非病。只是，道並沒有纖弱到林黛玉那般無力。生孩子，要用上洪荒之力。玄牝生萬物，從這一點來講，道是再有力不過的。

　　玄牝的涵養之力，讓生命不息，不曾有枯竭的時候。所以老子講「用之不堇」。有版本把這句話改成「用之不勤」，從字面意思看，講的是用得不勤快。這有點晦澀，難道是講道不勤勞？這顯然是不通的。既然這麼一修改，把意思搞得那麼晦澀，那麼，還是回歸原作的寫法，「用之不堇」。「堇」（ㄐㄧㄣˋ），在老子的時代，有多種的含義，算是個通用字，在這裡作「盡」講。

　　這樣就好理解「綿綿若存／用之不堇」了，意思是，道雖然很柔弱，但再怎麼用，也是用不完的。

　　我們要做下總結。在第一、第四、第六章中，老子反覆講道的幾個特徵：它永恆地存在著，但若有若無；它孕育萬物、不綿不息，但玄妙無常又功用無限。字裡行間，讓我們感受到老子對道的讚美。但道究竟是什麼，似乎說不清道不明，也無法清楚地總結出來，大概只可意會不可言傳吧。

　　學習了前六章的內容，我們要暫停片刻，回味一下。

　　是不是相信道的存在了？是不是對道為何物有了點感覺了？是不是覺得隨道修行也有點意思了？是不是覺得繼續學下去會有收穫呢？

　　如果心中的答案是肯定的，或者雖然說不清但也並不否定，那麼，你已經走出了修行的第一步。

　　從了解到接受，從接受到相信，從相信到堅信，從觀念到行動，從行動到堅持，從堅持到堅守，修行路漫漫，讓我們繼續走下去……

第六章　玄牝之門：道涵養萬物，不綿不息

第七章
無私成私：做事的出發點在於心正，利益面前先人後己，危險面前身先士卒

> 天長地久。
>
> 天地所以能長且久者，以其不自生也，故能長生。
>
> 是以聖人後其身而身先，外其身而身存。
>
> 不以其無私歟，故能成其私。

對於本章，大家從不同的角度做了多元的理解。比如，有人認為是說「以退為進」的，要成就自己首先要忘我要無私。

這樣的理解，好像把前進、把成就當成了目的，然後去匹配某一種方式、選擇某一個路徑。從這一點來說，與老子提出的「守沖」是不吻合的，老子要的是保持內在的中虛，言行自然而然。

為一己私利而刻意採取某種方式，顯然違背了老子的作風。還有另外一種理解，認為老子是講「求自保要滑頭、求功名讓百姓賣力」的意思。其中，不僅夾帶了私心，還利用了他人，就更不合於道了。

仔細品讀本章原文，能發現本章的核心在「不自生」幾個字上，藏有「心底無私天地寬」之意。

一個人的言行，起於心念。內心怎麼想的，包括觀念、觀點以及潛在的意識，會決定所作所為，長此以往，影響個人的心性、言行和人生路徑。心正則身正，行穩致遠，這是聖人。

夾帶私貨，在一個短的時段內，可能見到好，可能受益，但遲早會露餡。所以，做事的出發點是什麼，是最基礎不過的一個問題。我們來看看老子是怎麼解答的。

▌一、天地成就萬物，讓自己長存

老子的答題方式很有他的特點，循循善誘——一般是先有個引子，然後講觀點。老子是一個觀察天地、善於思考的高手。

本章，就是從天地的做法中總結出規律（天道），從而引申到聖人的處事之道（人道）。

他是這麼說的，「天長地久」。天還是那片天，地一直是那個地，長長久久，亙古未變。為什麼能天長地久呢？老子經過觀察，給出了答案，原因就是天地「不自生」。

什麼是不自生？就是不是為了自己而存在。那麼，天地是為誰而存在的？這要連繫到第二章所講到的內容。第二章講，「萬物作而弗辭／為而弗恃／成功而弗居」。連繫起來，我們就知道，天地是為萬物而存在的。萬物生長在天地間這個大舞臺，汲取了天地的精華。反過來，正因為萬物的生長，有了光合作用，讓氧氣得以保持，還淨化了空氣，少了霧霾，多了藍天；此外，有了植被的覆蓋，水土不再流失，大地也能保持原貌。這樣看，天與地本來滋養了萬物，最後得到的結果，不僅萬物長勢良好，而且，意想不到的是，自己還獲了益，永永遠遠地存在了下去。這是多麼好的結局呀，皆大歡喜。

其中，有三點，需要我們深刻地領會。第一，天地從一開始就沒有把自己的長生作為出發點，它是無知無覺地成為萬物的舞臺；第二，在萬物生長的過程中，天地不曾有過干預；第三，萬物生長的結果，天地沒有據為己有，也沒有自恃其能。正是天地的真切忘我、真實無私、真心付出，造就了自己的長生。

蒙古族把天神叫做「長生天」，大概也有此意吧。

所以，發自內心的真，無比珍貴！沒有這份內心的真，一切的言談舉止，都會有刻意的痕跡，打動不了人心，也終會有損於自己。

二、利益面前先人後己，危險面前身先士卒

本章的第一句話，講到了天地與萬物，是天道。而從天道看人道，有道之人是怎麼做的呢？本章的第二句講，「是以聖人後其身而身先／外其身而身存」。利益面前先人後己，危險面前身先士卒。

老子在這裡講了兩個場景，一是利益面前，二是危險面前。

為什麼是這兩個場景？這得從老子崇尚小國寡民，期待回歸原始說起。在那個時代，部落首領和部落成員要時常面對危險和利益。

在原始社會，狩獵是主要的獲取食物的方式。雖然說現在人類處在食物鏈的最頂端，但在那個時代，原始人類在猛獸面前仍顯得十分弱小。與猛獸對決時，危險程度可以想見。部落首領帶著一眾人進行獵殺，必須置個人生死於不顧（「外其身」），這是危險面前。狩獵成功，開始分食，部落首領不是先分給自己（「後其身」），而是先分給大家吃，這是利益面前。如果有一個人時常這樣去做，大家是不是都會推舉他繼續當首領？

（這就是「身先」，站在了其他人的前面，也就是當頭了。）這樣的人在狩獵的時候，大家是不是都會全力地保護他，以免他受了猛獸的傷害？（這就是「身存」，生存了下來。）這樣的部落首領堪稱聖人，他就是老子給出的楷模。諸葛亮也有講到類似的意思：「古之善將者，養人如養己子，有難，則以身先之，有功，則以身後之」。

三、因無私而成私

部落首領本人有沒有身先、身存的初衷，有沒有考慮過個人安危、個人利益？沒有，絲毫沒有。他心裡只有讓部落成員吃飽的想法。但是，「不以其無私歟／故能成其私」，心無私慾，結果卻對個人有利。這正與「不自生」的天地相契合。

深入地想一下，一個人要做到部落首領那樣的超然，是有難度、有挑

戰的，尤其是在物欲橫流、利益糾葛的環境中，就更難了。但不能因此就認為老子的觀點是毫無用處的，要記得道用之不盡的道理。我們認為，無私成私，是完全可以做到的。

第一個啟示，不預設選項。我們現在講，初心不改，方得始終。這是著實好的。但在老子看來，這還不夠。老子承認「有私」的存在，但是他認為那只是一個效果，絕不是心之所向，也不是心之所至，最好不要有初心，而是以一顆虛空的心去迎接一切。

尤其，心中不要有自己。

第二個啟示，出於公心。部落首領所做的一切，全是為了部落和部落成員。公心有多少，格局就有多大。格局大不一定有好處，但沒有格局，一定只有弊端。這個公心，不是與領導者一致，想領導者所想不是公心；而是與組織初心貼合，想大眾所想，想組織本該是怎樣的，這才是公心。比如，對於政府部門來講，這個公心即為人民服務；對於一個企業來講，這個公心只有一個源頭，就是企業願景。

第三個啟示，利他。利他越多，越能受到尊重。部落首領把自己置於危險前線，就是把安全給了大家；讓自己遠離利益，就是把利益給了大家。安全和利益是部落成員的核心需求。其實，它們又何嘗不是現代人的核心需求呢？只是，現代人的安全與利益需求，範疇更大些、內容更多些罷了。即便是馬斯洛的需求層次論，也受到了現實的挑戰，比如，放棄友情、放棄自尊，去「成就」個人利益與安全的情況，時有發生。可見，安全和利益是多少人心中真正的核心需求！老子講，把他人的核心需求放在心上，一起努力去實現，做善事、留善心、結善緣，本人也會身先、身存。這樣的思想，是何等的振聾發聵！這裡的他人，不是專指某個或某類人，而是整個群體。「成人達己」不外如此！

第四個啟示，擔當。部落首領擔負著讓部落生存的責任，也有分配食物的權力。（分配食物的權力，也是責任。分配不好，會起內訌，首領位

子不保。）看來，做部落首領只有責任，沒什麼好處。即便如此，他並沒有逃避，在危險和複雜的事情面前也沒有膽怯，大膽地站了出來，吃苦在前，享受在後。這就是擔當。

這就是四個方面的啟示：無預設、有公心、能利他、敢擔當。

這四點啟示是一個整體，要全部做到才能身先、身存。如果只做到其中一個，可能有功效，只是，功效不會那麼突出。

親愛的朋友，你下定決心這樣去做了嗎？如果決定去做，能做到幾成呢？

第七章　無私成私：做事的出發點在於心正，利益面前先人後己，危險面前身先士卒

第八章
若水不爭：不以主觀努力的方式去做事

上善若水。

水善，利萬物而不爭，居眾人之所惡，故幾於道矣。

居善地，心善淵。予善天，言善信，政善治，事善能。

動善時。

夫唯不爭，故無尤。

前面的章節中，老子用玄牝、山谷、風箱等物體作為對道的隱喻。本章，老子要再用一個自己很滿意的實物來說道了，那就是水。對老莊之道有所了解的人都知道，水，在道家體系中具有重要的地位。很多人的辦公室裡掛著「上善若水」的牌匾。

這個警句，就出自本章。

老子很喜歡水，認為它「幾於道」，幾乎跟道是一樣的。

道那麼難以說得清，但是水可以作為揭開道的神祕面紗的媒介。

也就是說，透過對水的理解，可以了解道是什麼。

那麼道是什麼呢？我們平常認為，老子談水，是強調它的柔性，其實不是這麼簡單。老子眼中的水，遠不止柔，內涵要豐富得多、豐滿得多。

▌一、透過水這個媒介，可以理解道

「上善若水」，再熟悉不過的「金句」，該作何解？

《說文解字》是這樣解釋「善」字的：「善，吉也。從誩，從羊。此與義美同意。」那麼，上善，即上吉。連繫整個句子，「上善若水／水善／利萬物而不爭／居眾人之所惡／故幾於道矣。」上善若水，即約等於水；水幾於道，即約等於道。上善、水、道，這可以連成一個數學等式。可見，透

過水這個中間項、這座橋梁，可以得出上善就是道。

水是怎麼跟道相仿、相近的呢？這就要看到水的三個特性：

一是利他，二是不爭，三是處眾人之所惡。原文是這樣的，「水善／利萬物而不爭／居眾人之所惡」。有版本把這一句寫為「水善利萬物而有靜」。「有」，求取之意，這句話解釋為，水默默地滋養萬物。這樣也說得通。考慮到現在大家熟悉的句式是「水善利萬物而不爭」，所以，我們暫且不修正這一句的文字，但是，要重新斷句。

「水善利萬物而不爭」，一般不斷句，理解為水善於給萬物帶去好處但自己不爭功，意思也算清楚。不過，如果重新斷一下句，更符合老子的思想，也易於理解。我們的斷句是這樣的，「水善／利萬物而不爭」。「善」，在這裡是形容詞而不是動詞。

水善，意思是「水是吉的」，水是個好東西啊。為什麼？三個證據，第一利萬物，第二不爭，第三待在大家不喜歡的地方。

首先講水「居眾人之所惡」這一點。大家不喜歡的地方是哪裡？風光旖旎的江河海洋、鳥語花香的山澗溪流、寧靜叢林中的湖泊水潭，這些是大家喜歡的地方。水塘、水窪、臭水溝，這些是大家不那麼喜歡的地方。看來，老子所講的「眾人之所惡」，不是指地點，而是另有所指。中國有句俗語，正好點明老子的想法——「人往高處走，水往低處流」。低處，才是眾人不喜歡的地方。所以，老子講水「居眾人之所惡」，表達的是水是向下的，道是倡導處下的。這是水的特點之一。

水還有另外兩個特點。「利萬物」，這個容易理解，水當然為萬物提供了好處。離開水，任何動植物都沒辦法生存。這是給予萬物生命，是功德無量的，但是，水是不爭這個功勞的。

這就是「不爭」的特點。這與第二章的「為而弗恃／成功而弗居」、第七章的「不自生」意思相同，不爭是道的本性。

其實從這三個特徵中可以看得出，水不爭的何止是這個功勞，它還不

爭位置。流到什麼地方就安於什麼地方，不管是風景秀麗的，還是惡臭無比的，都是同樣地適應環境，順應自然，與外界融為一體，而且，還不拘泥於某一種形式，全以外部形式為自己的形式。這能給我們一點什麼樣的啟發呢？那就是，道是變的，隨勢而變，也是動的，隨時變化。

■ 二、老子的做事方法

把本章作為一個整體去看，其實本章要講的核心，就是「不爭」。

老子的不爭，是怎樣的做派？老子連續用了七個「善」字，「居善地／心善淵／予善天／言善信／政善治／事善能／動善時」。這裡的「善」，都理解為「吉」。這七個「善」，是七個工作的要點、七種做事的方法。我們分成三個層面來理解。

第一層：「居善地／心善淵」。講的是內心，回答的是做事前要有一個怎樣的心境的問題。善地為何地？就是前面講到的低窪之處，意思是內心要謙卑。此外，「淵」，指深厚。「心善淵」，就是要有內涵，沉穩有底蘊。謙卑而有底蘊，這是應該有的心境。

第二層：「予善天／言善信／政善治／事善能」。講的是言談舉止，回答的是做事的過程該是怎樣的問題。要給予他人，服務大眾，像天一樣寬廣；要言而有信；要有條理性，把事情辦得妥妥當當的；要有辦事的能力。

第三層：「動善時」。講的是做事的時機。在合適的時候才行動，不具備條件則不要亂動。這就叫隨勢而動，因時而變。

歸納起來，一要有人品，二要有正確初心，三要有能力傍身，四要有恰當方法，這是由內而外的四個層次。老子講的這個道，不正是針對工作的完整閉鎖循環嗎？原來，不爭，並非不爭名奪利，而是不以主觀努力的方式去做事，按照七「善」的方式，在合適的時間，以合適的心境，用合適的身分，做好合適的事情。

以此可見，道就在我們身上，就是我們日常要遵循的。

▋三、沒了過失，則只剩進取

接下來要講本章第三層意思，也是一句總結陳詞，「夫唯不爭／故無尤」，講的是爭在高明處，就沒了過失，則只剩進取。

不爭，並非主觀上不去爭辯、爭取，也不是消極不作為，而是一種做事方法。從七「善」來看，第一，練好內功，做到心正；第二，盡自己所能加倍努力；第三，掌握好時機。這樣，做事的效果自然就會顯現。其中，沒見到半點爭名奪利的意思，又哪是不作為呢？只是，相對於卯足力氣、使上全力的方法，老子爭的方法更加高明而已。他爭在了深厚的個人功底（包括心境高人一籌，包括能力充分）上，爭在了充足的事前準備（包括個人修為的準備，包括時機的掌握）上，爭在了過程的務實（包括服務大眾的方向，包括有條不紊的方法，包括把事情做到妥當）上。

做到了這些，哪還會有過失呢？沒有過失，就立於不敗之地，這個時候，就只剩一個方向，就是向前。反之，如果過失多了，只能疲於補缺，忙於堵漏，哪還有進取的心思和機會啊？

第九章
功遂身退：做人低調時常處下，做事內斂但求稱心

持而盈之，不若其已；揣而銳之，不可長葆。

金玉盈室，莫之守也；富貴而驕，自遺咎也。

功遂、身退，天之道也。

在上一章，提到水「居眾人之所惡」，點出了人要處下的道理。

當時，老子沒有就這個問題探討下去，而是轉了一個方向，深入地講不爭的做事方法。現在，要補上處下這一為人之道的內容。

▌ 一、量力而行，不刻意強求

老子善於借用生活化的場景，來講述深刻的道理。為了理解這句話，我們要回到老子生活的時代去構建當時的場景 —— 儲存糧食。

「持而盈之」，打好糧食，晾晒好後，就要把糧食保存起來。

保存在哪裡呢？一般會有一個存糧的糧倉。把晒好的糧食拿來放進糧倉裡，越放越多，放得滿了，糧食就會從糧倉邊掉到地上。該怎麼辦呢？「不若其已」，「已」，止也。「不若其已」，並非乾脆不去放糧食，這樣的話，太過消極了，不符合老子的觀點。它的意思是不如適可而止。糧食放太多會滿出來的結果可以預料得到，不如從一開始就想好不要裝太多，在放糧食的過程中，放到糧倉剛好能放下的程度就行。這就是「持而盈之／不若其已」的字面意思。

糧倉體量有限，裝得下多少就放多少，不要多裝。那麼，這能怎麼應用在我們的日常中呢？我們舉幾個例子。比如，超過自己能力的事情有很

多，不要看著是好東西就拿來用，拿來主義要不得，還要看看自己是幾斤幾兩。另外，看著都是好東西，想著全部為己所用，想一口就吃成個胖子，這也是不自量力，做事情一定要量力而行。又如，名譽、地位、財富，總有一份是屬於自己的，適合自己的才是合適的，超出適合自己的那部分，可以有意願，但求之不得，不如及早放下。所以，自我反思，有合理的自我定位，還是有必要的。

回到原文，接著講「揣而銳之／不可長葆」。首先有必要搞清「揣」、「銳」這兩個字的意思。揣讀音是ㄔㄨㄞˇ，如揣測。有學者從「揣而銳之」的銳字（理解為尖銳）去理解這個揣字，認為是捶打的意思，連起來的意思就是捶打成尖銳的東西，容易折斷，沒辦法保持長久。這樣理解並非不可以，但對照老子的自然無為思想，似乎稍顯欠缺，而且，與前一句「持而盈之／不若其已」的意思缺乏關聯，銜接不上。所以，我們有其他角度的理解。

還是從裝糧食的場景中尋找更合乎邏輯的解釋。糧倉裝滿填平了，但還有些糧食需要裝盛，只好找一些糧倉再多放點進去。那麼，就需要把糧食從糧倉邊沿往糧倉中間推一推。這個動作就是揣，古語讀同「團」，聚集的意思。這樣，就堆出了一個山形，糧堆頂端就是尖形。這個尖形，就是「銳」了。

這是「揣而銳之」的意思。

接下來，「不可長葆」。糧食要出倉時，一般會先從堆得高的糧倉裡取糧食，這些糧倉裡的糧食，當然就不會得以長久保藏了。原文的「葆」字，有版本寫為「保」，認為「不可長保」是不可長久保存的意思。我們選用它的另一個釋義，葆，收藏的意思。莊子在〈齊物論〉中也用過這個釋義，句子是這麼說的：「注焉而不滿，酌焉而不竭，而不知其所由來，此之謂葆光。」

用兩個生產場景，老子要表達的究竟是什麼意思？我們可以這樣理解，超出合理需求的求取，再怎麼努力也不能長久地保持。所以，為人之道，不要刻意強求，至少要不銳（不要堆出尖），最好是不盈（保持在合理體量內）。

▍二、低調為上

老子接著說本章的第二句話：「金玉盈室／莫之守也／富貴而／自遺咎也」。糧食多了，家庭富足，身分也高貴了。這樣看來，老子並不仇富，能擁有「金玉」、「富貴」也是好的。但還是會出問題，問題就出在金玉「盈室」、富貴「而驕」了。

黃金珠寶堆滿了整個房子，財富實在太多了，多到可以無限揮霍，可能就要招小偷了，這樣的話，怎麼能守得住這些財富呢？揮霍無度，再多的財富也要被吃光用光。如果還被賊惦記，那真要應了那句話：「不怕賊偷就怕賊惦記。」財不外露，這是老一輩的經驗呀！而一旦身分高貴了，「富貴而驕／自遺其咎也」。

咎，咎由自取的那個咎，過失、罪過的意思。富貴了並不用擔心，富得驕傲了就要讓人擔心了，行事高調、目中無人，麻煩一定會找上門的。而且，這麻煩，都是自找的啊。

炫耀過了頭，圖了一時之快意，接踵而來的會是一堆的苦惱。

老子用反話，只為說明一個道理：做人要低調些。

在這一點上，儒家做了補充。《論語》裡講了一個故事，子貢問道於孔子，提出「貧而無諂／富而無驕」。孔子談到了一個更高的境界，「貧而樂／富而好禮」。貧窮時也很快樂，富裕了仍然遵守禮法，做事有禮數。看來，富時有富時的做法，貧時有貧時的態度，但都初心不改，心有定力，沒有失位。這樣才甚好！

▍三、稱心就行，收斂為好

前面兩層意思，講了農業生產中的場景，也講了生活中的場景，都指向低調行事、適可而止。基於這些闡述，老子得到一個結論：「功遂／身退／天之道也」。功遂身退，從字面上看，好像是事情做成功了要退居二

線。如果是這樣理解，與本章前兩句話的意思就不相干了。所以，我們需要另作理解。

　　我們要把這句話與前面的場景連繫起來理解。功遂，是針對持而盈之、揣而銳之這兩個農業生產中的場景來說的。遂，不必理解為成功，而是稱心的意思。身退，是針對金玉滿堂、富貴而驕這兩個生活場景來說的，退，不必理解為退下來，而是靠後的意思。那麼，功遂、身退，就是說，事情做到了稱心，對得起內心了，無有虧欠，我們就可以靠後半步了，不用再去追求什麼了，也不用覺得該給個榮譽、該給點獎金什麼的。

　　這都是處下的做法。而且，它們不是前後關係，而是並列關係。功，只求稱心，心不能太高，不要強求能力之外的名利、地位。有了點滴成績後，也要靠後一點，收斂著點。這樣才能無過無咎，才能長長久久。

　　「功遂／身退／天之道也」。稱心就行，收斂為好，這是天道，
也是老子給我們的為人處世之道。

第十章
載營魄抱一：在事務中磨礪心性，達到心境澈淨、心無滯礙

載營魄抱一，能毋離乎？

摶氣致柔，能嬰兒乎？

滌除玄鑒，能毋疵乎？

愛民治國，能無為乎？

明白四達，能無知乎？

天門開闔，能為雌乎？

解讀之前，就內容做一點說明。有的版本的最後一句是「生玄德」，在第五十一章重複出現。我們知道，《道德經》在第三十八章後是德篇，既然這句講的是「玄德」，所以我們覺得，歸位到第五十一章，更為妥當。

本章常作為道教氣功運氣之法門，一句話可以看作一個法門。口訣是這樣的，大家可以嘗試一下：讓身心合一（收心），凝神聚氣，去除雜念，放鬆身體，氣沉丹田，進入虛靜之境，經過長時間的練習，能心門大開。

在這裡，我們暫且放下練氣功養生的角度，這樣去理解本章：老子的六問，是引導我們在做事過程中施行無為的六個步驟、六種方法。在心性修煉後參與事務的處理，在處理具體事務的過程中磨礪心性，循環往復，讓自己心境澈淨，心無滯礙。

這個角度的理解，是很罕見的，也算是一種創新。接下來，我們逐一講。

第一步，「載營魄抱一／能毋離乎」。身與心合，不散不浮不躁。

營魄，一般理解為魂魄。魄還是那個魄，而「營」是怎麼推導到「魂」的？我查找了很多資料，發現各家有各家的看法，又總感覺不那麼自然順

暢。為更方便理解，我們只好勉強按以下邏輯加以推理：營，是一種「營氣」，在經脈和血脈中營運不休而且富有營養的氣，它是生成血的原料，可理解為看不見的內在氣血，引申為人之精氣，這就是魂。魄，道教有三魂七魄之說，七魄是指喜、怒、哀、懼、愛、惡、欲，它存於物質之中，構成人的形體。魂指精氣，魄指身體，也可以說是一個精神、一個肉體。

「載營魄抱一」中的載和抱是同一個意思。本句的意思是精神和肉體合抱在一起。它們「能毋離乎」，能做到不分離、沒有隔閡、永遠融為一體嗎？老子用的是反問句，表達的是肯定的意思，身心是一定要合一的。

但是，我們往往做不到身心合一。比如，言不由衷，身不由己。這是受了外界的影響，心不能與身合；又如，表達不夠準確、完整，造成誤會，這是自己事先沒想周全，也是心沒有與身合在一起；又如，力不從心，這是想法超出了身體的承受範圍，或者能力、實力擔不住，身體沒能跟上想法。這樣的實例，每個人都能看到很多，也可以在自己身上找到許多，其中，有讓人尷尬的、無奈的情況，也有有趣的情況。

相對身不能隨心而言，心沒有安放好帶來的困惑要多得多。

而往深裡想一層，其實，身不能隨心，說到底也是心大。所以，身心合一，首先要內修，要練心。

我們提供一點關於練心的建議。第一，收集、聚攏各種想法，進行篩選，然後聚焦，做到專注，保證心不散亂。第二，定期復盤，在具體事情上經常地反思，保證心不浮躁。第三，安排時間，選擇空間，讓自己暫時脫身俗務，沉下來、靜下來，保證心不躁動。第四，在處於這個狀態後，內心會「說話」。

心靈的聲音一定是輕聲細語的，所以，一定要仔細地聆聽，慢慢地體會。這樣，心猿意馬、漂浮不定的狀態就會離我們越來越遠，留下來的就是沉穩、虛靜、守正的心。第五，讓我們的身體去接軌這樣的一顆心，隨著內心（而不是依著想法）去行動。第六，行動起來後，如果還有糾結，

那一定是心靈不夠清澈，想法多了雜了，那就收心、正心，叩問心靈深處，尋回那片寧靜、那份端正。反覆練習這個過程，必有收穫，長此以往，定會精進。

這是做事的第一個步驟。

第二步，「搏氣致柔／能嬰兒乎」。氣與身合，心軟身柔能包容。

「搏氣致柔」。搏，聚集的意思。搏氣，就是把身體裡的氣息集聚起來。氣息集聚起來後會發生什麼身體反應呢？我們要聯想一下武俠小說裡的人物。氣功有內氣功和外氣功之分，內氣功輕柔，外氣功剛猛。老子要的是搏內氣，讓身體柔軟起來。柔軟到什麼程度最佳呢？「能嬰兒乎」，要像嬰兒一樣。

嬰兒身體是柔軟的，按上去不僅有彈性，也是鼓鼓的、硬硬，這是身體裡充盈著一股氣的緣故。此外，嬰兒是柔弱的，外界感知不到來自他的任何威脅，但卻是一個茁壯生長的生命。從這一點來說，他又是極富力量的。

我們理解，老子在這裡表達了至少三層意思。

第一，保持專致安詳之態。心不散不浮不躁之後，氣息就會很勻稱，呼吸平緩，不會氣不順，不會大喘氣。人的外在形態就會發生變化，氣場也會與眾不同。這大概是氣定神閒或者英姿勃發、英氣逼人的姿態，都是內在氣質外溢的結果。

第二，身體柔順，實際是向外界自然地散發一種柔和的氣息。和風細雨式，不會給外界壓力，而外界能感知到他的力量。

這股力量不是壓迫式的，而是讓人感覺舒服的，很是受用。大家可以想像影視作品中常出現的釋迦牟尼講經說法的場景，不急不緩、娓娓道來，讓受眾感受到穩定的力量。在這一點上，佛與道有相通之處。

第三，內心謙和，大度寬容。當身心合一、內心虛靜之時，能容下萬物。任憑風吹浪打，勝似閒庭信步，有底氣、有信心，還有包容一切的胸懷。

第三步，「滌除玄鑒／能毋疵乎」。洗滌心靈，心智澂淨。

第一個步驟講身心合一，第二個步驟講柔和的風格。而生活中時常會出現各種干擾，對身心合一形成衝擊，不加以應對，容易造成反覆。那該怎麼應對呢？常常反思，保持內心的寧靜和端正，就是應對之法。

鏡子上有了灰塵，要擦拭乾淨才方便使用，這是「滌除玄鑒」的字面意思。當年的鏡子，用黑曜石打磨製作，是黑色的，所以叫玄鑒。鏡子本來是澂淨的，象徵著心靈本來的純淨。受了外界世俗名利的遮蔽，心靈蒙上了灰塵。現在，要抹淨灰塵，還原鏡子的本色，讓內心回歸純淨。越能接近「無疵」的程度，境界越是高遠。

要提升心靈的純淨度，需要一個修為精進的過程，不會一蹴而就。雜念，各種的雜念，會時常冒出來干擾我們的心智，讓心不平、氣不和、身不柔，修行之路可能會出現反覆和輾轉。

那該怎麼辦呢？必須反思和內省，要經常把自己的心靈拿出來清潔清潔、晾晒晾晒，拂去灰塵，除去細菌，讓自己的內心像鏡子那樣明亮、乾淨。這樣的過程，正是修煉所不可缺少的。

第四步，「愛民治國／能無為乎」。做事不要太多。

經過前三步，心能專一端正，身能柔順謙和，心智純粹乾淨。

這樣，有了一定的道行，可以出關做事了。老子寫《道德經》，所希望的主要讀者是國家的各級官員。所以，出關做事，他用了「愛民治國」的表述。我們可以延伸理解為從事各類工作和事務。

「愛民治國／能無為乎」，做事的時候，能做到不妄為、不多事嗎？當然能。怎麼做到？在推動大事的時候，一般先布局，然後採取各種舉措；在開展具體事項的時候，也會先想好計劃，然後行動。「能無為乎」？在各個環節都要努力做到無為。比如，在布局和做計畫時，研判好形勢和情勢，順勢而為；在採取措施、行動時，注意條理，順理成章，這都是無為。

在這裡，我想說的是，形勢也罷，條理也罷，有其自然天成的一面，也有沒有痕跡地去造就的一面。所以，可以認清形勢，也可以創造局面；不只能接受條理，也可創建條理。只是，創造局面、創建條理，也要遵循無為之法，不可膽大妄為。

第五步，「明白四達／能無知乎」。做到思想上的明白和通透，追求簡單做人、簡單做事。

做事情，有順利的時候，也有坎坷的時候。工作時間長了，處理事務多了，有了經驗，教訓也會有一籮筐。總結總結，一定會看清規律，看懂規則（無論潛規則還是顯規則），看透人性，這就明白四達了。明白的是其中的道，思想通了，心也透亮了。

這個時候，「能無知乎」。

「能無知乎」中的「知」，通智，可以指智慧，也可以指機巧。看清了這麼多的規律和人性，還能不生智慧嗎？有了大智慧，還需要各種揣測和心機、各類小心思嗎？不需要的。機巧、心機或許能一時得益，但歸根結柢全是白費。因為心機靠運氣，運氣也有用完的時候。

細細想來，上天何嘗不是把好多的東西都創造成限量款的？

比如，一個人的運氣是定量的，現在用多了，後面就會缺運氣；現在運氣不佳，可能有一個大幸運正在等著。此刻的路雖是坎坷的，但坦途在不遠的遠方。這就像西方的一句諺語：「上帝關上了一道門，就會打開你一扇窗。」當然，也要看到，打開一道門的同時，可能也就關上了一扇窗，一切都是動態平衡的。

悟透了這些，心就通了，更能「居無為之事／行不言之教」，自然就能回歸質樸純淨、低調內斂，哪有什麼心機可言呢？無心機，就簡單。而我們要的簡單一定不是傻裡傻氣，不是缺心眼，而是高階的，比如靈活而不失原則，與萬物融為一體而有必要的底線。

這是第五步，做事後的總結，生出大智慧，讓內心更加簡單。

第六步，「天門開闔／能為雌乎」。隨性自然，始終守得住虛靜柔和。

何為天門？是指頭頂的百會穴，還是二郎神雙眉之間的天眼？是指七竅還是天機之門（即心）？我們看，都是，又可以都不是毋須執念於定義。

「天門開闔／能為雌乎」，這是出世做事過程中施行無為的第六個步驟，也是最後一個步驟。內心通透了，到了高階的簡單狀態，再往前發展，沉澱會越來越深厚，心性收放會越來越自如，甚至會有更大的成功，財務自由了，身分自由了，時間自由了，這個時候，似乎就可以隨性自然，想幹什麼都行。

隨性時，不同的人會有不同的表現。相較而言，縱情張揚甚至肆無忌憚，是更可能出現的。但是，老子卻要求，「能為雌乎」？雌，母性，柔而靜的象徵。也就是說，隨性之時，還要能守得住柔的一面、靜的一面。對外依然是柔和的，心依然是空靈的，行為依然是靜謐的。這是自覺基礎上的高度自律！

自律才有真的心靈自由。在心靈自由面前，財務自由、身分自由、時間自由都只是「小兒科」。而高度的自律，正是符合道的。

「人間正道是滄桑」，如此滄桑的正道，你願意選擇嗎？

如果有兩條路在面前，一條是風光無限，但只是曇花一現，結局不怎麼好；另一條是普普通通的平安，偶有風景，卻能長長久久。你又會怎麼去選擇呢？

無論哪一種選擇，都是個人的選擇。對此，老子給出他的答案──勤於修心，達到無為，明白通透，不離虛靜。

第十一章
有利無用：有的好處不會少不可多，無的用途不會缺也大用

三十輻，同一轂，當其無，有車之用也。

埏埴而為器，當其無，有埴器之用也。

鑿戶牖，當其無，有室之用也。

故有之以為利，無之以為用。

有、無的概念，在第一章就已經提出，「無／名天地之始也／有／名萬物之母也」。但接下來的九章（第二至第十章），要麼講道，要麼講無為，關於有和無的問題，一直被擱置。現在，第十一章，終於輪到有是、無上場了。而且，一上場，老子就用了三個物件，直指兩者的依存關係、互動關係。

第一個物件是車輪。「三十輻／同一轂（ㄍㄨˇ）」，古代車輪是用木條製作而成的，三十根輻條，插在同一個車軸上，就有了輪子。

車軸中間是個空洞，不是實心的，輻條都插在其中，這才有了車子的可用之處。

第二個物件是器具。「埏埴而為器」。埏（ㄕㄢ），是和泥的動作。埴（ㄓˊ），指黏土。和泥製作器具，就是製作陶瓷、宜興製作紫砂壺的工藝。做出來的器具（比如碗罐）中間是空的，這才讓器具有了裝盛東西的功用。

第三個物件是房子。「鑿戶牖」，戶指門，牖指窗子，戶牖就是門窗。鑿出了門窗，就是房子了。房子中間是空的，才算房屋，才能住人。

三個物件，中空（無）卻各有用處。難道老子褒無貶有？

並非如此。道家無所謂概念的限制，就說不上褒貶之說。道家有辯證思考，看得懂事物的多面性。所以，無和有，都放在了眼裡，沒有任何的

忽視。而從思想的整體性角度來看，抑有揚無的意味倒有幾分。

我們重點講解最後一句「故有之以為利／無之以為用」。

■ 一、有之利，不能少也不可多

在本章中，老子突出了無，也說到「有之以為利」。有給人帶來便利、益處，所以，他並沒有全盤否定有。第一章講到，「有／名萬物之母也」，有是萬物的起源，那都是些看得見摸得著的東西，可以理解為萬物。萬物因有其功用，能帶來便利，所以才為人所用。比如，車子能用來坐，省去了勞頓。器具能用來盛東西，帶來了吃喝的便利，而且一次可以拿更多，避免直接用手抓燙著手。房子用來居住，帶來了不受日晒雨淋之苦的便利。

這些便利，不是物品本身，而是附著在物品之上的，是物品的附屬。

一開始，這份便利，是與物品功能直接相關的，滿足了基本生產生活的需求。如果到此為止，那就沒有煩惱了。但是，生產力在發展，從蒸汽、電力到資訊網路，再到人工智慧，所帶來的便利越來越大。此外，社會也在變化，誰掌握的資源多，誰占用的物質便利性就越大。在這種情況下，做事情時，一方面，衝著便利性去，行為的目的性越來越強；另一方面，越來越不滿足於物質的直接便利性，便利變成了更大範圍的好處。

舉個例子來說明一下，背包不再只看它裝東西的功能，要看款式、看面料、看顏色，尤其要看品牌，名稱也從背包變成了包包。

拿東西不必手捧的便利已經不再被看重，講究卻越來越多，這樣，離便利性越來越遠，離功利性越來越近。

有用之利，是做事情的評價標準，而這個標準也在發生變化，遺憾的是，標準中的功利色彩越發地多了起來，甚至成了一種病症。李白在受排擠、被打壓時寫下長詩〈將進酒〉，自我激勵「天生我材必有用」，希望能

夠得志，我們能夠體會有功利心在其中。白岩松曾說，現代社會的人們，都患上了一種「有用病」。在做事之前，先揣摩這件事究竟有沒有用，然後再決定做不做、做到什麼程度。我們舉個簡單的例子，比如，參加飯局不是為了吃飯，而成了認識人擴大圈子的方式。其實，飯局可以有，全是為了功利，倒是不必的，那樣心太累了。

所以，看待事物，如果能回歸其本然；對待事物，如果能回到其直接的便利性，自然是極好的，也是高境界的道。同時，社會要進步，事物會變化，沾染一點煙火氣，與世俗相融，同時保持自己內在的寧靜，也是符合老子的道的。所以，我們的結論是，有用之利，不能少，也不可多。這是第一層意思。

二、無之用，也可大用

老子講完「有之以為利」後，接著講了一句，「無之以為用」。

怎麼理解呢？用的意思是可施行。從字面上看是說，無是可供施行的，是有使用價值的。這樣的說法，好像還不夠簡單明瞭。

我們借用碗這個器物來解釋下。碗，中間是空的，正是這個空間，才使碗有了可以盛東西的功能。由此可見，中空是有用的，無並非虛無得一無是處。

無之用，日常的例子實在是太多了。有一句話這麼說：「世上有味之事，包括詩、酒、哲學、愛情，往往無用。吟無用之詩，醉無用之酒，讀無用之書，鍾無用之情，終於成一無用之人，卻因此活得有滋有味。」吟詩、讀書、醉酒、談戀愛，這些都屬無用的範疇，但最有味道，讓生活過得有滋有味。

無之用，也實在是太有用。林語堂在小說《京華煙雲》中寫道：

「在人的一生，有些細微之事，本身毫無意義可言，卻具有極大的

重要性。事過境遷之後，回顧其因果關係，卻發現其影響之大，殊可驚人。」無形的東西，比如價值觀念、思維方式、審美情趣、人文素養等，常具有主導的、根本性的、決定性的作用。

　　無之用，又太難得了。有的時候，心裡裝的東西太多，騰不出空間，把「無之用」擠壓得沒了蹤影。有的時候，心靈蒙上了灰塵，長期不打掃，灰塵越蒙越厚，記不起來無之用。還有的時候，意氣風發，早早就把它給忘記了。無之用，是內生於無的，是無本身所具備的，雖然不可捉摸，也需時常想起，雖然少有功利色彩，也不要冷落了它。

　　那就讓我們拂去心靈的灰塵，騰出內心的空間，迎接它的回歸吧！如人所言：「無用方得從容，潔淨如初的心靈及豐富多彩的精神世界才能成就百毒不侵的自己。」看來，無也是可堪大用的。

▌三、有之利和無之用，混而同之，相互轉化

　　「有之以為利／無之以為用」，有理解為「有能給人帶來便利，是因為無在發揮作用」，把「有之利」和「無之用」看作有因果關係，突出了無。而我認為，這樣的理解，與第二章「有無相生」等六組概念對應不上。我更願意把「有之利」和「無之用」視為並列的，而且，兩者不局限於概念上的差別，而是混同的。

　　莊子在〈人間世〉中講，不材之木無所可用，但正因為此，才沒被砍伐，能長久地存活下來。活到現在，大概要成為古樹名木中的一員了。這木材，什麼都做不了，看起來是沒有任何用，卻能活得最久，如此講來，世界哪有為難自己，又哪能為難得了自己呢？

　　在世人的眼中，把能不能建房、造舟船、做棺材當成有沒有用的標準。莊子則看重它能否自然地長壽。所以說，出發點不同，角度不同，表達方式不同，見解也是不同的。利與用，與有和無一樣，也是「兩者同出

／異名同謂」的。其實，世間萬事，都沒有那麼標準的、肯定的答案，所以，不必設置成見，也毋須以自見為標準去評判外界。

這個問題想通了，世界在你的眼中，該是多麼美妙的！

客觀地講，利與用是有差別的，差別在於利是眼下的、能直接感知的，而用是長期的、知其有不知其形的。即便如此，它們也是可以轉換的。仍然以「不材之木」為例證。世人看來，長得其貌不揚的樹木，是「無用」的，但正是世人眼中的「無用」，才使這棵樹有了長壽這樣的好處，這個長壽的結果不正是樹的「有之利」嗎？細細想來，原來，有與無、用與利，不但沒有那麼清晰的邊界，而且，在不經意間發生了轉換。

所以，不要只是盯著有之利，還要儲備點無之用。

做人做事的時候，不要只看利弊，還要看看道義、底線、原則等不可見卻真實存在且更為重要的東西。

第十一章　有利無用：有的好處不會少不可多，無的用途不會缺也大用

第十二章
為腹不為目：摒棄物欲的誘惑、貪欲的滿足，保持內心寧靜恬淡、安定知足的生活方式

五色使人目盲；五音使人耳聾；五味使人口爽；

馳騁畋獵，使人心發狂；難得之貨，使人之行妨。

是以聖人之治也，為腹不為目。

故去彼取此。

在上一章講到，「有之以為利／無之以為用」。本章延續這個話題，繼續講有和無。這裡的有無，是從反面案例說起，從物欲與內心映照出的反差講開。老子倡導遏制外在的動物性，回歸內在的靈性。歸納起來，本章的主旨是「為腹不為目」，倡導摒棄物欲的誘惑、貪欲的滿足，保持內心寧靜恬淡、安定知足的生活方式。

■ 一、沉迷於物欲，感官、心智、德行都很受傷

本章第一句是這樣的，「五色使人目盲／五音使人耳聾／五味使人口爽」，講到了人的視覺、聽覺和味覺。

我們知道，眼睛可以觀察五彩斑斕的世界，耳朵可以聆聽美妙的聲音，嘴巴可以品嘗美味。但是，顏色過雜、聲音過多、美味過量的話，眼、耳、口的功能就會喪失。

老子的時代就存在的現象，到現代也還是如此。比如，沒日沒夜地刷手機，視力快速下降，生怕漏看一條訊息、少看一個朋友訊息，早已分辨不出其中的意義，上了癮，只是機械地刷呀刷，控制不住自己。又如，耳朵裡塞著小喇叭，損傷聽力不說，也已然放棄了大自然那些美妙的聲音，

蟲鳴鳥語、溪水潺潺、風吹樹梢的沙沙聲，所帶來的舒適感早不被在意了。又如，吃過各種東西，追求味道，食不知味，嘴巴開始挑剔了，還吃出了三高體質，身體也不健康了。

這樣的結果就是老子所說的目盲、耳聾、口病。老子這樣講，也不是說真成了瞎子、聾子，而是隱喻感官上出現了病態。

這裡的爽，並不是舒暢之意，在古代，爽是口病的專名。

在老子看來，何止感官上有病態呢？老子講，「馳騁畋獵／使人心發狂」，縱情狩獵，血脈噴張，在老子看來，這不是豪情萬丈，而是獸性大發，心智大失，已經到了發狂的地步。現代的徹夜狂歡、縱情娛樂、花天酒地，何嘗不是新版的「馳騁畋獵」呢？「難得之貨／使人之行妨」，看到「難得之貨」，就是買買買，錢包扁了，透支度日，信用何在？甚至借高利貸，顏面何存？買了不合適的用不上，買得多了來不及用，造成浪費，節儉何在？這都「使人之行妨」，有損人的操行啊！

心智大失、操行受損，這是精神層面的病症，比感官得病要嚴重得多。

出現這些病態，究竟該怎麼去治療呢？這就有了「為腹不為目」的方案。從中，我們可以領會老子的三個主張。

▌二、找核心訴求，要內容不要形式

五色，指青、赤、黃、白、黑。五音，指宮、商、角（ㄐㄩㄝˊ）、徵（ㄓˇ）、羽。

五味，指酸、甜、苦、辛、鹹，這都是組成世界的基本元素，本是缺一不可的。那怎麼會有那麼多的害處呢？我們理解，五，不是指數量，而代表的是多而雜，五色太過絢爛了，五音太過動聽了，五味太過美味了，沉迷於此，有害無益。

由此，另一層隱含的意思就浮現了出來。老子認為，還是回歸簡單為好。既然多則無益，那麼就減少，留單一顏色、單一音律、單一味道就行。古琴，弦少、音單，但音質耐聽，難怪古琴古韻是那麼質樸、可回味！原來簡單最絢爛，簡單最動聽，簡單最有味。

　　既然雜無益，既然要專一，那該留下哪個呢？老子沒有選擇困難症。他講，「是以聖人之治／為腹不為目」。為腹，為填飽肚子。為目，圖個好看。這兩個選項擺在面前，大家的選擇肯定相當一致。肚子問題顯然比漂亮緊要得多，也來得實在，所以一定要選為腹。

　　這一觀點，其實就是內容大於形式，實質重於形式。

　　我們常有一種生活經歷，就是遇事難做決定。為什麼呢？因為要顧及的東西太多。但意見還得拿、事情還得辦，怎麼做呢？我的建議是，找出最核心的訴求，以此為中心，然後兼顧與此直接有關的方面，放棄不直接相關的方面，中和平衡，找到合適的解決方案。

▎三、不追求多，有基本保障就好

　　老子選擇為腹，因為肚子問題是實質性的問題，能吃飽，就能保證活下去。引申開，老子是在提示我們，我們要追求的，是對基本需求的保障，不要奢靡浪費。

　　這一點，好理解，要做到就有點難，尤其是在一帆風順，有資源有實力去追求所謂更高峰的時候，更難做到。有一種普遍心理，就是這山望著那山高，活在比較之中。客觀地講，這份欲望促動人們去進取、去奮鬥，還是有其正面作用的。老子要講的，不是不要欲望，而是遏制過度的欲望。因為，過度的欲望帶來過度的進取，必然失去應有的平衡。比如加班，不是不可以有，但帶來健康消耗、加劇家庭生活不和諧的加班，是不可以有的。又如，基本娛樂可以有，縱慾不可以有。打遊戲可以有，但沉

迷於遊戲不可以有。所以說，止於基本需求達成的狀態，才是合於道的。

此外，為腹，吃幾分飽合適呢？我們常聽，早吃好，午吃飽，晚吃少，七分飽為宜。為身體健康考慮是這樣，做其他事情的時候，也是這樣。滿足於飽腹就可以了，不能吃撐了。超出基本需求了，就是浪費。這與第九章的「持而盈之／不若其已／揣而銳之／不可長葆」講的道理是一樣的。

我們學老解老，需要這樣前後對照，看著後面不要忘記前面的內容，融會貫通，就能精進不少。

▋四、內在修為不可少，不可荒廢

腹與目，我們可以這樣去理解，腹是指向內的，目是指向外的。從這個角度講，選擇「為腹不為目」，可以理解為重視內省而不外求。

馳騁畋獵，一時放縱，喧囂塵上，圖一時享受，丟了心性，放棄的是內在修為。難得之貨、靡靡之音、山珍海味、珍稀獵物都可歸入為目一類，這追求的是放縱欲望、占有外物、滿足感官享受。物欲橫流，沒能抵擋得住，說到底，還是因為內心亂了。所以，老子要求自律些、節制些，時常地內省，減少欲望、淨化心靈。

在爬坡過坎、艱難跋涉的時候，在奮力拚搏的時候，人總會有意無意地收著點，注意個人的修為和言談舉止。而在順風順水的時候，在登上高位之後，在發大財之後，還能低調內斂嗎？還能善心大度嗎？還能低頭俯身嗎？還能關注普通百姓嗎？還能遵循規則嗎？捫心自問，你的答案是怎樣的。

《呂氏春秋·論人》中談到鑑定心理的「八觀六驗」方法，其中的八觀是「通則觀其所禮，貴則觀其所進，富則觀其所養，聽則觀其所行，止則觀其所好，習則觀其所言，窮則觀其所不受，賤則觀其所不為」。這是裁

判員的視角，從觀察評判他人的角度講的。其實也可以從一個被觀察者的角度去理解這段話的含義，這也正是內省所要解答的問題。不管何時、何地、何種情況下，都要讓良好的內在修養無形無影地流露出來。要有這樣的表現，需要日常的內修。

最後，對本章做一下歸納。重視實在的內容（要點實在的）、追求基本的保障（只要基本的）、加強內在的修為（保持內在的），三個主張，層層遞進，步步深入，直達內心。理解下來，就知道老子去彼取此中去除的彼是什麼、選擇的此又是什麼了。

為腹和為目，代表兩種生活方式，兩種人生追求。老子倡導的是摒棄物欲的誘惑、貪欲的滿足，保持內心寧靜恬淡、安定知足的生活方式。

而你呢，朋友，會選擇老子倡導的道路嗎？

第十二章　為腹不為目：摒棄物欲的誘惑、貪欲的滿足，保持內心寧靜恬淡、安定知足的生活方式

第十三章
寵之為下：內心小心翼翼，做事認認真真，才能不負眾望

寵，辱若驚。

貴，大患若身。

何謂「寵，辱若驚」？寵之為下，得之若驚，失之若驚，是謂寵，辱若驚。

何謂「貴，大患若身」？吾所以有大患者，為吾有身也。

及吾無身，有何患？

故貴，以身為天下，則可以托天下矣；

寵，以身為天下，則可以寄天下。

對於這章的內容，普遍的理解是「貴身」，看重自身，封鎖外在誘惑。我們認為，如果這樣去理解，意思不順，而且中間有諸多無解的疑惑。

所以，我們重新斷句，意思就順暢多了。比如前兩句，「寵辱若驚」句讀為「寵／辱若驚」，「貴大患若身」句讀為「貴／大患若身」。這樣，本章要解答的核心問題馬上呈現了出來，就是如何對待寵和貴。

這也正好與上一章講「為腹不為目」的內容銜接了起來。

上一章講到，內在修為很重要，要向內看，從內心去找答案。

而對內心來講，必須面對一個挑戰，必須過一個坎，那就是該怎麼對待寵與貴。這就是本章的核心要義。

▍ 一、受眾人愛戴時，要如履薄冰

我們常用一個成語，叫寵辱不驚，意思是受寵受辱都不必在乎，指不因個人得失而動心。坦然面對得失，這是一種境界。

但老子卻說「寵辱若驚」，不是「不驚」，而是「若驚」。難道是反方向地看待問題？並非如此。我們不能從寵辱不驚的角度去理解「寵辱若驚」。

「辱」，本指耕作，在甲骨文中就已經出現。上面是時辰的「辰」字，其實是海市蜃樓的「蜃」字的簡省寫法。蜃是一種大蛤蚌，蛤蚌外殼堅硬，先民們用它的殼製成除草的農具。「辱」字下半部是一個手。整個字，就指用手持蚌鐮耕作鋤草之意。

誤了農時，耽擱了耕作大事，有殺頭之罪，所以辱字有羞恥之義，程度輕一點是羞愧，程度重一點就成了羞辱。而「驚」字，原意是馬駭，把馬驚了。連起來，「辱若驚」的意思是一個耕作老手，卻把馬給驚了，確實讓人感到羞愧。

老子講「寵／辱若驚」，就是說，寵是一件與驚了馬一樣讓人羞愧或者羞恥的事情。這著實讓人想不通，究竟是為什麼呢？

這需要我們從寵的意思中找尋答案。

現代理解寵的意思，主要是指關愛有加、受到寵愛。其實它還有另一個含義，即推崇，比如尊寵。我們綜合這兩個含義，就能搞明白老子所講的寵的意思，它不是自上而下的恩寵、寵幸，而是受到百姓的推崇，得到眾人的愛戴。

眾望所歸，站在聚光燈下，對於常人而言，自我感覺一定很好。而老子卻認為，這樣的情況下，內心應當是忐忑不安的，因為「寵之為下／得之若驚／失之若驚」。

「寵之為下」是什麼意思？又是為什麼呢？

我們理解，「下」的意思不是低下，而是欠好。受到愛戴，並不完全是好事。得到愛戴，心裡驚喜，心態發生變化，可能行動上就要演一場「傲慢與偏見」的戲碼了。獲得大家的推崇之後，如果再失去了，心中鬱悶，怎麼也想不通，就會言行走樣。

所以，綜合起來看，寵並不是個好東西。得到也罷，失去也罷，都是

惶恐不安的。所以，還是需回歸恬靜淡然，看淡外界的評價，保持內心的平和，不要受外界因素的影響，做到得意不忘形、失意不變形、做人要常形。如果持有這樣的見地，一旦真有機會受到眾人的愛戴，就不會心安理得、自以為是，更不會狂妄自大，而是惴惴不安的、小心翼翼的、如履薄冰的。這就是「寵／辱若驚」的含義。

■ 二、身居高位，要心繫大眾，不負眾望

貴，一般是就人的地位而言的，指地位高貴而優越。對於成了達官貴人，成了一級主管、一方大員的情形，老子是怎麼看的呢？老子認為，「大患若身」。這不能按字面含義去理解，不是自己身上有大病的意思。

我們要搞懂「身」的意思。現在華人有用「有了身子」來說懷孕的情況。甲骨紋身字，就是面朝左的人挺著大肚子的側影。身，本義就是身孕。在古代，懷孕是個大事情，一個風險高甚至危及性命的大事情。原來，身居高位，是件有風險的事情，就像懷有身孕似的。「吾所以有大患者／為吾有身也／及吾無身／有何患」？等到把孩子生下來了，哪還有風險呢？或者說，有了身家，就有顧慮，等到不把身家當負擔了，哪有什麼重重顧慮呢？勇往直前就是了。患，風險也。

這裡，老子想表達的意思是什麼？我理解，與「寵／辱若驚」的意思相近。懷孕，是孕育希望的。十月懷胎的過程，風險係數大，就要小心注意，不能出現差池。對於身居高位的人，眾人在他身上寄予希望，冀望他為大家做成事情，造福民眾；從他自己的角度說，一定要把大家的期許變成自己的責任，做事就會認認真真，不負眾望。這就是「貴／大患若身」。

三、內修為先，為大眾服務意願在後，努力成為眾望所歸、不負眾望的人

無論是「寵／辱若驚」，還是「貴／大患若身」，都是老子對領導者的要求。看來，這一章是給領導者論道的。怎麼做一個領導者？受到大家的愛戴，為大家做事情，受到更多的愛戴，再做更多的事情……而在這個過程中，領導者要加強自己的個人修為，要心繫大眾、如履薄冰，全面履職、攻堅克難。

老子的原話是這樣的，「故貴／以身為天下／則可以托天下矣／寵／以身為天下／則可以寄天下」。只有對貴和寵有正確而全面認識的人，才可以託付天下。

老子認為，能託付天下的人，需要具備幾個條件，這些條件還有一定的次序。這是選賢任能的幾條標準。

第一個條件，是這個人對寵、貴的看法，一定是把「辱若驚」、「大患若身」的觀念刻進了骨子裡，人品要好、三觀要正。

第二個條件，是要眾望所歸，就是要得民心，有良好的群眾基礎。受到大家推崇的人做領導者，才能有一個正面的導向，提拔一個激勵一批，否則可能適得其反，提拔一個打擊一批人的熱情。

第三個條件，是要「以身為天下」，就是要有服務大眾的意願。

不是為私，不是為上司，也不是為小圈子、小集體的那麼一部分人，而是為天下人民。

第四個條件，是要多層級鍛鍊。老子在總結本章時，先提出「貴」以「托天下」，然後提出「寵」以「寄天下」。這個順序，我們可以理解為具備了前面三個條件，就先有位子然後受大家推崇，然後貴、寵，逐步晉升，蒸蒸日上。天下，可以是全天下，也可以是一地一域。

為便於理解，對後面兩句，「故貴／以身為天下／則可以托天下矣／

寵／以身為天下／則可以寄天下」，要補充四點：

（一）愛還是寵？有的版本的最後一句是「愛以身為天下若可以寄天下矣」。我認為，突然出現「愛」，不大好理解，或許與寵愛有關。要麼應為「寵」字，要麼把愛理解為寵。所以，我們把這句修改「寵以身為天下」。「若可托天下」的「若」，有版本為「則」，為方便理解，我們採納「則」字。

（二）「以身為天下」中的「身」，何解？在這句話中，它不再是有身孕之意，而應理解為自身。在老子所處時代，漢字較少，常一字多義，一字多用，要根據語境去理解。

（三）如何句讀？我們的句讀是「故貴／以身為天下／則可托天下矣／寵／以身為天下／則可寄天下」，不是「貴以身為天下……寵以身為天下……」。這個貴、寵，與前半段相對應，再次突出本章的核心要義。

（四）貴、寵是什麼含義？最後兩句中的貴、寵，不是指身居高位、受到愛戴，而是指持有「寵／辱若驚」、「貴／大患若身」理念的人。

這樣的解讀，一可以看清章節中的邏輯，二可以看明字的含義，三可以搞懂老子思想的內涵。這樣的解讀方法，讓我們打開了思路，所以有了不少的新意，而且更貼近老子無為、順自然的主張。

現在，我們已經修行了十三章，對道的虛無縹緲又妙用無窮的特點，應該已經有所理解了。綜合理解前十三章的內容，還能清晰地感覺到《道德經》不是什麼出世哲學，而是在講入世，在講做人做事的道，包括管理思維、工作方法、修身途徑等方面，是很實用的教學。

第十三章　寵之為下：內心小心翼翼，做事認認真真，才能不負眾望

第十四章
混而為一：道態混沌，恍恍惚惚

視之而弗見，名之曰微；聽之而弗聞，名之曰希；捪之而弗得，名之曰夷。此三者不可致詰。

故混而為一，其上不皦，其下不昧，繩繩兮不可名。

復歸於無物，是謂無狀之狀。無物之象，是謂惚恍，隨而不見其後，迎而不見其首。

執今之道，以御今之有，能知古始。

是謂道紀。

本章的篇幅比較長，是繼第一、四、六章之後，第四次講解道為何物。老子大概是擔心大家陷於對道的具體運用的思索，而忘記「道是什麼」這個起點，所以隔幾章就與大家分享一下道的概念。這有點像是在提醒我們，要時常從具體事務中脫身出來，讓心靈有駐足的機會，讓思想有留白的空間。

我重新對本章進行了分段。由此，對本章的理解，也就有了很多不同。讓我們慢慢道來。

▌一、混沌是一種常態

首先講解第一句，字數比較多，歸納起來，說了一個意思，就是混沌是道的一種常態。

在這一句中，有六個關鍵字：視、聽、捪（ㄇㄧㄣˊ），微、希、夷。

說到了看、聽、摸幾個動作，很多人認為是在講道的無色、無聲、無形。這種理解拐了好幾道彎。我則認為，老子在借用生活場景啟發思考。這是他常用的方法。

「視之而弗見／名之曰微」，意思是看卻看不到，把這種情況叫做微。微的本義是隱蔽、隱匿。從這個本義，我們可以聯想到什麼呢？第一個，是塵土、細菌，實在太細微，無法用肉眼看到。第二個，明處能看見，暗處看不見，是因為光線的緣故。

要麼太小，要麼太暗，總之都像隱藏了起來。這就是微。

第二個場景，「聽之而弗聞／名之曰希」，意思是聽卻聽不到，把這種情況叫做希。希的本義是刺繡，引申為少、珍稀。

體檢時檢測過聽力的人都知道，分貝極低的聲音，是很難聽到的。

那正是少的狀態。

第三個場景，「捪之而弗得／名之曰夷」。捪，是摸的意思。

摸卻摸不到，把這個情況叫做夷。夷，本義是平，引申為遠。比如，蠻夷，是古時中原人對少數民族的稱呼，但剛開始是指距統治中心較遠的偏遠地區，並沒有歧視的意思。夷所處的地方距都城一千五百至兩千里，蠻則是指更遠的地方。所以，這裡的夷是指距離遠。例如天邊的雲彩，或是人在呼吸，能感覺到鼻息，用手去抓呼出來的氣，也是抓不住的。空氣抓不住與雲彩抓不住，在感覺上是一樣的，那都是夷了。

本以為看見東西是用眼睛的緣故，卻不知道還有光線在起作用。本以為是用耳朵聽，卻不知道有聲波在起作用。這是我們現代的常識。在老子的時代，沒有一點科學的影子，對這些場景下的情況，自然是怎麼也解釋不清的。但終是要有一個態度的，所以，老子提出了自己的看法，即「此三者不可致詰」，既然不知其故，那就不去深究了。這裡的詰，是問的意思。

本來嘛，這個世界並不是非黑即白的，而是複雜多樣的，沒有人能看清它的全貌，是說不清道不明的，就是糢糊狀。

既然沒辦法搞得清清楚楚、明明白白的，那又是什麼樣子的呢？老子說，「故混而為一／其上不皦（ㄐㄧㄠˇ）／其下不昧／繩（ㄇㄧㄣˇ）繩兮不

可名」。那就混而為一，混沌狀態就是一啊！它的上面沒有亮得刺眼，下面也不會昏暗看不清，綿綿不絕，不可名狀。

連繫前面章節的內容來想想！第一章「無／名萬物之始也」，第四章「淵兮／似萬物之宗／湛兮／似或存」，第六章「綿綿兮若存／用之不堇」，本章所講的，正對應著道的這些特徵！原來，混沌狀態就是道的狀態，這種狀態就在我們日常的視覺、聽覺、觸覺之間，實在是再普通不過，卻又不得而知、深奧無比。

二、混沌的狀態，沒有平常所言的形狀，恍恍惚惚，若有若無

接下來，老子用了兩個「是謂」，繼續講到了道的兩個具體狀態。

老子講，「復歸於無物／是謂無狀之狀／無物之象／是謂惚恍／隨而不見其後／迎而不見其首」。在這裡，我讀無狀之狀、無物之象時，是這樣斷句的：無／狀之狀、無／物之象，而不是無狀／之狀、無物／之象。在這裡，老子指出道的兩個具體狀態，一是無／狀之狀，二是惚恍，意思是混沌的狀態，沒有平常所言的形狀，恍恍惚惚、若有若無。

「復歸於無物」，回復無物的狀態。復歸，表達的是一個回歸的過程。可見，這是一個從無到有再到無的過程。前面提到的塵埃、光線、聲波、空氣等，都是客觀存在的物體，它們產生於無，又回歸看不到、聽不到、抓不到的無。這就是「無狀之狀」，它有形狀，但不是日常能感知的形狀。這是在為「知古始」鋪墊。這一點，我們暫且按下不表。

老子接著說，「無物之象／是謂惚恍」，道是有形象的，卻不是一般物體的形象，而總是給人恍恍惚惚的感覺。怎麼惚恍呢？老子是這麼描述的，「隨而不見其後／迎而不見其首」，追隨而看不到它的後部，迎面而看不到它的前面。這就是道的玄而又玄了。舉個例子來說明，比如，聲波，

我們知道它的存在，但肉眼看不見，抓也抓不著，完全沒有形象，是不是
夠讓人發暈的？空氣也是如此，要用儀器才能感知到，這對幾千年前的老
子來說，就是一種恍惚的狀態，因為實在太不可思議了。

■ 三、混沌狀態是道的要義

「執今之道／以御今之有／能知古始／是謂道紀」老子接著講，首先
要講一下版本的問題。有版本寫的是「執古之道／以御今之有」。究竟是
「執今之道」還是「執古之道」？我認為是「執今之道」。理由如下：第一，
託古喻今，有儒家的影子，不是道家。第二，司馬遷在《史記‧太史公自
序》中談及道家，是這麼說的：「有法無法，因時為業；有度無度，因物與
合。故日『聖人不朽，時變是守。虛者道之常也，因者君之綱也』。」聖人
之所以不朽，是因為「時變是守」，遵守順時而變的原則。

按照我們對道的理解，道的原則、精髓，無論哪個時代、經歷了多長
時間，都未曾改變，而形式可以有所變化。以此為證，原文更可能是「執
今之道」。

我們回到原文。從本章前半部分的內容，我們已經可以感覺到老子的
思維是有脈絡的。從正向看，秉持亙古不變的道來治理當下，是可以知道
遠古時的情況的。

為什麼這麼說呢？因為「復歸於無物」所隱含的邏輯。復歸，說明我
們可以穿越回從前，這給了我們一個反推的方法，也就是說，從現實的情
況可以推導出世界生成前的狀態。這個過程大致是這樣的：從當下的無物
（比如塵埃），推導到有物（比如物體），經過恍惚，回溯到古始時是無物
的（混沌）。這就是世界生成前的狀態，原始的混沌狀態。

看來，所謂「道紀」，並不是「能知古始」中「能知」的方法，而是指
知道古始是什麼狀態，它才是道紀。紀，可以理解為法則、綱領，也可以

理解為開端。結合起來理解，道紀，指的是道的「初心」，也是道的根本要領、核心要義 —— 那就是混沌。這就再次強調了本章的核心觀點，所以說，本章的內容前後關聯、邏輯嚴謹，緊密圍繞道之混沌特點而展開。

事物之間沒有絕對清晰的邊界，沒有絕對的對立，沒有絕對的對錯，沒有絕對的黑與白。灰色，或者說黑中有白、白中有黑，才是世界的主色調。如果內心接受「萬事萬物都是混沌狀態」的觀點，就能理解，世界並不是唯一的，而是充滿各種可能。

一旦抓住和接受了這個要領，就會發現，世界在你面前變得開闊起來，內心的執念可以放下不少，包容心也會大起來，身段、眼神、語氣都可以柔和不少。

這麼看來，虛靜、謙下、順自然，要做到還會有困難嗎？

沒有任何的困難。這就是道的力量！

第十四章　混而為一：道態混沌，恍恍惚惚

第十五章
道者之容：依循天性，容態謙恭，心境豁達

古之善為道者，微妙玄通，深不可識。夫唯不可識，故強為之容：

豫兮其若冬涉水；猶兮其若畏四鄰；儼兮其若客；渙兮其若冰釋；敦兮其若樸；曠兮其若谷；混兮其若濁；望兮其未央哉；澹兮其若海；飂兮若無止。

眾人熙熙，如享於太牢，而春登臺。我泊焉未兆。

俗人昭昭，我獨昏昏。儽儽兮，若無所歸。

俗人察察，我獨悶悶。沌沌兮，如嬰兒之未咳。

眾人皆有餘，而我獨遺。我愚人之心也哉。

眾人皆有以，而我獨頑以鄙。我欲獨異於人，而貴食母。

我反覆研讀第十五章的內容，總感覺前半段文字和後半段關聯不起來，理解起來很是吃力，因此心生疑惑。會不會是竹簡排序錯誤了呢？最早的《道德經》，寫在竹簡之上，在傳承的過程中，不免出現文字遺失、內容重複等問題。如果竹簡的穿線斷了，後人在重排竹簡次序時搞錯，並非不可能，畢竟早期的《道德經》，是沒有區分章節的。

疑惑歸疑惑，還得繼續解讀。經過反覆對照，我把第十五章與第二十章放到了一起，終於找到點感覺。為把邏輯梳理得順暢些，也出於多一種貼近真實老子的可能，在這裡，我們暫且把權威版本放下，重新組合第十五章和第二十章的內容。我們有了新的發現，這是在講道者之容。

第十四章，講道是混沌的狀態。在這「新」十五章，是這樣延續第十四章的內容的：一個人的風格、氣質、言談、舉止，是內在涵養、內心思維的外露。混沌是道的要旨。理解了這個要旨的人，也就是善為道者，會有怎樣的容態和心境？歸納起來，他的真性情在於他依循天性，因而容

態謙恭，心境豁達。此外，在本章中，老子給自己畫了張自畫像，把一個活脫脫的老子形象呈現在我們面前。這是給我們每個人提供的標尺，讓我們以此為標準，修我們自己的心境，改變我們的容態。

一、得道之人的容態和心境是多樣的，我們居一二，能三四，就甚好

「古之善為道者／微妙玄通／深不可識」。古時候善於行道的人，精妙神祕，通達事理，精深到難以認知的程度。這一點，與道的玄妙、深沉、清透的特徵是相通的。得道之人，有深度，有境界，又不外露，確實難以讓人看清看透，也就難以描述了。

「夫唯不可識／故強為之容」，為了讓大家能有更加直觀的認識，老子勉為其難地對此類人的特質做出了描述。

特質一，慎重。「豫兮其若冬涉水／猶兮其若畏四鄰」。猶、豫，是兩種野獸的名字，其性多疑，所以現代把兩個字連成一個詞，叫猶豫。老子要表達的遲疑，不是膽小怕事的意思，否則就不必以「冬涉水」來比喻了，冬天乾脆不過河就是。冬天河道結冰，過河時擔心冰面不夠結實，擔心腳下打滑摔倒，所以小心謹慎，慢慢探路向前。此外，他還「若畏四鄰」，像是很害怕鄰居似的。

其實並不是害怕，而是尊重和禮敬。

善為道者，平常就是這樣慎重，不是大手大腳的，不是高談闊論的，也不是畏首畏尾、瞻前顧後的。如果用性格特徵來說，他不是外向的，也不是內向的，應該是中性內斂的。這是第一個特質。

特質二，恭敬莊重。「儼兮其若客」。「儼」，意思是恭敬。

恭敬得像做客一樣。這一點，世人都有親身體會，尤其是年紀還小的時候，出門做客時，家長會要求著有禮貌，還要有儀態跟氣質。然後到了

主人家，要顯得彬彬有禮，甚至稍顯拘謹。這樣看來，善為道者，在對待他人時，無論對方是什麼樣的人，都是同樣謙恭、同樣鄭重其事。

在這一點上，尤其面對職務高的人或者社會地位低的人，常有人不能做好，頭顱的角度、眼光的方向、腰身的弧線，會不自覺地變化。對職務高的，腦袋就低下去了，腰也哈起來了。

看見地位低的，一下子就面孔朝了天，眼睛朝上看了。最好是做適度的矯正，對職務高的人，抬頭挺胸，平視著點；對社會地位低的人，彎點腰，高看著點。這樣，心境是平的，眼光也平了。

特質三，心裡敞亮，內心坦蕩。「渙兮其若冰釋」。渙然冰釋的成語就出自此。但我覺得這個成語現在的解釋，並非老子「渙兮其若冰釋」的原意。另有一種解釋講到，冰在春天到來時消融，寓意著善為道者給人如沐春風的感覺。這倒是一種境界，值得倡導。遺憾的是，這是他人對善為道者的看法，而非善為道者自己的容態和心境，不一定是老子的本意。我們看到，前後的描述都是來自善為道者的角度，因此我們需要用同一個角度去解讀「渙兮其若冰釋」。

冰釋，是講封凍的水面正在解封。冰面在消融，沉重的冬天即將過去，明媚的春天即將到來。這時的心情是何等輕鬆愉悅！善為道者的內心，就是這樣的。「渙」，《說文》裡注解為流散，還有一個含義是「鮮明的」。由此可以理解，善為道者的內心總是晴天，充滿正能量，看事情看積極面。他的內心也是鮮明的，做事說話乾脆俐落，為人處事光明磊落，不含糊，不拖泥帶水，不拐彎抹角。在這樣的心境下，傳遞的情緒又怎會不是輕鬆愉悅的呢？一定是輕鬆愉悅的。

特質四，渾樸豁達。「敦兮其若樸／曠兮其若谷／混兮其若濁／望兮其未央哉」。善為道者敦厚得像沒有加工過的木料（樸就是沒有加工的木料），無有做作；胸襟開廣（曠），像山谷一樣包容；像一股大水流（混），渾厚無比（濁）；心境廣闊（望，遠視茫茫也），像草原一樣無邊無際（未

央）。像草原，像山谷，又像一股大水，完全可以想像到為道者的胸襟何其寬廣！

特質五，深沉瀟灑。「澹兮其若海／飂兮若無止」。這兩句加上前面那句「望兮其未央哉」，各種版本一般歸在第二十章，但前後語境不搭，放入本章，恰能上下呼應。意思是說，風吹過水面，水波和緩（澹），沉靜得很，好像湛深的大海。一股大風（飂），瀟灑飄逸，好像無有止境。這兩句放在一起，很容易讓我們想起那個成語 —— 玉樹臨風。

這是善為道者的五個特質，他內斂、莊重、坦蕩，敦厚、豁達、渾樸，深沉恬靜，而且瀟灑飄逸。這些容態和心境集於一身，實在是世外高人。而由一個人全部擁有，也實在太過難得了。

我們是修煉不來這麼齊全的特質的，也不必強求修行到具備所有的特質。按順遂自然的方式修行，應當以自己的自然心性為基點，修煉兩三個特質作為主要面，這已是很好的，如果還能兼顧更多的特質，那是極好的了。

▋ 二、依天性的修行，符合道的精神

其實，性情的差異，有與生俱來的一面。有些從娘胎裡帶來的性情，很難徹底改變，即便改變，也會留下痕跡，在不經意間流露出來。而要讓所有人具備一模一樣的特質，也是不可能的，即便是雙胞胎，他們的特質也會有所不同。正是因為存在性格千差萬別的人，組合起來的世界才精采絕倫、無與倫比。

那麼，一個問題攔在了我們面前。善為道者的特質，難道不能當作標準？我們修行又該如何去做呢？老子提供了他自己的做法。

老子把善為道者描寫得實在完美，那我們就要問了，你老子能做到多少呢？老子好像知道我們會有此一問，所以，主動地畫了張自畫像。這段

老子的自畫像，多數版本放在第二十章。

我們移植到這裡，正好展示出老子對標善為道者進行修行的成果。此外，我們把這段文字做了新的排序。句型整理後，理解起來非常方便。

他說，「眾人熙熙／如享於太牢／而春登臺」，大家都很快樂，就像在參加一場盛宴那樣開心，又像春天登高望遠那樣心情愉悅。而老子說自己是怎麼樣的呢？「我泊焉未兆」，「我」就獨自一個人，很安靜，很淡定，沒有絲毫的情緒波動。準確地說，是內心無喜無悲，表現得很自然、很淡定。

淡定方得從容，淡定方能真豁達。這種豁達，不是我有錢我請客，無所謂花銷多少，只要大家開心就好的那種豁達，也不是藐視一切的那種無所謂的態度。這種豁達，是內心的充實，是積極的、陽光的。

老子繼續說自己。「俗人昭昭／我獨昏昏／儽儽兮／若無所歸／俗人察察／我獨悶悶／沌沌兮／如嬰兒之未咳」。世人都覺得自己聰明，唯獨「我」昏昏昧昧，閒散地走著，好像無家可歸似的。世人都覺得自己精明能幹，唯獨「我」沉悶得很，頭腦沒開竅，像個還不會笑的嬰兒。

看來，老子也是呆拙得可以了，可以毫無目的地閒散，像個居無定所的流浪漢。嬰兒在剛出生的一兩個月裡是不會笑的（咳，笑也）。老子可以讓自己回歸那樣一種質樸不做作的狀態，這何嘗不是一種好的心境？又何嘗不是得道高人呢？這種眾人皆醉我獨醒的狀態，在後面的文字裡還會提到，其實老子也不是很贊同。他要的是融於環境之中卻能保持頭腦的清醒，對待外界，不是水火不容的，不是看不慣就吵架，而是身處鶯歌燕舞、爾虞我詐，而內心依舊是淳樸的。

老子接著說，「眾人皆有餘／而我獨遺／我愚人之心也哉／眾人皆有以／而我獨頑以鄙」。大家都豐足有餘，而「我」卻好像丟了東西似的，缺錢少糧，匱乏不足。「我」真是愚鈍！大家都很有作為，忙忙碌碌地做事，唯獨「我」愚頑不靈、頭腦遲鈍，見識淺陋、行為低下。

這顯然不是真的講老子智商低、愚蠢笨拙，而是話裡有話。

「眾人皆有餘」，有的是什麼？有的是物質財富。「眾人皆有以」，又是在忙什麼呢？忙的是追名逐利。老子不看重名利，也看透了名利場以及名利場上的人和行為，所以，他的觀念和行為，在眾人看來是怪異的。

老子同時又說了，「我欲獨異於人／而貴食母」。「食」（ㄙˋ），在這裡是動詞，做供養解。老子認為自己異於常人的原因在於他「貴食母」，堅守了一些東西。老子重視和供養的「母」是什麼？當然是道。他尊道重道，精神世界是充實的，內心是虛靜的，沒有虛榮心、名利心、爭鬥心。他守道用道，敬人謙虛，低調示下，無論對方是什麼人都真誠以待，讓人感到舒服。他言行順自然而起、順自然而止，有則有之，無則無之，不去強求，不去爭鬥。

正是這句「貴食母」，與前半段內容呼應，點明了善為道者風采的源頭，也驗證了把十五章和二十章內容進行重組的合理性。

看完老子的自畫像，我們會有所發現。發現了什麼呢？我們發現，他本人的風格，與善為道者的特質有很多相通、相同之處，善為道者的內斂、莊重、坦蕩、敦厚、豁達、渾樸、深沉、恬靜，在自畫像中都能感到。同時，我們也發現，兩者又並不是完全貼合的。比如，我們沒覺得老子是瀟灑飄逸的。我們倒是從莊子身上看到了那份瀟灑飄逸，甚至都放縱不羈了，而這樣的莊子，顯然又是灑脫有餘、莊重不足了。

老子與莊子的風格截然不同，卻都是道家大師。這給我們尋找修行之路帶來了啟發。原來，修行之路是普遍原理與個人實踐相結合的，是可以帶著個人特色的。這個普遍原理，就是「貴食母」，而其中的個人實踐就是個人天性。

修行之路，能內外雙修自然是極好的。最重要的是，首先要內修，「貴食母」這個核心不能丟。在外修方面，則不太可能千篇一律，所以，毋須有標準唯一、風格唯一的想法。順應個人天性，不違逆個性，不刻意

地、大幅度地修正，不做大角度的扭曲，這樣的修行之法，也是符合道的精神的。

　　這樣的一章，讓我們具體、直觀地了解了為道者的形象。

　　他們有多彩的個性、多樣的風采。從他們的身上，可以找到我們自己要去追尋的特質。

　　從現在起，去追逐它……

第十五章　道者之容：依循天性，容態謙恭，心境豁達

第十六章
歸根曰靜：精神空明，回歸人之初的本性致虛極也，守靜篤也

萬物並作，吾以觀其復也。夫物芸芸，各復歸其根。

歸根曰靜，靜是謂復命。復命常也，知常明也。

不知常，妄作凶。知常容，容乃公，公乃全，全乃天，天乃道，道乃久，沒身不殆。

本章的文字，很容易理解，而其含義很重要，因為，老子在這裡提出了一個核心觀點 —— 虛靜。相較於第十五章描述的善為道者的容態和心境，虛靜，是善為道者更為高深的境界。

本章的邏輯是，先亮出觀點，然後陳述推論過程，最後闡明作用。為方便理解，我們要從中間的推論過程說起。

▊ 一、外界紛紜，皆為過往

老子說，「萬物並作／吾以觀其復也」。自然界的萬物紛紛呈現在眼前，你方唱罷我方登場，老子觀察它們的循環往復，發現一個規律 ——「夫物芸芸／各復歸其根」。一顆種子，放進土裡，發芽，生根，成長，開花，結果，最後變回一顆種子，掉入泥土。紛紛繁繁的萬物，都是這樣的，最終都會回到出發的地方，從哪裡來的，回到哪裡去。

▊ 二、回到起點，無欲無求，找回原始的質樸

這個回歸的過程，老子定義為歸根。「歸根曰靜」，回到起點、回歸初心，這個過程是靜（而非根是靜）。「靜是謂復命」，回歸初心就是找回本性。

　　我們先來講講宇宙的循環，然後說說人的本性回歸。我們都知道，宇宙起源於一片混沌，無論宇宙怎麼發展，都將歸於混沌。這是宇宙的命。在遠古時期，先民內心澄澈，無所謂欲望。

　　隨著歷史的發展、社會的進步，外界發生著變化。世人在這個世上走上一遭，歷經風雨，受到誘惑，浸染不同的色彩，內心被灰塵矇蔽，出現了各種的變質甚至變異，有人迷失方向，有人隨波逐流，有人趨名逐利，有人飛揚跋扈……這是一個從原理，這種種現象，最後都是要回歸無的。回歸的方式是怎樣的呢？古代哲人早已開始尋求解決方案。比如，孔子的方案是克己復禮，壓制內心的欲望，不為外界所擾。而老子則認為，要讓內心回歸純淨質樸的本性，不產生欲望，自然不會為欲望所擾；即便有欲望，也只是止於基本保障的範圍。這是人性歸根的過程，也是人的命。所以老子說，於宇宙、於世人，均「靜是謂復命」。

　　老子接著講，「復命常也／知常明也」，回歸是長久不變的規律，了解了這個規律，就通曉了道的核心。這裡的「常」是「天行有常」（《荀子‧天論》）的「常」，指常式、規律。「明」，在這裡是個名詞。佛教裡有「五明」之說，指工巧明（工與藝之學）、聲明（語言學）、醫方明（醫學）、因明（論理學）和內明（佛法學）這五種大學問。「知常明也」的「明」，也是指大學問。

　　因學而明理得智，也就是得道了。

　　上面是推論的過程，緊接著老子闡明了它能造成什麼樣的作用。

　　知道回歸本性的規律，心裡像明鏡似的，什麼都明白了，思想通透，心無罣礙。如果不知道這個規律，會怎麼樣呢？「不知常／妄作凶」，就會輕舉妄動，必遭凶險。所以啊，「知常容」，深刻地知曉道，能包容一切。「容乃公」，有了包容心，就能綜合多方情況和各方意見，就會有公道心。「公乃全」，有公道心，做事才會周全。「全乃天」，周全了就符合自然。「天乃道」，符合自然就是道。「道乃久」，體道而行，才能長久。然後才「沒

身不殆」，不會遇到危險、陷入困境。

這逐級的推理，把「知常」的作用遞進抬升，直達最高的道，由道起，以道止，一個循環就此形成。而這一切，都是起自靜，即原點、初心。可見，老子對靜著實看得很重！如果按照現代對靜內涵的理解，不正是說靜是道的基礎或者起點嗎？而按照老子的看法，靜就是道。

▌三、致虛才能守靜

透過上述的推論過程，以及它所起的巨大作用，我們能感覺到老子要講的一定是一個重磅的觀點。既然重磅，所以我們要讓它壓軸。現在，是時候隆重登場了。老子的觀點就是本章的第一句，就是「致虛極也／守靜篤也」，達到空明的狀態，要做到極致。守護初心，要長長久久地堅持本性。

現在要說一說靜為什麼是初心了。靜，從青從爭。從其最早的字形來看，青，是植物初生時的顏色；爭，是上下兩手雙向持引。雙手托持著植物初生時的青色，就是靜，引申來理解，就是堅守本色、秉持初心。

這與我們現在對靜的理解有很大的差異。我們相信，老子時代對靜的理解更接近字的本義。靜，是要讓心時常保持初始狀態，雖萬物紛紜也澄然無事。初心又是什麼呢？初心是在任何時候，能夠以自己的純粹和良知去踐行，不為外界欲望所拖累，不為紛擾所束縛。這是我們對靜的理解。

那麼，何為虛呢？虛，大而空曠。如果要用一個實體做參考的話，當屬「山沖」，既充實又空明。充實的是看不見的空氣，是精神；空明的是可藏萬物的空間，是胸懷。一方面是放空的，什麼都沒去想，又什麼都清清楚楚；另一方面也是開放的，不是昏昏沉沉的，不是麻木的，而是開智，能寬容，能包容。這是虛的含義。

靜和虛不是獨立存在的，它們之間有緊密的關聯。是怎樣的關聯呢？

我們理解，靜，是初心、本色，但已經帶著點主觀的色彩。而虛，是無意識的，是更深層次的內在狀態。只有自然而然的虛、無意識的虛，才讓保持初始、堅守本色成為一種可能。致虛才能守靜，這就是兩者的關聯。

此外，老子對虛、靜的程度提出了一個要求。一般的虛、靜，作用不會很大。只有達到「極」、「篤」的程度，只有做到極致，做到專一長久，「知常容」、「沒身不殆」的作用才能展現出來。

所以，致虛、守靜是要做到一定深度，要長期堅持。蜻蜓點水式的、東摸摸西忙忙的做法，只是表面文章，完全沒用。

好了，說到這裡，我們基本知道了修行的目的地，就是要去找回內心原本的空明、清靜。

熱水壺用久了，會有一層水垢，就要清洗。我們歷經一個時段之後，內心也會留下雜質，或思緒煩躁起來，或思想膨脹起來，或言行浮躁起來，總之都是靜不下來。在這個時候，要給自己留下修行的時間，去除內心的滿，排除內心的欲，放棄內心的雜，找回原本的純、樸、靜，然後再出發、再前行。

第十七章
百姓自然：管理的最高境界是心正、引領和差異化點撥

太上，下知有之；其次，親譽之；其次，畏之；其次，侮之。

悠兮，其貴言也，成功遂事，而百姓謂我自然。

本章繼續講善為道者的表現。上一章談到，善為道者有自己的境界、心境和容態，那麼，外界對他是什麼看法呢？本章回答的就是這個問題。

大多數人認為本章是在勸告執政者。我認為，《道德經》前後章節具有一定的邏輯關聯。連繫第七章「聖人後其身而身先／外其身而身存」，我認為，部落首領也罷，聖人也罷，善為道者也罷，都可以勝任管理者、領導者的角色。對於本章，我更傾向於認為，老子是在接續第十五、十六章的內容，把善為道者當作一個管理者、領導者看待。

▌一、四種管理風格、四種結果

管理，是透過人與人的連繫去完成某個任務，由此形成上司和屬下的關係。不同的上司，風格各異，屬下的感受也會不同。

所以，老子首先列舉了四種管理情形和風格，以及相應的四種結果。

第一種風格，「太上／下知有之」。「太上」，有理解為最好的管理者。如果是這種理解，這個「太上」就是主語。但是，在描寫後面三種管理風格時，都只是「其次」，並沒有用主語。

因此，從文字上看，我認為，「太上」不是主語，而是首先的、最好的意思，表達了老子對這種管理風格的讚許和推崇。「太上／下知有之」，最好的管理情形，是大家知道有個執政者，但只是知道這個人，沒有感知到

執政者的管理。

執政者坐鎮指揮，底下人卻只知道有他而不知道有他的管理。難道是執政者沒有做事情或者隱形了？有點難理解，是不是？我們慢慢看下去，就能明白。

「其次／親譽之」，稍差一點的管理者，大家親近他、讚譽他。

能做事、能為大家著想的上司，是能得到大家認可的，如果再有點親和力，飽含深情，這樣的上司，大家是十分願意接近的。

「其次／畏之」，再次一點的管理者，大家害怕他，都躲得遠遠的，能不打交道就不去打交道。看起來，這樣的人，本事還是有的，只是太嚴厲了，近乎苛責，給人冷冰冰的感覺，或拒人千里，不能交心，或者不體恤下屬，沒能把大家的心攏在一起。

「其次／侮之」，最差勁的管理者，大家輕蔑他、辱罵他。

看起來大家是恨得不行了，徹底不滿，把怒火發洩了出來。這樣的管理者就有點失敗了，大概是黑白不分、愚弄欺騙、瞎指揮了。

從做執政者那一刻起，就已經埋下種子。所以，執政者給大家的第一印象是很重要的。大家在接下來的種種接觸中，都是在驗證、充實和強化這個第一印象。經過一定的累積，就成了固定不變的評價。成了「畏之」、「侮之」的領導者，要改變大家對你的印象，需要付出極大的努力。而要重塑自己的形象，還要從自身開始。

▌二、好領導者的三個工作方法

老子既然讚揚和推崇「下知有之」的領導者，那麼也就要多花些筆墨，說說這種執政者的做事方法了。他提到了好領導的三種工作方法。

在幾個版本中，有「信不足／安有不信」，我覺得，放在本章有點前言不著後語。所以，我參照王弼的版本，把這句話歸到了第二十三章。

「下知有之」的領導者，是怎麼做事的呢？老子提到三種領導方法，「悠兮／其貴言也／成功遂事／而百姓謂我自然」。

第一種方法是「悠兮」。有理解為悠閒的。難道當領導者的優哉游哉，閒得慌，整天閒聊、打遊戲？當然不是這個意思。「悠」，雖然有閒適、自在的意思，其實還有另一個意思，更符合道家思想。華人有一句話叫「悠著點」，意思是做事從容不迫，不激進，同時控制著點，不過度。這裡的「悠兮」就含著這個意味。

善為道者，不是不忙碌，而是不無頭蒼蠅式忙碌；不是少做事，而是少做無用無效之事（當然，有用、有效的標準，不是按個人的看法來判定的）。不是等到有事了兵來將擋，而是做於基礎，做於日常，未雨綢繆。如此，從容自如。

第二種方法是「其貴言也」。稀少才顯得珍貴。貴言，是少言，也是精言。善為道者，可不是少言寡語一副內向的樣子，而是少說廢話，少說沒用的話，言簡意賅，字字珠璣，有深意，有重點，還切中要害、管用，是不亂發號施令，不對正常節奏形成干擾。

第三種方法是讓百姓自然作為。「成功遂事／而百姓謂我自然」，事情做成了，老百姓都說「我就是這樣子的呀」。這是工作的結果，其實也反映出領導方法的高明，關鍵就在「我自然」這三個字。老百姓覺得自己就是這樣的，還能把事情做成，說明沒人干涉他們，一直依著自己的性情說話做事。所以，他們對領導者的感覺就是「下知有之」。這不正是一種高明的方法嗎？

無為而治就是如此。

▌三、達到「百姓謂我自然」狀態的領導藝術

本章的內容就是這些，但我們想對這種領導方法深入地說一說，以免出現理解不深、理解片面，用半吊子的水準去呼弄人的情況，貽笑大方，

也誤人子弟。

這是一種怎樣的領導方法？我們認為，是讓下屬有發揮空間，自主、自為、自成，有自己的思考、用自己的方式、按自己的節奏，各行其是、各負其責，不強加、不干預、不干擾。

同時，這不是放任不管，其實是用無形的力量牽引著大家，用無形的手管束著大家，所以，不會散漫，不會混亂。

我的一位老上司提出「兩個自主」的工作要求，很符合這種領導藝術和風格。這「兩個自主」，簡要地說，就是遵循全盤的工作部署自主履責，遵照工作職責自主地協調上下左右內外的關係。已經過去十餘年，我對這「兩個自主」仍記憶猶新，也受益良多。

這麼高明的領導藝術，「成功遂事／而百姓謂我自然」的好效果，是怎麼辦到的？我總結了幾點：

第一點，是領導者的心態。必須是正心——要正念、正覺、正知、正言、正行。必須有公心——不能出於私心私利。必須有平等心——雙方是平起平坐的，上司並不高人一等。必須有包容心——不同的做法、不同的風格、不同的性格，都能接納。

還必須有寬容心——容忍下屬的一些失誤，容忍與自己的做法、自己的標準、自己的想法不一致的地方。甚至，雖然有看不上眼、看不過去的情況，但如果還不到需要自己參與時，也能忍住不去干預。

第二點，是思想要統一。要講清規矩——做人做事的標準，要時常講、反覆講，而且聚焦在幾個要點上，文化和價值觀趨於大同小異，求同存異。還要築就「護坡堤」——規則清晰，邊界明確，鼓勵什麼、反對什麼，不僅要旗幟鮮明，更要可操作。

第三點，是目標要明確，方向要正確。必須做好沙盤——把未來描述清楚，再做出整體布局和規劃，為大家建立方位感。具體事務上，把目標和方向講清楚，形成方向上的一致。至於方式方法，只要是朝向目標

的，可以因人而異。

第四點，是差異化。要差異化點撥 —— 對沒經驗的人，點撥得細緻些；對有經驗的人，放手讓他去做。要差異化糾正 —— 有離開主流的行為，要採取措施拉回正軌，尤其是對有影響力的人的言行，需加以觀察，及時糾正。要差異化引導 —— 做事時，以引導、啟發為主，而不是指揮、要求。要差異化協助 —— 事情進展順利時，不做干涉。需要跨領域協調解決問題的，施以援手，提供幫助。

其實，這樣做領導者挺難的，因為對自我的要求會非常高。

在人性的善還存在的時候，這樣去做，要容易些。如果人性扭曲，偽善盛行，則很難有效施行。在這個時候，則需要輔以強力，甚至在一個階段，強力、強勢、強權還會是主流。直到把方向扳過來了，讓氛圍明顯好轉了，然後再施以無為。

管理本無定式，效果好才是真的好。各位看官，你身邊的領導者是什麼樣子的？所期望的上司又是什麼樣子的？你能成為怎麼樣的領導者？又有哪些方面要去鞏固、要去修煉？

第十八章
道廢國亂：存大道，才能建立起心靈純樸、家庭和諧、政治清明的社會環境

故大道廢，有仁義。智慧出，有大偽。六親不和，有孝慈。
國家昏亂，有貞臣。

本章的內容簡短，即便不翻譯成白話文，從字面就可以讀懂。

只是，字面的意思並不等於背後的深意。我們理解，這不是老子的怪話、怨言，而是用四種情形延續上一章「百姓謂我自然」的內涵。從這一點上說，如果把第十八章合併到第十七章，也不覺得唐突。

▌一、老子反對的是什麼

思想家之所以是思想家，是因為他們善於觀察現實情況，並歸納總結，也是因為他們善於研究深層次的原因，善於探尋解決方案。老子正是這樣一個思想家。在本章中，他總結了世風日下、社會紛亂的四個方面：一是在思想層面，「大道廢」，大道被廢棄，思想出現混亂。二是在社會層面，「智慧出」，眾人心機深重、投機取巧。三是在生活層面，「六親不和」，家庭不和睦。四是在政治層面，「國家昏亂」，執政者昏庸，政務一團亂麻、一塌糊塗。不難看出，這四個方面，思想、社會、生活、政治，已然涵蓋了社會的角角落落！

在亂象面前，有些東西就顯得彌足珍貴了。本章提到的仁義、孝慈、貞臣，是老子所讚賞的，大偽，則是反對的，換個角度來理解，老子讚賞的是與之相反的質樸。

這就是本章的全部內容，言簡意賅地描寫了社會現象。難道這就是老

子全部的意思？當然不是。我們要記住，老子是思想家，而不是文學家，如果到此為止，完全看不出道家的痕跡，老子就不是老子了。所以，背後一定有深意。

我們細細咀嚼下，老子描寫這些社會現象時會是怎樣的心情，筆觸中流露出的是什麼樣的語氣？是抱怨？遺憾？還是幸災樂禍？我覺得，更多的是感慨，感嘆這些亂象怎麼就發生了呢。

如此說來，老子是反對這些亂象的。那麼，他希望的是什麼？

要解答這個問題，要把重心放在亂象的解決方案上。

社會混亂了，該怎麼治理？建立一套規則來進行規範，比如仁義；設置一套標準來區分好壞，比如孝慈、貞臣。這確實是一種解決方案，但它不是老子的方案。

老子常常正話反說。在這章中，我們換一組話來替代原文，就能發現老子真正想表達的是這些內容 —— 大道存，無仁義；智慧藏，無大偽；六親和，無孝慈；國家清明，無貞臣。這四個無，與第五章的「天地無仁／以萬物為芻狗」中「無仁」的意思相同，無仁義，不是沒有仁義，而是無所謂仁義。那麼無大偽，就是無所謂大偽；無孝慈，就是無所謂孝慈；無貞臣，就是無所謂貞臣。道家認為，一切都是混沌狀態的，無差異無分別，一旦分明了，被限定成了某種名，就不那麼純粹質樸，所以不要去考慮仁義與否、孝慈與否、忠誠與否。

這麼去看，老子的方案是大道存、無機巧、六親和、國家清明。

那麼，這四個方面，又會組合成一個什麼樣的環境呢？

■ 二、老子想要的是什麼社會環境

那一定是一個淳樸得不能再淳樸的環境了。大道存，有的是質樸的思想、虛靜的頭腦；無機巧，有的是純樸的心靈；六親和，有的是和諧的家

庭關係；國家清明，有的是清明的政治生態。

甚至，可能根本沒有國家一說，只有天下共一家了。甚至可以回到原始社會。

在氏族部落時期，人們率真質樸，內心無欲無求，頭腦中沒有概念之分，做事情全依天性，也不去想為什麼這麼做。大家群居群宿，和睦共處，整個社會秩序井然，其樂融融。這正是「百姓謂我自然」的狀態，也是老子認為的最佳狀態。

這四個方面是有著某種關聯的。是怎樣的一種關聯呢？我們認為，是由裡及表的，是有先後次序的。

「大道存」，是首要的、最重要的，也是最基本的條件。

無論一個集體還是個人，都要信大道、行大道，把道揉合意識，沁入每個細胞，言行自然而然，一切合乎道。然後，在個人的心靈上，「無機巧」，不能心機重、心眼多。然後，擁有這種意識、這樣心靈的一個個的個體組成家庭，「六親和」在生活中把家庭關係搞得好好的。最後，這些好的家庭，組成整個社會，「國家清明」，社會也是個好社會。家庭好，社會也就太平了。

這就是從個體到家庭再到社會的演進。而這種演進的起點即具備道的意識。

▋ 三、我們要回歸哪裡

搞清了老子反對的是什麼，解決了老子想要什麼社會環境。

說到這裡，我們會冒出第三個問題 —— 我們要回歸哪裡？

原始社會，還回得去嗎？當然回不去。社會在進步，部落裡的一部分人擁有了越來越多的物質財富、越來越多的話語權，階層逐漸產生。純樸的心，不那麼純樸了，心中的欲也越來越多了。包括階層在內的各個方

面，都有了分別，而且差異也越來越大。大家都在想辦設法地往高處走，爭與鬥就不可避免。

已經擁有的人，願意放棄嗎？還沒有擁有的人，願意不去爭取嗎？擁有這個的人，能滿足於這個而不為那個所吸引嗎？這些問題，都很難得到肯定的答案。人的數量如此龐大，要統一思想、協調步調，著實是難於上青天的。退一萬步去講，如果真有一天，大家回到原始社會，姑且不論是否能適應物質極簡的情況，這麼多的人，這麼大的集體，所有人的心靈要回歸至純至樸的狀態，又有多少可能性呢？顯然，回歸原始社會不現實。

這麼說來，難道老子的整套思想就是廢紙一張了？當然不是的。整個人類、大的集體做不到，但作為個體的具體的人，是可以做到或者說可以部分做到的。對一個組織內的積極分子，該組織是可以要求這類人員先行做到的，以此產生示範、引領、帶動的作用，影響越來越多的人，讓越來越多的人加入。待到局面扭轉、風氣好轉，「使夫智不敢」，有心機的人就不敢亂來了，朗朗乾坤也就重回人間，自然會政治清明、風清氣正了。

所以說，我們要回歸的不是原始社會，我們要回歸精神與心靈。

從我做起，歸零，歸無，回到大道的原點。

第十九章
見素抱樸：少有欲望、抱定拙樸，是管理的治本之策

絕聖棄智，民利百倍；絕仁棄義，民復孝慈；絕巧棄利，盜賊無有。

此三者以為文，不足，故令有所屬：

見素抱樸，少私寡慾，絕學無憂。

第十八章講了四種社會亂象。社會病了，就要治療。本章，老子做了一回「社會治療師」，施展他的政治才華，描繪自己的政治理想，開出了一劑「政治藥方」。當然，「藥方」都是給執政者的。

▎一、社會亂象的治標方法

「絕聖棄智／民利百倍／絕仁棄義／民復孝慈／絕巧棄利／盜賊無有」。這是老子開出的藥方，有三味藥：與聖和智告別、與仁和義分手、與巧和利決絕。

聖是什麼？它由耳、口、王（站立）組成，豎著耳朵聽，還會說話，本義近於聰明。「絕聖棄智」，字面的意思是拋棄聰明和智慧。這是什麼意思？當然不是指拉低智商，去當傻子。而且，老子要說的也不只是放棄小聰明、不要自作聰明，這些當然是不要沾的，但還遠遠不夠。老子想講的是聰明就會心思太多、過於精明。過於精明就會精打細算，容易小氣。

心思太多就會思量太多，容易刁鑽。這些都是要不得的。執政者對待老百姓一定要厚道，「民利百倍」，老百姓才能獲得百倍的實惠。這是第一味藥。

第二味藥，「絕仁棄義／民復孝慈」。仁、義是儒家思想的核心。老子

也提到這兩個概念，可以反映出在當時，仁、義是思想界討論比較多的話題，只是各學派看法不一。老子認為，仁、義是後天形成的道德規範，束縛了天性。執政者要跟這些束縛說拜拜，回歸純樸，對所有的老百姓要真心好，上行下效，老百姓就能重新做到對上孝敬、對下慈愛。

接下來是第三味藥，「絕巧棄利／盜賊無有」。「利」，指私利，執政者有私利，就透著私心，成了有縫的雞蛋，蒼蠅就會叮上來。

「巧」，不是心靈手巧的巧，而是機巧、巧詐、巧媚的巧，是虛假不實、玩弄花樣。執政者如果是這種作風的話，「上有所好下必趨之」，各種盜賊都會出現，欺世盜名的、謀取私利的人，都會跟風。而領導人不玩花樣，不來虛的，盜賊就沒有存在的條件。

老子接著講，上面的三絕三棄，「以為文／不足／故令有所屬」。要理解這幾句話，關鍵是把「文」的含義搞清楚。

從甲骨文字形來看，文字像一個站立著的人，上面是頭，然後是向左右伸展的兩臂，最下面是兩條腿，在人寬闊的胸脯上刺有美觀的花紋圖案。所以，文的本義是紋身。先秦時期談文，常見的意思之一是指事物及人的外在形式之美，比如成語「文質彬彬」，指的是外在禮貌和內在修養相得益彰、和諧搭配。

在本章中，「文」，指外在的禮數，與紋身在皮膚上展示出外在美是相近的。

這樣看來，「以為文／不足」，是說，三絕三棄雖然是對症下藥的，但也只是頭痛醫頭、腳痛醫腳，是外在的、可見的治理方法，這還不夠。所以，「故令有所屬」，在三絕三棄的「用藥」背後，還有一個總綱作為統領。這個總綱，是這三味藥的藥性和藥理，可以直達社會亂象的源頭，對社會進行深度治理。

▌二、社會亂象的治本之策

要解決社會亂象，必須治本。這個治本之策就是「見素抱樸／少私寡慾／絕學無憂」。這是基本原理，是老子方案的總綱。

有版本只寫著「見素抱樸／少私寡慾」兩條策略，而把「絕學無憂」作為下一章的起頭句。仔細研讀後發現，「絕學無憂」與下一章的其他內容沒有任何關聯，放在本章，更符合邏輯。

補充說明一點，老子寫《道德經》本不分章節，通篇是連貫下來的，後人為閱讀方便，拆分成八十一章。所以，我們不要局限在已有的分章上，一句話入前一章還是入後一章，主要依據的還是內容的關聯性。

第一條策略是「見素抱樸」。素，是沒有染色的絲。樸，是沒有雕琢的木頭。見素抱樸，意思是外面是沒有染過色的絲，這是外界看得見的；自己懷裡持有的，是沒有雕琢過的木頭，這是心裡面的。看來，一切都古樸得很、拙樸得很，而且，內外一致、表裡如一。這是第一條治本之策。

第二條策略是「少私寡慾」。老子雖然提倡不生欲望是最高境界，但他並沒有全盤否定私心和欲望，而是承認了私心和欲望是客觀存在的，正如第七章講到的「聖人後其身而身先／外其身而身存／不以其無私邪歟／故能成其私」。既然無法完全沒有欲望，那麼，就基於這個客觀事實，提出合適也是合理、可行的主張，那就是私心要小一點、欲望要少一點。多少算少？

不刻意追求個人的，是不是少私？滿足基本需要的，是不是寡慾？具體的分寸還得根據個人的條件去掌握，只要真實地抱有少私寡慾的心，肯定就不會過度。只要有了私心雜念，動了意念，而且讓這樣的意念主導你的所作所為，就算不上少私寡慾。

接下來是第三條策略，「絕學無憂」。這不是說絕學了才無憂，而是絕學和無憂，兩者是並列關係。見素、抱樸、少私、寡慾，分別是三絕三棄

背後總綱中的前四個藥理，絕學、無憂則是第五、第六個藥理。絕學，並非放棄學習，而是絕妙之學，最高明的學問，學透學深學到融會貫通，心就通透了，能生大智慧。無憂，沒有煩憂，內心一直是沉靜的、淡然的，不為外界所擾動。

▌三、個人的學思踐悟、細照篤行

歸納起來，老子開出了三種治標的藥，「絕聖棄智」、「絕仁棄義」、「絕巧棄利」，還給出了藥方背後的六個治標藥理，見素、抱樸、少私、寡慾、絕學、無憂。這就算是把社會治理好了。

從這中間，我們能學到點什麼具體的、實際的方法嗎？

我們講，上述的社會治理之策，何嘗不是單位管理的原則呢？管理者、領導者可以嘗試一些方法。比如：關於做事。第一，不能自作聰明，不要自以為高明。領導者不是樣樣都能的，也並不是每個領域都高人一籌，技術問題，還得交予專家聽取專業意見，不必端著自己的身分做決策。第二，做事要簡潔純粹，以人性善作為邏輯起點，不把心思花在揣摩人上，不把問題想得太複雜。第三，不必刁鑽，明白水至清則無魚的道理，毋須事事追求完美。可以寬容些，眼裡能容得下沙子，能容忍非原則性問題，能接受合理的漏損和執行力的低度偏離，寬嚴相濟，鬆緊有度。其中，有「絕聖棄智」的應用。

關於制度。這是「絕仁棄義」的應用。制度不是越多越好，管用才是好。制度、規定要遵循人性，可以設底線，而不能設框架。疏密適度，既不「牛欄關貓」，也不密不透風。剛柔兼備，需要保持必要的彈性和柔性，創造性和自主性需要得到保護，需要預留合理的調劑空間。

關於作風。這是「絕巧棄利」的應用。出於公心，不藏私心。

可以有圈子，但一定是大圈子，不能是小圈子。實實在在，坦坦蕩

蕩，不要假大空、粉飾太平。正道雖滄桑，也堅定地走在正道上，正氣傍身，有底線、講原則。投機取巧或許可一時得益，但不可能長久，切忌走捷徑成了習慣。

其實，作為個人，也不外如此。虛空點、簡單點、憨實點、厚道點，放到一輩子的時長去看，哪有真吃虧的呢？或許錢財少點，坎坷多點，但心裡是不是幸福的？生活是不是快樂的？大家是不是認同的？這邊少了那邊補上，時間是公平的，只看你把眼光聚焦在哪個點上。

那可能要問了，這些在現實中難得一見，是不是太理想化了？從現實角度去看待這個問題，的確如此。而換一個參照物，就不是這樣的。

修行，就是要讓心靈昇華。修行的過程，是艱難的，甚至是有些痛苦的，因為，當面對自己的心、面對現實的亂時，比較對照，會生困惑，會有糾結。這個時候，我們要找出「見素抱樸／少私寡慾／絕學無憂」的可貴之處，接受它，認同它。要沉靜下來，試著放下自己的見解，讓心慢慢打開，接受新觀點的映照，讓它慢慢進入內心，反覆揣摩之後，自有撥雲見日之感。

當看清真實的自己、見到事物的真容之時，領悟就會是刻骨銘心的。到了這個時候，自己已不再是原來的自己，現實已不再是原來的現實。內心還會被現實攪動嗎？

第二十章
蔽而不成：在最好的時光求新求變

唯與阿，其相去幾何？美與惡，其相去若何？人之所畏，亦不可以不畏人。

濁而靜之徐清，安以動之徐生。

保此道，不欲盈。夫唯不欲盈，是以能蔽而不，成。

我們前面講到，把第十五章和第二十章進行重組，還把「絕學無憂」歸入了第十九章，從而理順了敘述邏輯。「新」二十章，回答的是「怎麼看待事物、怎麼對待事物」的問題。

▌一、不要有分別心

在這一章裡，老子首先用了兩問一答的方式闡明觀點，再次強調不要有分別心。他說：「唯與阿／其相去幾何／美與惡／其相去若何／人之所畏／亦不可以不畏人」。對於這句話，字面上的意思好理解，對內涵的理解要費點功夫。我們要深究幾個字的意思。

第一個，是「唯」字，從口從隹。「隹」指（鳥頭）尖銳，「口」指應答聲。口與隹合在一起表示聲調高八度的應答聲。

所以，唯的本義是高聲應答，恭敬的應答，是自覺自願應答。

第二個，是「阿」字，在這裡讀ㄜ。阿房宮的字面意思是建在驪山轉彎處的宮殿，「房（ㄆㄤˊ）」指旁邊，阿採用的是其本義，指山麓彎曲的地方。從本義引申開，阿就有了屈從、迎合的意思，成語剛正不阿、阿諛奉承用的就是這個詞義。

唯與阿，一個是恭敬的高聲應答，一個是迎合式的答覆，「其相去幾何」，差異有多大？

「美與惡，其相去若何？」美和惡，又相差多少呢？

常人一定認為其中的差別很大。雖然都是應答，一個是恭敬的姿態，所以聲音很洪亮；一個是迎合的態度，討好奉承，大氣不敢喘，其中的差異能不大嗎？而唯與阿，還是同向而行的。

完全對立的美與惡差別就更大了。常人是這麼看這個問題的。

但老子並不這麼看。

老子是怎麼看待的呢？他自問自答。原文中講到一個現象，把他的答案藏在了其中。這個現象就是，「人之所畏／亦不可以不畏人」。人之所畏，即人所害怕的。同時也會畏人，即害怕人，比如每個人都有自己害怕的人。舉個例子，你的兒子怕你，你怕老婆，這是一物降一物啊！

老子說這麼一句話，究竟想表達什麼？人畏、畏人，如果把注意力放在「人」上，並把「人」理解成自己，那麼，就有了這樣的解釋：無論是你怕別人，還是別人怕你，你都要有自己的定力，不必隨外界變動而失了主見。單看這一句話，這樣的理解說得通。但結合前兩個問句，這樣的理解就又是答非所問了。其實，要回答唯阿、善惡差別有多大的問題，焦點要放在「畏」字上。這樣才能看到另外一番含義。

畏人，你怕別人，是你的感覺。人畏，別人怕你，是其他人的感覺。你害怕和他人害怕，主體是不同的，但感覺有差別嗎？

沒有差別，都是害怕的感覺。

這就與道的混沌狀態一致了。混沌一片，事物之間沒有完全清晰的邊界，不是白與黑的對抗，灰色才是主色調。所以，看待事物，無論是性質相同相似的事物（比如唯與阿），還是相對相立的事物（比如美與惡），並非你是你我是我的涇渭分明，它們之間沒有絕對的差別，無法區分，也不必區分得那麼清清楚楚。

沒有分別心，就不會有比較之心。看待任何事物都是發於內心的真

實。把內心修煉成開放式的，能容，能納，憂愁何來？

煩惱何來？氣憤何來？怒火何來？唯有滿心的平靜。

▌二、順應自然，回歸自然之態

講完了怎麼看待事物，接下來，要講怎麼對待事物了。也就是我們從第十五章移植過來的那段文字，「濁而靜之徐清／安以動之徐生／保此道／不欲盈／夫唯不欲盈／是以能蔽而不／成」。

其中講到了對待事物的三種方法：第一，由濁而清，用靜。第二，由安而生，用動。第三，不欲盈。

我們先看前兩句，「濁而靜之徐清／安以動之徐生」。讀這兩句，讓我想起蔡琴的經典曲目〈被遺忘的時光〉：「是誰在敲打我窗，是誰在拂動琴弦……」那悠長美妙的「是誰」，意猶未盡。老子借用了兩個常見的場景，說到兩種方法。

第一個場景，「濁而靜之徐清」。我們以一碗渾水來講。

一碗渾水，靜靜放置，不去攪動，一會兒泥沙下沉，清水出現，水由濁變清。那麼，是誰讓渾濁的水慢慢變清的？靜。

第二個場景，「安以動之徐生」。我們用一顆種子來講。

種子冬天休眠，隨著春天的到來萌發新芽，逐漸煥發生機。那麼，又是誰讓安寂慢慢重現活力呢？動。

不同的場景，採用不同的方法。所以，有必要深究一下靜和動這兩種方法了。它們能給我們什麼樣的啟示？

我們所處的環境，很多是濁的情況，比如職場關係複雜、經營局面吃緊、市場亂象叢生、緊急事件突發、新情況新訴求猛增。如果是你，面對這樣的環境，要扭轉局面或者穩定態勢，從容應對，該怎麼做？那必須以靜，採取靜的方法。比如，不過度管理，因為過度管理可能讓局面更加複

雜。又如，不急於求成，分析好形勢找到切入點，適時適當地整頓，兼顧工作力度、切入角度、大家的可承受度，這樣，讓局面緩解，變清。

在這裡，要補充一下對「徐」的理解。徐，這個字很重要。

徐，緩緩的、逐漸的，就是說要經歷一個過程。今天才播種，明天就想收穫，是不現實的。作為執行者，要讓時間發揮作用，在最艱難的時候處置難題，可以展示決心，但要很快出效果還是有困難的。作為決策者，要留足處置的時間，堅持一段時間。

這是順遂自然的方法。

除了濁的情況，我們還會經常面對安的狀態。比如從自身講，有人生低谷、長期沒有變動、一直在舒適區等等。這個時候，就要「以動」了，透過動的方式，運動、自我暗示、換環境、做自己沒嘗試過的事情等，調動自己，讓自己動起來，跳出情緒坑，跳出舒適區。假以時日，就能讓能量附體，讓活力重回自己的身上。活力與生機，才是自然之態。當然，不是亂來、亂象、亂局。

■ 三、做事搶先機，還有餘地時就做出變化

懂得混沌、順自然的道理，就是「保此道」了。但是，連繫對後半句「不欲盈／是以能蔽而不／成」的理解，似乎保的道只是混沌、順自然的道理。還遠遠不夠，要再做深一層的理解，保的還有什麼道？

從濁到清，清從何來？不是憑空而來的，是從濁中來。只要含沙量不超過一定程度，放置一段時間，清水和泥沙就會分開。

但是，如果含沙量十分大，還能有清水嗎？不能。

這可以給我們兩個啟示：一個是，濁本身就包含著清，濁中有清，這正是混而為一的混沌。另一個啟示是，濁的程度不能超過極限。只要在適當範圍之內，就可以以一定的方法（比如靜置）讓其中的可變因素顯現出

來。從這個角度再理解從安到生的情況，就是：生機就隱藏在安寂之中，只要未到死寂的程度，透過動起來，就能重現生機。

掌握好分寸，就是「保此道」的第三層內涵。即懂得順自然的道理，通曉混而為一的混沌之道，還要秉持一個觀點——「不欲盈」，不能等到溢出來了才變動，要掌握好變化的時機和臨界點。

看起來，混而為一、順自然、不欲盈，全在一碗濁水之中。

盈，本義是水滿溢出，引申義就很多了。由此對不欲盈的理解也就多樣了。有一種理解是用了自滿的引申義。比如，《周易·象傳》講謙卦時，「人道惡盈而好謙」，盈與謙相對，有自滿之意。不欲盈，就是不會有自滿的想法。那麼，「夫唯不欲盈／是以能蔽而不／成」這句話的字面意思就是：不自滿，所以舊的東西（蔽，通敝）能煥發新的生機。我覺得，這些理解，還不能很直觀地展示老子的思想。

那麼，能不能既把整章作為一個整體去理解，又不用拐彎抹角，就可以把老子的思想一以貫之呢？我認為，重新認知「盈」的引申義，並重新斷句「蔽而不成」，更便於領會老子的深意。

「天道忌盈，卦終未濟」。六十四卦的最後一卦（終卦）的卦名叫「未濟」。《序卦傳》說：「物不可窮也，故受之以未濟終焉。」不可過分求取，要留有餘地。其中「盈」的意思，是從本義引申而來的極、過分。我們用這個意思來理解老子的「不欲盈」，就是說不能想著等到極點。如果想等到極點，那時候連門都沒有了。

這正是一碗濁水給我們的第三個啟示。濁水中藏著變清水的因素，這些因素不會不請自來，要促成變化，不能臨到頭了、已經無路可走的時候才去做，一定要還沒到極限的時候就去做。

看來，老子是不主張「山重水複疑無路，柳暗花明又一村」的。

老子覺得，不能讓自己到窮途末路的地步，要在還有餘地的時候就去找那個「又一村」。

正因為「不欲盈」，故「能蔽而不／成」。對這句話，爭議頗多。比如，「蔽」是通「敝」還是有其他的含義？是「吐故納新去舊更生」的意思還是有其他意思？我們還是按內容整體性、前後關聯性的思維方式，另闢蹊徑，還原字義，重新做出解釋。在做解釋之前，我們先搞清楚句讀。本可以「蔽而不成」的連句，為方便理解，我們還是做了句讀，「蔽而不／成」。

「蔽」字，是指什麼？《說文解字》是這樣注解的 —— 蔽，小草也。「不」是什麼？胚芽的「胚」字就是由它演化而來的。

從甲骨文字形來看，「不」字的最上頭一橫，表示地面，下面的三個筆畫是三個爪子，好像地面下種子萌發時向下生長的胚根。蔽、不這兩個字的意思搞清楚了，那就好理解「蔽而不／成」這句話的意思了 —— 小草在地下時已經生根發芽，很快就能露出地面成為一株新苗。這正是因為懂得不走到極限就變化的緣故，也對應著「安以動之徐生」、「不欲盈」的說法。

是不是有點燒腦？這是因為我們還原了幾個字的本義，而且這些本義與我們現代對其的理解有很大的不同。但也正是透過還原本義，才有了全新的理解，也可能因此才更接近老子的原意。

「夫唯不欲盈／蔽而不／成」。其實，我們也可以逆向思考一下。濁水中有清水，只要泥沙不超限，透過靜置的方法，清水就出現了。如果用小草替代那碗濁水，然後來反向理解「不欲盈」，那會是這樣的：小草還在地面之下就已經萌發，如果等到露出地面後再生根發芽，就已遲了。這就是「不欲盈」之道。

本章的解讀就是這些。我們對本章的三個觀點做一下總結。

第一，無分別心。天地一片混沌，事物之間本無差別。第二，順自然。在這片混沌之中，蘊含著無窮的變化，可變因素就在其間。採用順遂自然的方式，可變因素就能發揮作用，事態就會出現變化。第三，不欲盈。不要臨了才去變，狀態最好的時候就是求變求新的最佳時機。

這些觀點怎麼運用到日常中呢？我是這樣看的：要明白，變化的因子

就存在於當下，就隱藏在現狀之中。所以，不要被現狀束縛，要對形勢保持敏感性，提前布局，順勢而變，切忌走到終極才去轉化。具體地說，在順境時，要讓自己靜下來，不浮躁，在最有利的時候變革。在低谷時，不消沉，讓自己動起來，迎接轉機。

第二十章　蔽而不成：在最好的時光求新求變

第二十一章
以順眾父：掌握了道，就掌握了破解萬事萬物的總閥門

　　道之物，唯恍唯惚。惚兮恍兮，中有象兮；恍兮惚兮，中有物兮。幽兮冥兮，中有精兮；其精甚真，中有信兮。

　　自今及古，其名不去，以順眾父。吾何以知眾父之然也？

　　以此。

　　各版本中，本章第一句是「孔德之容／唯道是從」，講道與德的關係。我認為，在第二十一章突然出現這一句，顯得突兀。

　　而且，這一句與本章的後幾句沒有關聯。而德篇自第三十八章開始，把它移到第三十八章，正好造成承接道篇、開啟德篇的作用。所以，在這裡，我們不對這一句進行解讀，直接解讀本章論述道的內容。

　　關於道，第一章講它不可道，是眾妙之門。第四章講它是中虛的（沖），深遠通透（淵且湛），是萬物之宗。第六章講它至微至柔，是不死谷神，用之不盡。第十四章講它的要旨是混沌之狀。在本章中，老子第五次講道，又會怎麼說呢？

▍一、道是形而上與形而下的結合體

　　道是什麼樣的？「道之物／唯恍唯惚」，就像喝醉時暈乎乎看東西的感覺，模模糊糊，晃徘徊悠，似近又遠，沒有又好像有，很實又有點虛，不那麼真切，好不真實。

　　老子接下來說的話，就讓我們更加迷糊了。「惚兮恍兮／中有象兮／恍兮惚兮／中有物兮」，在這個恍惚之中，有象，還有物。

　　我們記得，第十四章有言：「復歸於無物／是謂無狀之狀／無物之象／是謂惚恍……」道沒有日常可感知的形狀，也不是一般物體的形象。怎麼在本章又「有像」、「有物」了呢？是不是前後矛盾？非也。

　　第十四章「無／狀之狀」、「無／物之象」，是對道的整體形態的描述。本章的「有象」、「有物」，是對道裡面包含的東西的描述。我們講，道裡面包藏著「有」和「無」。山沖雖然是虛空狀的，但也包藏著萬物。風箱（橐龠）中間是空的，裡邊滿是空氣。這些都是有象、有物的具體展現。道的裡面也是有東西的，這說明道不是虛空的，只是因為高深，所以莫測。

　　我們知道，道是深遠的，是幽靜的。在本章中，老子用了兩個字再次形容了道的這兩個特徵──「幽」、「冥」。「幽兮冥兮／中有精兮／其精甚真／中有信兮」，道是深遠幽靜的，其中有精、有信。有精、有信是個什麼東西？

　　精，指提煉或挑選出來的精華物質。道的內部是有精華的。

　　這份精華，很是真切。「中有信兮」，這句話很多人解釋成「真實不虛」，認為老子在說重諾守信。我覺得，如果是這樣的話，「信」和「真」是同一個意思，只是換了一個字來再做強調，只算是多此一舉，沒這個必要！此外，與前面「中有像」、「中有物」、「中有精」缺乏關聯。所以，應該是另有其解的。

　　資料顯示，「信」的字義演變比較複雜，我們從其本義沒有找到解讀的切入點，因此，需要換個思路來解讀。我認為，前三個「有」，「有像」、「有物」、「有精」，是由表及裡的遞進，先看到大致形象（有像），然後看清實物（有物），爾後萃取精華（有精）。這樣推測，「有信」應該是「有精」的進一步。

　　《管子‧任法》中的一段文字，給了我們破題思路。「故聖君失度量，置儀法，如天地之堅，如列星之固，如日月之明，如四時之信……」、「四時之信」為何意？歐陽脩有詩云：「四時有大信，萬物誰與期。」四季有規

律地到來，草木如期會合，不曾失約，無論際遇，自然天成。信，有規律之意。這樣來看，發現了自然的規律。

從「無狀之狀」、「無物之象」，到四「有」（有象、有物、有精、有信），由此，道從不可名轉換到不得不名。我們逐漸發現，道是形而上與形而下的綜合體，雖然深奧無比，但並非遙不可及，它就在我們身邊。這是本章的第一層意思。

■ 二、掌握了道，就掌握了破解萬事萬物的總閥門

原來道是這樣的：總體上是說不清道不明的，它的裡頭卻有料得很，越深入，越能找到精華，領悟規律。老子接著說，「自今及古／其名不去／以順眾父」。從現代追溯到上古時代，「其在萃取精華之後，—— 本章的「有信」在「有精」之後，正可遞進名不去」。這個「名」，與第一章的「名」是相對應的，內道外名。

道，一直就不曾消逝，永遠都是老樣子。這說明，道一古已有之，二長久存在不曾間斷，三沒有變異。

依於道，就能「以順眾父」。「父」，規矩也。「順」，理也，正所謂理順也。「以順眾父」，可以理解為用以梳理出規矩，也就是考證、通曉萬事萬物之規律。

道是線頭。面對一團亂麻，只要找到了線頭，就能理順。

道是根本。一眾事物，千頭萬緒，只要抓住了根本，抓住了核心，事情就理得清、捋得順，這樣，問題再複雜也可以輕鬆應對、有效處置。

老子接著講「吾何以知眾父之然也」 —— 我怎麼知道萬物規律是那樣的呢？「以此」，正是因為這個。這個是哪個？我們可以有幾種理解。一是指道。方向對了，能看透事物，遵循自然之法，就能知道事物的狀態。二是指自今及古追根溯源的方法。三是指從「有像」、「有物」到「有精」、

「有信」的由表及裡的探究之法。方法對了，找到事物的根本規律，也是容易的。

在本章中，我們再次領會了道的魅力，它不僅深奧無比，而且觸手可及，尤其還是破解萬事萬物的總閘門。對於這樣的道，不僅有了親切感，自然也多了些親近感。

後面章節要講的內容，會更加接近我們的日常，更加具體。

讓我們繼續品讀《道德經》，一路品味智慧之學。

第二十二章
內斂不爭：不自見、不自是、不自伐、不自矜是不爭之法

「曲則全，枉則正，窪則盈，敝則新，少則得，多則惑。」是以聖人抱一，以為天下牧。

不自見，故明；不自是，故彰；不自伐，故有功；不自矜，故長。

夫唯不爭，故莫能與之爭。

古之所謂曲全者，豈語哉？誠全歸之。

本章是老子的讀後感。何以見得呢？老子講「古之所謂曲全者／豈語哉」，所以說，「曲則全／枉則正……」是古人說的話，老子讀過之後寫下自己的感悟和體會。類似的引用古人的文字，後面還有幾處。這說明，老子不僅受到了生活場景的啟發，也受到了古人思想的啟發，經過獨立思考，建立起自己的思想體系。

本章講述的，是低調內斂的處事方式，是處下的智慧。

一、把內斂、處下作為處事之道

老子引用了一段古語，「曲則全／枉則正／窪則盈／敝則新／少則得／多則惑」。這六種情形，是古人總結生活經驗所得。

正式解讀之前，要先弄懂這六種情形之間的邏輯關係。關鍵字是各句的「則」字，它可以有多種解釋，比如，「就能」，寓因果關係；「反能」，寓轉折關係；「才能」，寓順承關係。

不同的邏輯關係，會形成不同的意境。哪個才是老子的理解呢？

我傾向於順承關係，意為「才能」。因為，老子所主張的是順其自

然，不是因果論，也不是突然的轉變。

「曲則全」，一般理解為，委屈才能保全。我對這個解釋存有疑惑。第一，從後幾種情形看，枉與直、窪與盈、敝與新，它們的字意都是相反的，而曲與全，解釋為委屈與保全，並不是反義。第二，「曲則全」是古語，所出現的年代是怎麼釋義「曲」和「全」的？在那個年代，似乎還沒引申出委屈、保全的含義，理解為委屈、保全會不會是後世附會的呢？

為了理清楚這幾個問題，我們需要從字的本義尋找答案。全，本義是純色的玉，引申為完整無缺。按照二字反義的邏輯，曲，應當有不完整、缺陷的意思。那麼，「曲則全」的意思就是萬物都有各自的不足，我們順著這些不足，也能讓萬物成長。這是一種理解。另一種理解，曲，指有弧度的線。只有弧線，才能圍出一個完整的範圍。這都是觀察具體事物得到的結論。從中衍生的哲理，以南懷瑾先生所講最為經典。他講，一走曲線就一切圓滿了。

接下來一句是「枉則正」。枉，本義是樹木彎曲。木料是彎的，那就把它裁正了，「枉則正」意為彎曲的東西才能被拉直。

第三句，「窪則盈」，低窪、凹陷的地方，才能蓄滿。第四句，「敝則新」，東西老舊了，衣服穿壞了，要換新的。第五、六句，「少則得／多則惑」，少了才能得到，比如，自己少資源，就會去努力，自然就會多一些的。而多了就亂了，因為無法規整清楚。當然，也有其他的理解，比如少就是收穫，多了反增困擾。

這種理解已是從生活場景轉到了心理層面，屬於衍生的意思。

老子列舉這六種情形，究竟想說明什麼？老子的讀後感就是要解釋這個問題。老子講，「聖人抱一／以為天下牧」。這就是老子的讀後感。「牧」，是指治理手段和工具。「聖人抱一／以為天下牧」的意思，通俗點說，就是聖人用一招就通吃天下。

哪一招？「抱一」。第十章講「載營魄抱一」，我的理解是身與心合，

抱定一個想法，不散不浮不躁。抱定哪一個想法？就是緊緊地持守道這個想法。處理天下一切的事務，都要把道作為工具，也就是說，道是一切行為的範式和處理天下複雜矛盾的法則。

不過，這樣的抱一（持守道），還是有點抽象。結合六種情形，結合後兩句的內容（四個「自」以及「不爭」），我覺得，老子在這裡講的「一」（也就是道）是有具體所指的。那麼，是指什麼呢？細細揣摩六種情形各自的重點是什麼，就能明白。

前面講到，這六種情形，是順承關係，有自然而然、順其自然的意味在其中。如果僅是這樣理解，還無法說清與後兩句內容的關聯。所以，在此之外，還有一層，就是每句話的重心，是前一個字 ——「曲」、「枉」、「窪」、「敝」、「少」。這都是低調的，是老子讚賞的。（最後一句的「多則惑」，是反面事例。）從這個角度說，在這裡，抱一的具體展現，就是內斂、處下。

▍二、莫太把自己當回事

內斂、處下，我們該怎麼實踐？一句話，就是不能拽，不要覺得自己了不得，不要以自我為中心。處處顯擺的話，只會陷於困境，落得個孤家寡人的下場。

所以，接下來，老子用了四個排比句來說明內斂、處下的具體表現，即「不自見／故明／不自是／故彰／不自伐／故有功／不自矜／故長」。在後面的第二十四章會出現相同的提法。這四個排比句，有內在的關係，它們是依照做事的順序展開的。我覺得，還可以有另外一種理解：明、彰、有功、長，並不是說自己明、自己彰、自己有功、自己長，它們是指向事物，也就是說我們把各個環節做妥當了，做到位了，事情的本來面貌、解決方案、實施效果、長久影響就自然地展現了出來。我們按照做事

的順序一一解讀這四個排比句，看看是不是這麼一回事。

第一步是調查情況。老子講，「不自見／故明」。「見」，現也。

自己不出現，才能明察事理。在這裡，自己不出現，不是不現身。

自己不在現場，最多能了解一部分，有些事情還是需要親自調查研究、躬身入局的。所以，老子還想說不自見的另外一些意思：

第一，不馬上亮明自己的觀點、傾向，從而引導說出實情。第二，不能把自己的觀點強加給他人。第三，不受自己的個性、好惡、欲望、情緒影響，不要看得順眼的人說什麼都聽，看不順眼的人說什麼都不聽，順耳的就聽，逆耳的就不聽，喜歡聽的就聽，不喜歡聽的就不聽……這些只能說明眼光窄、心胸不開闊，容不得不同的看法和意見。

如果做得正好相反，自見了，哪還有人坦誠相見，講實話、講真話呢？哪又能聽到實話、真話，掌握事情的全貌呢？明察事理就只是一句空話、套話，得到的只是假訊息或者部分的真相，一定會被矇蔽，就做不到明白事理，通達人性。所以，做事情的第一步，是以不自見的方式搞清情況。

第二步，「不自是／故彰」。情況搞清楚了，就要做出處置，那就進入了研究方案的階段。這個時候該怎麼做呢？「不自是」，不自以為是。這不只是指不傲慢，還有一個意思：不能只按自己的意見來，不能認為自己都是對的。如果聽得進意見，吸納多方的智慧，「故彰」，解決方案自然就呈現了出來。

可以想像，大家從不同角度去思考，方方面面都顧及，解決方案一定是很周全的。把大家好的想法彙集在一起，就能達成最大的共識，也就能聚集起合力，實施起來一定會是順暢和有效的。

以這種方式做決策的人，一定能受到大家的愛戴和喜歡。

這個決策者是不是在不經意間也被突顯出來了呢？如果自以為是、自負全能，或者骨子裡覺得高人一籌，表現出來的一定是態度傲慢、君臨天

下、惹人討厭，這樣的話，是不可能有合理決策的，個人也不可能做領頭人了。這是做事的第二步。

方案定了下來，進入實施階段。該怎麼做？這就是第三步，「不自伐／故有功」。「伐」，自我誇耀。在實施方案的過程中，要自誇。自誇什麼？誇自己有多厲害、有多少能耐，自我標榜、自我表揚。這樣的話，那你一個人做算了，還會有人跟著做嘛？

所以，一定不要自誇，要帶著團隊一起做。第一，自己要會，至少核心問題是必須懂的，不能讓別人看扁；第二，身先士卒，帶好頭；第三，幫襯著隊員，抬人不抬己。這是一個好隊長的表現！大家一起做，當然很快就完成了、出成績了，那就是有功了。如果「不自伐」，其實，做事情的功勞，也會落到隊長的頭上，也是個人有功了。

事情做完，出成績了，該做工作總結了，這是第四步。應該怎麼樣？「不自矜／故長」。「矜」，它的含義很多，我採納一個解釋——大也。不自矜，意思是不能自大，不要矜功，不要狂攬功勞。正所謂「成功而弗居」，要把功勞讓給大家。這樣的話，大家今後還會聽從你，「故長」，事業能長長久久地做下去。這樣的人，受到群眾愛戴，群眾基礎扎實，自己還很能幹，是不是遲早會被提拔？已經當主管的，是不是可以長久地在管理職上了？這是另一個角度的長。

這就是做事情過程中低調、處下原則的實際應用。是不是覺得老子的思想不是高高在上了？還是很貼近實際的！

▍三、不爭，還是不爭

四「不」，不自見、不自是、不自伐、不自矜，它們有一個核心的共同點，即沒有把自己放在中心位置。這與前句「抱一」中處下的意思是連貫的。接下來，老子的名言來了，「夫唯不爭／故莫能與之爭」。字面意思

是清楚的，一般都理解為，不爭名逐利，不一爭高下，天下所有人就都無法跟你爭了。為什麼？

因為爭鬥的對象不存在，哪會起衝突呢？也有另外一個講法，認為這是老子的競爭策略，以不爭為手段，來達到成功的目的。

如果是這樣，倒更符合法家的思想，與老子虛靜、謙下、順自然的理念背道而馳了。我不贊同這個講法。

我仍然堅持前後有關聯的觀點來理解。不爭，是對不自見、不自是、不自伐、不自矜的歸納。這四點，用一個詞概括，就是不爭。不爭，就不會處於主動位，比如，不是突出自己的，不是盛氣凌人的，不是到處宣揚的。已經低調了，大家還會針對你嗎？處下了，最終的實際效果卻是自己得益，這又有了第七章「聖人後其身而身先／外其身而身存」的效果。

不爭，是第二次出現。前一次出現在第八章「水善／利萬物而不爭」中。當時解讀不爭，認為這是水（也是道的化名）的第二個優點，是不以主觀努力的方式去做事。本章的不爭，還延續這個含義。在調查階段，多傾聽而不是一手遮天；在決策階段，納言（接納意見）而不是頤指氣使；在實施階段，配合而不是大包大攬；在總結階段，薦賢居後而不是居功自傲。大家體會一下，這些是不是都是引導、順應的行為？是不是沒有刻意地去爭取卻也成了事？這就是不爭在處理事務中的具體運用啊！

除此之外，本章還對不爭的方式做了完善和補充。第八章講不爭，講的是做事方法。第一，練好內功，做到心正；第二，加倍努力；第三，動善時，掌握時機，伺機而動。本章則具體詮釋了在處置事情的四大環節（調查研究、決策、實施、總結）中如何做到不爭，這是對該如何加倍努力的解答，是與「予善天／言善信／政善治／事善能」呼應的。

能對做事方法有這等體悟，需要豐富的閱歷。這也說明，老子不只是口若懸河的說道者，還是個務實者。所以說，老子《道德經》傳播的不是消極遁世之道，而是積極面對人生的態度，是一種獨特的智慧入世的方法。

所以，它對我們的思維方式、管理和工作以及自我修養都有很大的價值。

　　把本章與第八章「上善若水」結合起來看，會發現，這種處下的風格，正是「居眾人之所惡」的水的特性。所以，在本章的最後，老子做了一個總結。老子說，「古之所謂曲全者／豈語哉／誠全歸之」。古人講的六種情形，哪只是嘴裡說一說的呀？

　　實在是有用得很，萬事萬物都要歸結到這個「抱一」之上。

　　不自見、不自是、不自伐、不自矜，是不爭原則在處理事務中的運用。

　　其實，我們的一生，就是在處理各式各樣的事務。王陽明講「人在事上磨，方能立得住」，這是修行之法。依此，老子的這十二字，也可以是我們的修身四法。

第二十二章　內斂不爭：不自見、不自是、不自伐、不自矜是不爭之法

第二十三章
道者同道：順應外界，卻無罣礙

希言自然。飄風不終朝，暴雨不終日。孰為？天地。天地而弗能久，又況於人乎？

從事於道者，道者同於道，德者同於德；失者同於失。

同於道者，道亦樂得之；同於德者，德亦樂得之；同於失者，失亦樂得之。

信不足，安有不信。

上一章，講到不爭、處下的四種具體方法——不自見、不自是、不自伐、不自矜，一切都是順遂自然的。本章，以及接下來的第二十四、二十五章，都是圍繞這個核心主旨展開的，講道從大自然中來，是對大自然的借鑑。

本章的文字令人費解，我們試著解讀。

▌ 一、世事本來無常，短暫方是尋常，切勿心有執念

本章的第一句是「希言自然」。對於這個句子的理解，大家有很大的分歧。其中，有這樣理解的：少言寡語，或者不亂發號施令，才合於自然之道。這或許可以是一種演繹的理解。

但冷不丁來這麼一句，著實讓人摸不著頭緒。我不這麼理解。

我們要連繫接下來的內容做出解釋。老子接下來講了兩種自然現象：大風和大雨，再連繫「天地而弗能久」這一句，我認為，「希言自然」說的就是大自然。老子感慨，大自然變幻莫測，不是三言兩句就能說得清楚的。

大自然變化莫測，有什麼樣的具體表現？老子舉了兩個例子，一是「飄風不終朝」，狂風不可能刮一早上；二是「暴雨不終日」，暴雨也不可能

下一整天。在老子那個年代，對其中的原因解釋得清嗎？解釋不清。但他還是可以把這筆帳算在某人頭上的。「孰為」，這是誰幹的？天地。天地能成風化雨，能起狂風下暴雨。但是，「天地而弗能久／又況於人乎」，天地如此神聖和強大也無法讓風雨持久，何況人呢？人比天地渺小得多、能量小得多，天地都不能讓自然現象長長久久，人更沒辦法讓事物持久！

老子這麼說，想表達什麼意思？有幾層意思可以體會一下：

第一，風雨只是一時，還有陰晴，而且，實際上，陰晴也只能維持一時。

第二，大自然都不能長久，世事更是短暫。這兩點是不曾改變的規律。

既然都是變化，那麼，心無糾葛地接受這種變化吧！既然都是短暫，那麼，毫不遲疑地接受這份短暫吧！一切都會有變數，一切都會輪迴，那麼，對於世間萬千事情，就不必心存執念，毋須執著於一種方式了。

■ 二、順應外界，卻無罣礙

原理講完，該指導實踐了。在這裡，老子給我們取了個名字 ——「從事於道者」。這就是指我們這些在修行的人，打算遵循道體立身處世的人，也可以簡單點，說成求道之人。接下來的一大段話，是給我們的勸告。但各版本有所不同，我們採用通行本的表述。這個版本拉長了句子，把其中的邏輯呈現了出來，且沒改變句意，更方便理解。

「道者同於道／德者同於德／失者同於失」，這裡的「道者」，指守道之人，已經開始接納甚至掌握道體的人；「失者」，指失道失德的人，就是世俗之人、俗人、芸芸眾生。道者、德者、失者，雖然是不同類型的人，但我們跟這些人打交道的方式，是相同的。什麼相同的方式？即用對方的處世方式。對方守道，我們就依照道的方式交往；對方以德為先，我們則依德而交。

對方是俗人，我們就按世俗的方式打交道。

這都不是以自己的方式為方式，而是順應對方的方式。這樣，自我像個「變色龍」了，適應外界，調整自我。當然，這個「變色龍」不是隨波逐流式的，他有自己的定性，因為他是「從事於道者」，道永駐心中，遵循原則、底線思維一直都在。有了這個主軸，即便是隨環境而變，他的心也是開闊的，不會因適應外界而感到彆扭或者憋屈。

求道之人，與有道之人、有德之人打交道，相互算是同道中人，氣場相吸、思想相近，容易產生親切感，不會彆扭和違和，相談甚歡並不算難。求道之人與「失者」（失道失德的人）的差異就大了去了，不在一個頻道或者不在一個層面，跟他們打交道，還能看得慣，心很順，並且相談甚歡，這就有境界了。

「道者同於道／德者同於德／失者同於失」，這三「同」有區別嗎？有也沒有。不同的是對象，相同的是處理方式，都是接受、順應。無論對象是誰，都接受，而且接受得很歡心、很自然，心無罣礙。得到的結果也是相同的，「同於道者／道亦樂得之／同於德者／德亦樂得之／同於失者／失亦樂得之」，總之都是樂得之。你用道的方式，道樂意接受你，用俗的方式，俗樂意接受你，皆大歡喜。這不正是接受天地短暫、事事變化的那份心境嗎？

說起來容易，真要做到三「同」，其實並不那麼容易。原來看不慣的要看慣，原來聽不進的要聽進，原來感到厭惡的要接受。這需要個人修為達到一定階段。到了這個階段，胸懷已足夠廣闊，容得下不同的人、不同的事。心已是嬰兒般柔，看事物都帶著慈悲，又那麼順心順意。

▎三、信道是修行第一步

以上的處世方式，以上的修為境界，求道是能達到的。可是，基督教裡有「信經」，它摘選了基本要旨，也要求基督徒宣稱承認和相信。這是

對信仰的宣認，是一種心理引導，也是自我暗示。沒有真信，不會有信仰。對於道家，我們不看作宗教，而是把道看成立身處世的方法論，道教與道家相去甚遠，在此你信嗎？

不再多言。但道家同樣存在「我信」的問題。

所以，老子講，「信不足／安有不信」。如果不足夠相信的話，就會有疑惑、有猶豫，也就不會去信了。「安」，將要的意思。

這個道理容易理解。而要「足信」，一定要做到三層，一要真信，二要全信，三要深信。

到這裡，已經講完了二十三章的內容，也就是說已經修行了《道德經》八十一章的四分之一。雖然《道德經》的版本有差異，也夾雜有衍文，但總體上看，已經能感受老子思想的精采、深刻和實用，學思維，學方法，頭腦開竅，心靈通透。你還有什麼遲疑呢？還會不信嗎？應該不會了吧！讓我們繼續這份精采、這種深刻。

第二十四章
企者不立：以自我為中心是多餘且無用的，一定要順著自然來做事

企者不立，跨者不行。

自見者不明，自是者不彰，自伐者無功，自矜者不長。

其在道也，曰餘食贅行，物或惡之，故有道者弗居。

本章，與第二十二章、第二十三章是相呼應的。第二十二章講不自見、不自是、不自伐、不自矜的益處，本章講自見、自是、自伐、自矜的弊端。第二十三章給我們這些「從事於道者」提出了一個忠告——「道者同於道」。本章，老子對「失者」的行為表明自己的立場，那是一種不齒為伍的姿態，從反面給了世人一個警示。再次強調：以自我為中心是多餘的，而且是無用的，一定要順著自然來做事。

第一句是「企者不立」，踮著腳尖的人，無法站得久。我們都熟悉一種場景：站在後排看熱鬧，被前面的人擋住了視線，就踮起腳尖、伸長脖子，總想直接看到前面。這個姿勢，實在是累人得很，無法一直保持，甚至容易失去平衡搞得東倒西歪。這就是「企者不立」的意思。

接著一句是「跨者不行」。這一句，一般認為是後人添加的，大概是想幫助大家進一步理解「企者不立」的含義。我們姑且保留下來，也用現代的實例做說明。在百米飛人大戰中，運動員都是邁開大步往前跑的，起步就是衝刺。這種跑步的方式，能用到馬拉松比賽中嗎？顯然不能，參加馬拉松運動的人，都是邁小步，才能跑完那長長的四十多公里。用百米的速度去跑長跑，肯定是不行的，正所謂欲速則不達。可見，「跨者不行」，大跨步向前，是沒有辦法走得遠的。

所以，如果說站高、行遠是我們的目的，那就需要踏踏實實，急功近

利是不行的。既然要久立，就全腳掌著地，而不是踮著腳。既然要遠足，就按平常步幅和正常步速一步一步地走。

企、跨這兩個動作，都是超越自然之態、矯揉造作的，也是超過個人能力、力不能及的。在老子看來，這都是不自然的動作，不會達到長久的效果。

我們平常遇到的哪些事情是屬於「企」、「跨」之類的呢？

比如，一口氣吃成胖子，一個月減重十幾公斤，飲鴆止渴，「三拍」幹部（拍胸脯表態、拍腦袋決策、拍屁股走人），這些都屬於此類。

又如，推動改革，常常難以推行，不接受者有之，不配合者有之，觀望者有之，使絆子者有之，強勢推進後，國家和社會得益，改革者本人的下場大多是不好的。當然，這是指中國古代的改革者，比如李斯、王安石、張居正。

這是第一層意思。

第二層意思，「自見者不明／自是者不彰／自伐者無功／自矜者不長」。自見、自是、自伐、自矜，在第二十二章已經解讀過，不再贅述。個人低調點、處下點，就能成事、成己。為何一定要有這四「自」呢？！只有冒失鬼、糊塗蛋才這麼去做。

所以，老子做了總結，「其在道也／曰餘食贅行／物或惡之／故有道者弗居」。從道的角度看，企、跨、四「自」，是餘食贅行之流，像剩飯剩菜，是累贅的東西。這些都是沒有用處的行為，讓人厭惡，有道之人是不會這麼幹的。「贅行」的「贅」，作多餘的、無用的解。聽得出來，老子罵人也是夠絕的！第三十一章講到「夫兵者／不祥之器也」，也是「物或惡之／故有道者弗居」。對於這些特別可惡的事情，老子就沒留情面，罵人真夠絕的！

接下來，我們要來講講文字背後的含義。

當人落入水中的時候，水流的力量很大，恐慌著掙扎是很難擺脫的，

不如隨著水流往下漂游，時不時地划幾下水，在水流稍緩的地方就能逐漸地靠近岸邊。

　　此外，我們再舉個例子。太極拳的要義之一是借力打力、卸力引勁，而不是拳頭對拳頭的直接對抗。

　　這兩個實例，與企者不立、跨者不行所要表達的意思是相同的，都是要順遂自然，而不能強行為之。

　　要做事情，即便方向很正確，如果得不到大家的理解和認同，可以想像，要面對的壓力一定是很大的。強扭的瓜不甜，所以，必須順著大家的意志，才能凝心聚力，把事做成。阻力重重，又不想止步不前，該怎麼辦呢？自己先示範著，或者可以帶著志同道合的人先做起來，用行動和成果說服大家，一旦扭轉過來，做成事情的條件就達到了。

　　這都是順自然的做法，也是有道之人的做事習慣。

第二十四章　企者不立：以自我為中心是多餘且無用的，一定要順著自然來做事

第二十五章
道法自然：順其自然，是順勢而為、任天而動、不亂作為、主動發現和利用規律而為

有物混成，先天地生，寂兮寥兮。獨立而不改，周行而不殆，可以為天地母。

吾未知其名，字之曰道，吾強為之名曰大。大曰逝，逝曰遠，遠曰反。

道大，天大，地大，人亦大。域中有四大，而人居一焉。

人法地，地法天，天法道，道法自然。

經過前幾章的鋪墊，現在，可以對道與自然的關係做出歸納了。本章的結論就是「道法自然」。

■ 一、道的又一別稱 —— 大

本章第一句，對道再做了一個歸納性的描述，「有物混成／先天地生／寂兮寥兮／獨立而不改／周行而不殆／可以為天地母」。

在天地形成之前，有個東西（即宇宙），一片混沌，無聲無息，無邊無際，深遠遼闊。它是獨一無二的，不需要依靠外力，獨自長存，長久以來不曾有改變。它自己循環運行，永遠停不下來。

天地萬物都依靠它生生不息，哺育萬物，它就是天地之母。

這些描述，在之前的章節中，都有提及，比如混成、先天地生、寂兮寥兮、為天地母等。本章還增補了道的幾個特徵，比如獨立（獨自存在）、周行（自我循環）。讀完這段文字，一定能聯想到一樣東西，那就是宇宙，盤古開天前的宇宙！

老子也不清楚該把它叫做什麼，「吾未知其名／字之日道／吾強為之名日大」，就幫它取了個名字，名大字道，姓氏倒是沒有。

道可道非恆道，道是無法被定義的，但是為方便解釋，讓大家能聽懂，老子還是給它命名了，叫大。大道的稱呼就這麼橫空出世了。我們都知道唐宋元明清的朝代更迭，其實各主要朝代的正式名字，都有一個「大」字的，大秦、大漢、大唐、大宋、大明、大清。這才有氣勢。大道也是，有了一個大字，就顯得高大上了。

在前面的章節中，有幾種物體，被老子用來比喻道，與道等量齊觀，比如，玄牝、谷神（或者山沖）、水、橐龠（風箱）等。在本章，老子不再借用一個實際的物體，而是用「大」字，這有點虛幻了。

老子為什麼用「大」做名字呢？可以有兩種解釋。第一種解釋是字形上的解釋。道、大兩個字的甲骨文字形是有關聯的。

道的甲骨文字形，是一個躬身的人形，表示一個人行走在路上。

大的甲骨文字形，是一個張開手腳頂天立地的人的形象。兩個都是人形，字形看上去有點相似。本章後邊會講到天、地（土也），其字形也與人有關。這會不會是老子聯想的切入點？我們可以大膽設想。第二個解釋是內涵上的解釋。按常規的理解，大是個形容詞，它究竟是什麼，沒人說得清楚。老子用「大」這個字等同於道，反映出道真的很混沌，模模糊糊、幽暗深遠，還反映出道真的很大，範圍很大，內涵很大，作用很大。

■ 二、萬事萬物都是循環往復的

接下來，老子要拆解著來做推斷了。原文是這樣的，「大日逝／逝日遠／遠日反」。「日」，沒有實義。「反」，通返。逝、遠、返，偏旁都是走之底，也就是說都有行走、行動的含義。

這段話，說的是萬事萬物都是循環往復的。但深入理解，著實有點難度，要費點功夫。

我們從宇宙生命週期的角度，先理解字面意思。前面說過，大就是道，道「為天地母」，它是一切的起點，萬事萬物都起源於此。宇宙，也起源於一個奇點，一個至密且熾熱的奇點。

它內部能量巨大，不斷膨脹，原始物質擴散得很快（快速擴散，這就是逝）。這些原始的物質散落成了星系、星辰，形成無邊無際的時空，就是宇宙。我們現代都知道這樣一個事實，就是宇宙還在不斷地擴張，邊界越來越遠，直到十分遙遠的地方（這就是「逝曰遠」）。待到某時，宇宙的能量不足以維持擴張，能量平衡被打破，宇宙進入坍塌收縮的衰亡進程，最終縮回一個點（這就是「遠曰返」），宇宙的生命由此終結。時間過了數百億年之久，跑了一大圈，從一個奇點開始，最後又回到原點，這就是宇宙的生死，也是道的運動軌跡。澳洲飛鏢有點類似於此，飛出去後，劃出一道橢圓形的軌道，最後返回投擲的位置，飛回來了，所以，它又叫飛去來器。

宇宙的生死進程，以及飛去來器，帶給我們什麼樣的思考呢？大家都在說的是，這說明萬物「周行而不殆」，是循環往復、變化發展的。這一點是容易想到的。而這個原理對我們有什麼用處呢？我們怎麼利用這個循環呢？這是值得我們進一步深思的問題。我僅舉兩個例子。

第一個例子，服裝流行有一個二十年週期的說法。這是一種規律，可以看成道。那麼，我們採擷二十年前的時尚，就可以創造現在的時尚了。可見，借鑑式創新也是創新。

第二個例子，經常地總結做事情的得失，形成自己的認識，今後遇到類似的事情，就知道該怎麼做了，這叫舉一反三。

我們看到道是循環往復、周而復始的，但不能這樣想 —— 反正會回來的，因此直接躺倒，什麼事情都不做。這是不符合無為思想的。我們要看到，周而復始，並不是簡單地重複。我們長年在一個職位做事情，如果只是簡單地重複，那長進不會多。

所以，一定要加入新鮮元素，比如豐富工作內容、改變工作方式等，促進螺旋式上升。

三、四「大」之效法

前面講到了宇宙，接下來，很自然地談到四「大」。老子講，宇宙之中有四「大」，道、天、地還有人。

原文是這樣講的，「道大／天大／地大／人亦大」。有的版本把「人亦大」寫為「王亦大」。我們採納通行版本的「人亦大」，這表達的意思更為開闊。為什麼提到人時是「人亦大」呢？

這四「大」的「大」又當作何解？讓我們一一道來。

我們還是要前後連繫著來學老解老。前面講到，大就是道。

要解釋四「大」，我們需要繼續把「大」作為道來理解。第一個「道大」，指宇宙之道。開天闢地後，有了天地，就有了「天大」（天之道）、「地大」（地之道）。天地之間，出現了人類，才有了「人大」（人之道）。從這個「人亦大」的「亦」字，能感受到老子的語氣和情緒。人也有一席之地哦，人也是有道的！

這麼看來，宇宙、天、地、人，各有各的道，都有一套運行規律、行事規則。而且，相互關聯。老子講「人法地／地法天／天法道／道法自然」。一般理解，這個「法」是效法、仿效，照著別人的做法去做。那就是說，人要照著地的方式去做，地要按天的方式去做，天要按照道的做法去做。

怎麼照學照做呢？

第一個是「人法地」。土地按季節規律催動萬物生長，人類在大地上生存，也要應時而為，春耕，夏播，秋收，冬藏。

第二個是「地法天」。這個「天」，可以理解為我們看到的天空。天有自己的規律，比如一年四季，比如陰晴雨雪，這會改變山川的面貌，有一

個諺語就叫三十年河東三十年河西。

天還有冷熱無常的時候，比如冰河期、聖嬰現象，影響著大地萬物的生老病死。大地和萬物依天而變，老子的時代是不可能改變天的，所以，人呢，也要看天出門、看天吃飯。這就把地法天、人法地串起來了，是不是覺得很有意思？

第三個是「天法道」。這個道，我們理解為宇宙。宇宙有自己的運行規律，我們能看到的是天象，比如彗星、日食、月食，這在遠古時代是出現壞事情的徵兆，先民們要作法祈福，要小心翼翼。這麼看來，天像是不是要影響人的行為了？又如月球引力與潮汐、太陽黑子的爆發與氣溫升高，甚至行星撞地球促使冰河時代的到來，恐龍滅絕，才有了人出現的可能。這些天象，遵守宇宙中的大道而出現，從天空的角度講，只能接受影響，是抗拒絕了的。

第四個是「道法自然」。一般認為這句話是說道效法自己本來的樣子。這樣的理解，隱藏著一個邏輯，就是道等同於自然。

我的理解稍有不同。我認為，道與天（天空）、地（大地）、人（人類）一起，組成域中四「大」，而且，一個高於一個，一個影響一個，邏輯性很強。如果把道等同於自然，那麼，就可以把自然看作第五個「大」，或者，老子可以乾脆用自然去替代道作為第一「大」了。但這都沒有發生。我們還是把這個「道」理解成宇宙，當然，在老子的時代，乃至後世注釋老子的那些時代，不會知道宇宙這個概念，所以也沒有我們接下來的解讀角度。

我們這樣去理解「道法自然」。自然是順遂自然的自然，是一種不強加任何力量而順應事物自由發展的狀態。道，作為域中最高級別的「大」，就是宇宙，也是遵循其自身規律運行的。

而對天、地、人而言，一是有自身的內在規律，二要順應更大的規律，三是把更高的規律作為學習的榜樣，形成自己的規律。這一切，歸納起來，都是自然而然的。

這樣，道從我們眼中的宇宙、老子眼中不可捉摸的東西，昇華成一個哲思、一種境界。這就是道家思想裡的道。

順遂自然，可以是順勢而為、任天而動，也可以是不亂作為、主動發現和利用規律而為，而一定不會是得過且過、因循苟且。

春天來了，本是樹木發芽的時候，但是某棵樹自己不爭氣，扎根不深，營養不良，自己不健康，引來蟲蛀，總之沒好好成長，到了春天該發芽時卻沒能發芽。這該責備誰？怪春天，顯然不對。

外在條件也要透過內在條件才能發生作用啊！自己首先要做好。

為對「順遂自然」有更加深刻的理解，我們引用豐子愷散文《自然》中的一段文字。他是這麼說的：「凡美的姿態，都是從物理的自然的要求而出的姿態，即舒服的時候的姿態。……無論貧賤之人，醜陋之人，勞動者，黃包車夫，只要是順其自然的天性而動，都是美的姿態的所有者，都可以禮讚。」他又說：「被造物只要順天而動，即見其真相，亦即見其固有的美。」

美來自順遂自然，來自順天而動。這何嘗不是道之美學呢？

第二十六章
靜為躁君：注重個人的靜與重的修為，認真經營天下

重為輕根，靜為躁君。是以君子終日行不離靜重，雖有榮觀燕處，則超然。

若何萬乘之王而以身輕於天下？輕則失本，躁則失君。

我們發現，前二十五章所探討的，主要是透過觀察自然生命而發現的規律以及引發的思索，當然其中也有幾章是例外，比如第十三、第十七、第十八、第十九章。那麼，從本章開始，探討的主題將會有比較大的變化，涉及國家治理領域。

本章以重、靜為主旨，呼籲君王注重個人在靜與重上的修為，認真經營天下。何為重？何為靜？我們一一道來。

▊ 一、以重解決自身問題，以靜與外界打交道

老子講，「重為輕根」，重是輕的根基。我們用大樹來打個比方。一棵大樹，依託於強大的根部深扎於大地，讓自己穩固，扛住雨打風吹。而樹枝、樹葉是輕的，展示在外，大家都能看到，其中，有春天絢爛的櫻花，有秋天奪目的銀杏葉，即便是冬天枯枝上掛著幾個紅彤彤的柿子，也顯得那麼美。但這些外在的漂亮，如果沒有深深扎入土地的樹根，都不會存在。所以說，根基是重的，深藏不露，不輕易示人，支撐、支持著枝葉的美麗。

老子又講，「靜為躁君」，靜是躁動的統帥。也就是說，靜統領、主宰著躁動。我在解讀老子的過程中，有些時候，外界鬧鬧喳喳，事務纏身，

偶爾打開電腦準備打字，可怎麼也找不到思路，完全寫不出來。思緒全被外界帶跑了，心神隨著外界的躁動也變得飄浮不定，一不寧，二不定，三不專注，自然是壓制不了外界躁動的。

我們再思索下這兩句話的角度。「重為輕根」，輕的樹葉和重的樹根，都是樹的一部分，用自己的重支撐起自己的輕，這是講自己解決自己的問題。「靜為躁君」，躁來自外界，君是施加力量的動作，用自己的靜去壓制外在的躁，這是與外界打交道的正確方式。

看得出來，老子講「重為輕根／靜為躁君」這兩句話，強調重，突出靜，又略有差異，各有偏重。

正因為重要，「是以君子終日行不離靜重」，君子始終以靜、重作為行為準則。老子講，「雖有榮觀燕處／則超然」，雖然有輝煌的宮殿，有後宮佳麗三千，也超然物外，不會沉溺其間。

這是從正面講。君子，我們理解，與之前章節中的聖人是有所不同的，是相對於接下來的「萬乘之王」來講的，指小國的國君。

榮觀、燕處的用詞也能作為佐證。「榮」，指華麗、宏偉；「觀」，指道觀、宮闕；「燕」，指像燕子一樣；「處」，指處所。為《老子》作注的河上公解釋：「榮觀，謂宮闕；燕處，后妃所居也。」這就是王宮無疑！能住王宮的君子，那就是有道的小國國君了。

接下來，要解釋版本上的兩個問題。第一，有版本講「終日行不離輜重」。看起來是出門就得帶著行李，這聽起來很怪異。

我們採納「終日行不離靜重」。這樣一變動，與第一句的意思正好銜接起來。第二，有版本講「雖有榮觀／燕處超然」。理解為雖然生活豪華，也能安然超脫。「燕處」，解釋為安然對待；「超然」，解釋為超脫。我們對這句話重新作了斷句，「雖有榮觀燕處／超然」。榮觀、燕處，前是議事的宮殿，後是起居的後宮，它們是對應的，所以放在一起。有道的小國國君，享有榮華富貴，還有佳麗三千，依然超然物外，不會沉溺於此。

「超然」，有版本為「超若」，若，就是然的意思，為方便理解，我們採用「超然」的提法。

相對於小國國君 —— 君子，萬乘之王會有什麼樣的表現呢？

萬乘之王，可見其國力雄厚、實力強大、擁有更多資源，本該比小國國君（君子）有更好的表現。可惜啊，他的做派，跟君子完全不同，老子感嘆道：「若何萬乘之王而以身輕於天下？」

這是老子對當時的大國國君的批評，他們不自重，奢侈縱慾，重稅多役，征伐四方，輕薄天下。這些行為，都是輕薄和躁動的表現。這樣做啊，有什麼後果呢？「輕則失本／躁則失君」，輕薄就失去了重這個根本，躁動就失去了靜這個主心骨。由此可見，這是從反面講重、靜的重要性。

▌二、何為重？重，是思想的厚重，有底蘊；是言行的穩重

有風格本章的內容解釋就是這些。接下來，我們要深究重與靜的內涵。「重」字，從字形來看，像一個彎著腰的人馱著一個捆紮著上下袋口如包裹狀的東西，很是吃力，步履蹣跚地往前走，看起來背的東西異常沉重。

老子講的重當然不是指物體的分量，而是心理層面的分量。

我們理解，其中有兩個內在的分量最為關鍵，一個是思想的厚重，這是個人的底蘊；第二個是言談舉止的穩重，這是無意識地向外界釋放的個人特質。

任何一種人生都是從一張白紙開始的。我們在這張白紙上的描繪，不是平面的，而是立體的。就像油畫，油彩層層堆積，或厚或薄，整幅畫摸上去都有起伏感，這是其厚度。評價一幅畫作的好壞，不只是看圖案和畫法，還要看其所表達的思想、所傳遞的內涵，這是其深度。這個厚度與深度，正是思想的厚重所在。

　　這份厚重，從哪裡來？從各種實踐中來，所有的經歷都是在沉澱。這份厚重，也是從學習中來。而要成就這份厚重，尤為關鍵的，是把思索貫穿實踐和學習。把各種事物、各種感覺放置在頭腦裡，只能算作物理堆積的記憶，只有透過思考，事物和感覺之間發生化學反應，才能形成自己的思想、觀點、價值觀。這才是真正的沉澱和累積。《論語》講「學而不思則罔，思而不學則殆」，可見思考就是點金石。

　　這份思想的厚重，展現在外就是言談舉止的穩重，是判斷決策理性，是行動嚴謹不妄為。許多古裝電視劇中的男主受眾人追捧的原因，不光是長相帥氣，還有言談舉止穩重吧。這些男主，大概是照著老子口中的君子去塑造的 —— 不會征伐擴張，搞亂天下；不會徵收重稅，打擾蒼生；不會怒不可遏，大耍脾氣。他們言之有物，言之有據，言之有理，言之有序，言之有禮。舉手投足間，散發一種氣度，釋放一份深度，傳遞一種舒適。當然有編劇臺詞寫得好、演員表演到位的功勞。

　　言行穩重的背後，主要是思想的厚重、個人的底蘊，還有一點也不可忘記，那就是自律。自律是與縱慾、放縱對立的，講究的是面對自己的內心，定下一個目標，行動，行動，再行動，持續地展示意志力，然後把夢想變成設想，把設想變為現實。

　　這份自律，是對自己有高的要求。讓我們在修行中，跟自己決鬥到底！

三、何為靜？靜，是感官和言行的安靜，也是內心深處的澄靜

　　在第十六章講到過「靜」，「歸根曰靜」，意思是讓心保持初始狀態，回歸本性。「靜」，我理解為初心、本色。

　　為了進一步了解本章「靜」的內涵，我們要先從與靜對應的躁講起。

躁，該做何解？躁，足字偏旁。足是人的腳，而腳的作用是使人能夠走動。躁字的右邊，上頭是三個口的品字，下面是樹木的木字。品表示眾多在上，木表示樹木在下，意思是從下面生長出很多的樹木。三個組件合併起來，躁的本義可能是很多樹木競相成長，也指眾多的事物躁動不安。這正是十六章裡講的「夫物芸芸」的狀態啊！「夫物芸芸／各復歸其根」，所有的樹木都會被樹根固定著，動彈不得，也不可能亂動了。「歸根曰靜」，就這樣，靜妥妥地管住了躁。

搞清楚了本義，現在，來講一講引申的意思。從內在的、心理的角度去看，靜對躁的主宰是怎麼做到的？我們認為，其中的核心機制有兩個：第一個是外界能感知到你的那份安靜，第二個是你內心深處的那份澄靜。

安靜，是感官和言行上的靜。中國水墨畫、中式園林，傳遞出靜逸安寧的感覺。著名古曲〈高山流水〉，讓人寧神靜心。

在現代的人心中都住著一個雅士，因為常常很羨慕雅士，比如都敬重梅蘭芳，他的言談舉止、姿態儀容，都透著一個靜字，斷不會高聲喧譁、大大咧咧、行為鄙俗，吵鬧、刺眼與他是絕緣的。

跟這樣的雅士在一起，任何人都會情不自禁地收聲，都會把動作幅度變小。梅蘭芳先生的這份安靜，是任何人都可以做到的。

怎麼去做？只需要把自己的心放置好。怎麼算安置好了呢？心有所定（這是定位），心能專一（這是專注），安放如初（這是不因外界干擾而改變）。外界喧囂塵上，朋友們，你心可有安處？

靜對躁的主宰，還有第二個核心機制，即澄靜，它是身心的空靈無物之靜。這與第四章「湛兮／似或存」的感覺有相通之處。

我們和得道小國國君（君子）一樣，都生活在一個物質的世界之中。他有宮殿美人，操持國事，我們每天在紛繁裡旋轉不停，耳邊滿是車水馬龍的鼓噪。君子做到超然，熱鬧的總在身外，清涼的總在心裡。我們呢？大多數人內心的寧靜空間已被侵占，心智也或多或少地被矇蔽。各位

朋友，請問問自己，還能聽到內心的聲音嗎？清澈的靈感有多久不曾出現過？

還想找回最初的自己嗎？那麼，學君子之超然，遵從道的指引，給心靈騰出空間吧！致虛極，守靜篤。照此辦，離澄靜不遠矣！

那麼，就讓虛靜、謙下、順自然的七字箴言流回你的心田，滋潤那顆快要乾涸的心吧。澄靜的境界，就此在你面前展開。

張開雙臂，緊閉雙眸，微風拂面，歲月靜好⋯⋯

第二十七章
善行無跡：依循人、財、物的本性利用好各種資源

善行者無轍跡，善言者無瑕讁，善數者不以籌策，善閉者無關楗而不可啟也，善結者無繩約而不可解也。

是以聖人常善救人，而無棄人；物無棄材。是謂襲明。

故善人者，不善人之師；不善人者，善人之資。

不貴其師，不愛其資。雖知乎大迷。是謂要妙。

本章，從字面看，算不上重要。老子在告誡萬乘之王和小國國君，在內政方面，要依循人、財、物的本性，以平等心看待一切，利用好所有的資源。其中，指明了一個非常重要的觀點 ——「襲明」，我們從中可以看到待人接物的道理。這是解決疑惑、體悟道體的一個重要法門，也給我們的日常行為提供了指引。所以，其實，這是十分重要的一章。

本章，還是從身邊的小事切入，然後逐步深化的。這是老子啟發我們思維的獨特方法，讓大道理容易理解，也說明大道理就來自我們的日常，並非高深莫測，只是我們太習以為常，所以沒去思索，未見其真容罷了。

▌一、順自然，效果好

起筆，老子借用了五個普通得不能再普通的行為 —— 走路、說話、計數、關門、打結。「善行者無轍跡／善言者無瑕讁／善數者不以籌策／善閉者無關楗而不可啟也／善結者無繩約而不可解也」，一旦搞清這五種行為是怎麼做到的，我們就能撥雲見日，看懂其中的思想精華。

第一種，走路，「善行者無轍跡」。善於行走的人，不留任何痕跡。難

道這人輕功了得，來無蹤去無影？！我們現在知道，輕功是不存在的，退一萬步說，即便用輕功，也會留痕的。所以，顯然不是輕功的緣故。老子講無轍跡，也並非沒一點痕跡，而是痕跡難以發現或者發現行跡為時已晚。這是怎麼做到的？比如穿著黑衣夜行、霧鎖江面時渡江，都是隱藏行蹤的方法。這些方法的一個共同點，就是借助自然條件。

第二種，說話，「善言者無瑕讁」。善於說話的人，沒有任何瑕疵和過失。我認為，老子講的不是說話圓滑、講話滴水不漏。第二章講「聖人居無為之事／行不言之教」。本章的善言

與這個「不言之教」的「不言」是意思相近的。善於說話的人，都不會妄言，只要不妄言，自然不會有過失。

第三種，計數，「善數者不以籌策」。籌策，是古代計數的竹碼子，與算盤、計算機一樣，都是計數工具。善於計數的人，不需要工具就能算清楚。這讓人很快能想到，要麼這人會心算，要麼是算大帳、總帳而不算小帳。我們認為，這幾種情形還沒有觸及老子的思維。

我們要設想另一個情形。善數的人，前期營造了一個相互信任的好氛圍，大家心裡沒有心機，都說實話、真話，是什麼數就說什麼數，欠多少錢就是多少錢。這樣，善數的人，是不是也就能把數計得清楚、準確了呢？我們先把字面意思和其中的邏輯搞清楚，背後的含義，在後面合併在一起講。

第四種，「善閉者無關楗而不可啟也」。關楗（ㄐㄧㄢˋ），是關門用的橫木，就是古時的木閂。不用插門，門還打不開，怎麼做到的？

我理解，這是夜不閉戶、路不拾遺。社會風氣好，不會有強盜、小偷，大門虛掩也無妨啊。

第五種，「善結者無繩約而不可解也」，不用繩子打結，還讓人解不開。是不是有點搞不懂是怎麼回事？照我看來，這說的不是繩結，而是一種連結啊。相互愛上了，你情我願，對上了眼，結合在一起，不用繩子

捆，也會時時緊隨，打罵不離，棒打鴛鴦也不散啦。有人會說，是神仙月老用紅繩把雙方連接在一起，只是肉眼凡胎看不見而已。這就演繹得有點遠啦。信仰相同，理念想近，氣場相合，心在一起，遵從內心而作為，歡喜結合。

能做好這五件事的，都是能工巧匠，都是高人。這類高人有著共同的特點，就是依照自然之法，順應自然地操作，達到了無為而治的效果。

▌二、順自然地待人接物，就是要依循對方本性

講了上面的五種行為，再次強化了我們對順自然的認知。

但是，對於怎麼才是順自然的問題，我們好像還沒能完全抓住答案。老子接下來跟我們講了其中的核心，那就是「襲明」。

老子的原話是這樣講的，「是以聖人常善救人／而無棄人／物無棄材」。有一種理解是這樣的：所有人和物都為我所用，而且人盡其才，物盡其用。這是聖人的用人用物之道，也是以這個最高的標準去勸告國君們，資源有限，一定要用好。這是從治理內政的角度去講的。我們不去講內政，而來講講它帶來的啟發。

「常善救人」，「救」，不是救世主拯救萬物的意思，而是助的意思，是助人、助物，不是施恩，不是利用。老子講助人、助物，就是告訴我們要以奉獻的姿態去待人接物。其中的核心在「善」字。

聖人是怎麼助人、助物的？可以從「是以」這個詞中找到答案。「是以」，意思是所以，它是個連結上下句的詞。這句話所要表達的是，前面五種處事方式 —— 順應自然的方式，正是聖人待人接物的方法。

每件物體有每件物體的特點，即便是垃圾，透過分類後，也各有去處，各有作用，可回收的垃圾能再利用，乾垃圾能焚燒發電，溼垃圾能發酵做肥料。只要依著物體的特點，原來的垃圾就不再是棄材了。這是說物

品。人呢，也是同樣的。

每個人有每個人的本性，因材施教方能成大才，否則，神童仲永也會泯然眾人，跟普通人沒有什麼區別了，讓大文豪王安石唏噓不已。這是依著人的善性來救人，大概也是老子的「常善救人／而無棄人」的境界吧。

聖人「善救人」、「無棄物」，所以，沒把任何人看成廢人，沒把任何物體看作廢物。其中隱藏著三個「密碼」：第一，對任何人、任何物，都一視同仁。沒有分別心，是老子的核心觀點之一。第二，初衷在奉獻。有發自內心的奉獻意願，不是為己而是利他。第三，處理的方式在於依著事物的特點和本性。

這就是順自然的狀態。老子講「是謂襲明」，即遵從其本性，回歸眾人和萬物的本性。

為什麼這樣去理解「襲明」？「襲」，沿襲、遵循、依照的意思。而「明」是什麼意思呢？我們要結闔第十六章的內容來理解。

第十六章講，「歸根曰靜／靜是謂復命／復命常也／知常明也」。

「靜」，初心、本色。歸根與復命是對應的，歸與復對，根與命對。

靜的核心就是復命，回復本性，這是亙古不變的規律。「知常明也」中的「明」，是大學問，是因學而明理得智，也就是道。

其中的推理有點複雜和晦澀。我們要倒推著去理解，「明」是知道亙古不變規律的通透和豁達。這個規律是回復本性（復命），回復本性就是靜，靜就是根所歸處。這樣，就知道「明」與回復本性的關聯了，「明」就是回復本性。

理解了「明」的具體含義，那就容易明白本章的「襲明」要沿襲、遵從的是什麼了，就是回復本性。順著本性去做，不妄為，就能很好地待人接物，能真的幫到他人。這就是在待人接物方面的無為而治。

▋三、不偏愛不倚重，眾生平等，用人所長，容人所短

前面講明白了依循本性的待人接物之道。接下來，老子要點明「襲明」的要妙，再往深處剖析，讓我們更通透。依循本性的精要玄妙之處在哪裡呢？

老子講，「故善人者／不善人之師／不善人者／善人之資」。

許多人理解為好人是壞人的老師，見他人之美而學；壞人也可以是好人的借鑑，見他人之不足而自省。我對此理解有疑惑：把這些看作要妙的話，跟本章的前兩層意思沒什麼邏輯關聯。

所以，我們要重新審視。有版本把「不善人之師」寫為「善人之師」，我採用前者的提法。

我把這四個「善」字理解為動詞。「師」，是榜樣，是有成功經歷的情況。「資」，指資望，是有經驗和資歷的情況。

資和師的意思相近，所以現在有師資之說。這樣，對整句話的理解是：善於與人打交道的人，不會偏愛那些榜樣人物。不善於與人打交道的，會對有資歷的人有偏向。這是待人之道，也可以引申理解成管理之道，是把更多的人團結在一起的方法。

建立榜樣人物，初衷可能是倡導大家學習榜樣。偏愛有資歷的人，是為了讓自己有左膀右臂可以推進事務。實際的效果呢？大家並不一定會去學習模仿，或者只是口頭的羨慕，並沒有真學真做，甚至有可能嫉妒榜樣，抱怨憑什麼讓他當頭而不是我，抱怨為什麼「你的心裡只有他沒有我」。如此，就把情況搞得複雜了。所以，老子要講的要妙是什麼呢？巧妙的地方在哪裡呢？

就在這一句，「不貴其師／不愛其資」。不器重成功的榜樣，不偏愛有資歷的人。這與第三章的「不尚賢」、「不貴難得之貨」是呼應的，與第四十九章「善者善之／不善者亦善之」的提法也是呼應的。

　　心中無賢良，只有平等的眾生，對所有人都一視同仁，跟大家等距離交往。弘一法師有云：「君子之交，其淡如水。執意而求，咫尺千里。」人與人的感情，淡淡就好，如此方能維持長久。這樣的情形，只有達到老子「無棄人」、「無棄材」的境界才能做得到。

　　當然，這不是說對待每個人都要做完全相同的事。老子講的是一種方法：錦上添花固然好，雪中送炭更為佳。每個人的優缺點、強弱項不同，發揮好每個人的優勢和強項，盡量不要暴露其缺點，不要用其弱項。知其不可而為之，不是老子的主張。

　　對於這個要妙，很多人卻是「大迷」的。「雖知乎大迷」，雖然懂得「不貴其師／不愛其資」的道理，但是，沒有去這樣做，說明還是沒有深刻理解其中的內涵，還是迷糊的。

　　所以說，依據人的具體情況，知人善任，才是真訣竅啊！

　　對人如此，對物也是這樣的吧。

第二十八章
樸散為器：以樸為原則制定方針政策

知其雄，守其雌，為天下溪。為天下溪，恆德不離。恆德不離，復歸於嬰兒。

知其白，守其辱，為天下谷。為天下谷，恆德乃足。恆德乃足，復歸於樸。

樸散則為器，聖人用則為官長，夫大制無割。

上一章講到，資源有其不同形式不同特點，國君要依循其本性來用好。本章，講另一個處理政務的大道，即以樸為原則制定大政方針。我們從中可以領悟的是柔和樸。

▌一、無論本事大小，柔和謙卑都是必需的

「知其雄／守其雌／為天下溪／為天下溪／恆德不離／恆德不離／復歸於嬰兒」。我們發現自然界有個很有意思的現象。雄性，孔武有力，而且毛髮漂亮、英姿勃勃的，比如非洲雄獅有帥氣的鬃毛，雌獅的脖子卻是光禿禿的；雄鳥的羽毛比雌鳥鮮豔漂亮得多。這是雌雄兩種特徵的獨特組合。而人類卻相反，女人比男人更加美麗，更有魅力。老子不是「外貌協會」的，他講「知其雄／守其雌」不會是從外貌出發的，而是講雄雌背後的剛柔。

雄，是剛強的象徵；雌，是柔弱的表現。

那麼，是誰的雄雌？這是個問題。現代把這句話簡化成「知雄守雌」，忽略了「其」字。一般認為這句話的意思是：知道什麼是剛強，卻能安於柔順，並不去解釋「其」的含義，或者認為「其」是虛詞。

我則覺得，在這裡，老子是在說我們自己要怎麼做 —— 內求諸己。

所以，「其」不是無義字，而是指國君自己，也可以是我們每個人。每個人都是「雌雄同體」，有兩面性的，在這種情況下，還能展示符合道的一面，以此「為天下溪」，就不會離開德行，久而久之，「復歸於嬰兒」，能達到柔順如嬰兒的狀態。

知自己的哪些雄，守自己的哪些雌呢？我想講幾種情形。

有段時間，我看見一張父子的合照——父親身背大山般的貨物，手牽小孩下臺階。他的上身肌肉，展示著氣力，拉著小孩的手，又是那麼溫柔。照片主角是普普通通的人，在他身上，責任、堅毅是雄的一面，親情是雌的一面。不要去放棄這種親情的雌而選擇堅毅的雄。立於再高的位置、再大的舞臺，也要知道親情，不要忘記在親情上的投入和付出。

恃強凌弱、趾高氣揚、尖酸刻薄、拿著雞毛當令箭，則與知雄守雌背道而馳。

有些人，愛恨分明，打抱不平，強硬有力，火氣十足，爭強好勝，不能受絲毫委屈，咄咄逼人，針鋒相對。仗義，眼裡容不得沙子，其有雄的一面，而雌呢？卻不見了。李連杰主演電影《霍元甲》中的霍元甲，年輕氣盛，不停打擂臺，連累全家，最後在鄉村找回自我，戰勝自己的好勝之心，尋回了那份雌——善意、真情、深邃和柔順。不妥當的雄帶來的是不利的結果，所以，雌雄也要講求比例。

那位父親、經歷過苦難的「霍元甲」，能不能「為天下溪」？能。這裡的「為」，我們理解是「成為」的意思，成為天下的溪流那樣。具體是哪樣的？我們知道，溪流，夾於兩山之間，匯聚兩山所有的地表水流。知雄守雌的人，就像溪流能接納萬物，得到大家的認可，大家願意聚在他身邊。

雌，處下、柔和之道也。不是委曲求全，也非一味講求形式上的處下，而是自覺地謙卑。俗話說得好：「低頭的稻穗，抬頭的稗子。」沉甸甸的稻穗，卻是謙恭地低著頭。這樣，久而久之，德就永遠不會離開他了。與德同在，能回歸嬰兒的狀態。

嬰兒的狀態是什麼樣的？在第十章有講，「摶氣致柔／能嬰兒乎」，嬰孩，心無一物，身體柔軟。所以說，至柔，是知雄守雌的目標。

二、無論世事如何紛紛擾擾，我心樸真不曾改變

老子接著講，「知其白／守其辱／為天下谷／為天下谷／恆德乃足／恆德乃足／復歸於樸」。

在解讀這個句子前，首先梳理下文字。有版本增加了「守其黑」、「知其榮」等句子，以做到白與黑對應、榮與辱對應。

歷代有學者認為，這是後人杜撰的。我未增補這些內容。因為，我認為，第一，第四十一章「大白若辱」，白與辱是可以相對應的。第二，《莊子‧天下》引用老子的話，「知其雄，守其雌，為天下溪，知其白，守其辱，為天下谷」。第三，溪、谷，也是相對應的。

搞清了句子，那麼，怎麼去理解這句話？我們逐字逐句來研讀。

「知其白」的「知」，是什麼意思？一般理解為知道、知曉。

我們採用「知」的另一個解釋——為、作。孔子為《易經》作〈繫辭傳〉中講：「乾知大始，坤作成物。」高亨注：「王念孫曰：『知猶為也，為亦作也。』『乾知大始』，謂天之所為是創始萬物。」

「知其白」的「白」，又是什麼意思？《莊子‧天地》

有講：「機心存於胸中，則純白不備。」機心與純白是對立的。

那麼，白的內涵就是純粹和本真。

「守其辱」的「守」，理解為堅守、守護。而辱的意思，可以結闔第十三章「寵／辱若驚」的理解，即被百姓擁戴，是惴惴不安的。「辱」，心中忐忑、心有羞愧的意思。

連接起來，「知其白／守其辱」的意思是說，以純粹的初心做本真的自己，但還是忐忑不安的。都已經很本真了，為什麼還忐忑呢？那是因為對

自己要求高，總覺得還沒做到，做得還不夠好，心中就會有愧疚了。這是有自我要求的展現，「為天下谷」，努力去成為山谷那樣的，能容萬物。

一個對自己沒有要求的人，永遠是迷茫的。對自己有要求的人，則一直在完善自己，會像山谷一樣，吸納各種訊息和知識，那麼就「恆德乃足」了，會具備很好的德行。長此以往，「復歸於樸」，能回歸樸的狀態。

本真、純粹，是人生最偉大的狀態。當鉛華洗盡，露出本來的純、本來的真，未有雕琢，不曾修飾，古樸無華，也會是一抹亮色。

老子在自畫像中說，「俗人察察／我獨悶悶／沌沌兮／如嬰兒之未咳」。正貼合了知白守辱、復歸於樸的意境。萌萌的、呆呆的，何嘗不是一種境界呢？！

「復歸於嬰兒」，有實力，還柔和；「復歸於樸」，做了本真的自己，還自感不足，不斷完善自我。那麼，這兩者有哪些關聯呢？其關聯就在於都是無為，都是處下，這一點是無疑的。

其實還有更多的內涵，比如，嬰兒是柔弱的，而且沒有主觀意識。

他的所作所為最自然、最真、最純、最質樸。這正是道的表現。

■ 三、修心修德是為了治理一方、造福百姓，是為了出山

行事既然修行到了嬰兒狀態，到了樸的狀態了，那麼就到此為止？就不再做點什麼嗎？當然不是，「樸散則為器／聖人用則為官長／夫大制無割」。

嬰兒般的柔弱、原木般的拙樸，都屬於自我修行的範疇。

所謂修行，修在先，行在後，修與行結合在一起，一個都不能少。修心修德是為了什麼？為提升自己，但絕非止於提升自己，而是要讓一個完備的自己入世做事，服務大眾，惠及民生。老子講的「樸散則為器」就是這個意思。這一點，與儒家的修身齊家治國平天下是相通的。

「樸散則為器」，字面含義是說把原木剖開，製造各種可使用的器具，比如桌椅板凳。而器，也有國家機器的意思，所以，引申開去，是指把拙樸的思想廣為散播，作為國家治理的工具。

也就是說，國家治理的理念、方針、政策、制度、措施等都貫穿著拙樸這一個原則。這是「樸散而為器」的內涵。

「聖人用則為官長」，聖人遵守拙樸的原則去治理一方，可以長久做下去，可以做大官。接下來，會有什麼樣的政績呢？

「大制不割」。「大制」，有兩種理解，一是聖人為官後自己的決斷，二是聖人做高官後建議君王發布的命令，也就是法令。

這兩種理解，所表達的意思相近，只是決策的影響面稍有不同。

「割」，害也。不割，就是沒有妨礙和傷害。因為出於無為的執政理念，採用拙樸的治國方略，所以，所有的決策、政策不會對百姓產生任何的妨礙和傷害。

由此，完成了樸從個人理念向國家治理理念的轉化，完成了復歸於嬰兒、復歸於樸的個人修為向社會管理的轉化。

我們每個人，無論身處何方，處於哪個位置，都有自己管理的領域、服務的對象。該怎麼處理手頭的事情？可以給對方什麼樣的服務？老子所倡導的知雄受雌、雌雄有度，以及知白守辱、白辱結合的思想，值得我們借鑑。

柔和，拙樸，你做到了嗎？加油！

第二十九章
無為無執：個人生活從簡，去甚去奢去泰

將欲取天下而為之，吾見其弗得已。

夫天下神器也，非可為者也。為者敗之，執者失之。

故物或行或隨，或噓或吹，或強或羸，或培或墮，是以聖人去甚，去奢，去泰。

上兩章講到，在處理政務上，一要利用好資源，二要以拙樸為指導思想。老子覺得這樣還不夠，國君們還要注意方法。

所以，在本章接著講，以強為的方式治理國家，一定會失敗，國君一定要生活從簡，面對萬千事物，一定要做減法，達到無為、無執的境界。

這能給我們哪些啟示呢？經過人生百態的浸染，已不是那麼純淨自然，離道已遠。現在，打算透過修行，復歸於樸、復歸於嬰兒，這是個人調優的過程，是從強為到無為的修行之法。

本章做減法的治國方式，也可以解答現在的你該走什麼路的問題。

▌一、妄為和控制，只有害處沒有任何益處

老子講，「將欲取天下而為之／吾見其弗得已」。老子認為，想要獲得百姓擁戴而統領天下，用妄為、強行而為的方法，是達不到目的的。「已」，沒有實義。這是老子向國君們提出的忠告。

「夫天下神器也／非可為者也／為者敗之／執者失之」。治理國家，是一件十分神聖的事情，不能妄為強為，否則只會走向失敗。而且，也不能採用控制的方式，否則會失了民心丟了政權。這何止是講國家治理呀！我們的工作，我們的待人接物，何嘗不是如此呢？

哪些是強為、妄為？比如，強扭的瓜不甜，沒到瓜熟蒂落的時候，條

件不具備就硬上，能做好嗎？這是強行為之，肯定幹不成。一直不明白為什麼會出現趕鴨子上架的俗語。鴨子上架，目的何在？鴨子沒有講紀律的習性，怎麼上得去呢？情況不明，不跟著習性走，也是一種妄為啊！又如，好心做壞事，時機不恰當、方式不妥當了，也是不能把事情做好的。意見沒得到大多數的支持，一意孤行，能成功的也沒有幾個。拍腦袋決策、拍胸脯保證、拍屁股走人的「三拍」上司，都是強為、妄為的！

所以說，順應習性、具備條件、講究時機、注意方式、聚合人心，這些都是無為而治的必選項。這正是第八章「上善若水」的「政善治／言善信／事善能／動善時」講的內容。做不到這些，就只會「為者敗之」。

那麼「執者失之」呢？「執」，如果理解成執行、掌控的意思，顯得太褒義了。在這裡，它是與「為」相對的，我們採用它的另一個詞義——控制、把持，多少帶著點佛教執著、執念的意味。

我們都認同這樣一個情況：對方控制慾強，我方會有一種壓迫感，感覺不自在甚至壓抑。如果這樣的人是你的男朋友、女朋友，你會怎麼辦？適當的個人空間沒了，走著走著兩個人就散了。如果這樣的人是你的上司，對屬下要求得面面俱到、事無巨細，需要早請示晚匯報，你又會怎麼看？早就埋下調動離職的想法了吧？！而此類人，要承擔的後果只會是老子講的「失之」。

太極宗師楊露禪有「鳥不飛」的絕技，說的是太極功夫已出神入化，鳥無法借力而飛不起來。我想借用一下來說明這個「執者失之」。如何不執而不失呢？把鳥握於手心，只是愚笨的控制。

攤開手掌，讓鳥飛出去，它還會飛回來，才是高明的控制。

▌二、事情千差萬別，是對我們修行「無為」的考驗

妄為、控制，是不可取的做法。那麼，什麼是合適的做法呢？

那就是與之相反的無為、無執了。客觀地說，我們生活在一個物質的世界，要徹底無為、無執是很難做到的，會時不時有為之、執之的衝動。那麼，究竟該怎麼做到無為、無執呢？

老子先從「物」的幾種形態講起——「故物或行或隨／或噓或吹／或強或羸／或培或墮」。

對這句話的主語「物」，有好幾種理解。有理解成人的，也有理解為「萬物，包括人」的。我們認為，這段文字的主旨，就是講物質對我們的誘惑，是在為描述走向無為、無執的路徑做鋪墊。所以，「物」就是萬事萬物，就是眼前的整個世界。

「或行或隨」，「行」，記載中國文字古時發音的字典《廣韻》有一個解釋，往也，去也。所以，說的是，有的事情會離你而去，有的事情會隨你而來。「或噓或吹」，「吹」，用力呼氣，「噓」，慢慢地吐氣，所以可以引申為，有的事情來得急，有的事情慢慢地來。「或強或羸」，有的事物強大，有的事物弱小。「或培或墮」，「培」，本義是給植物或牆堤等的根基壘土（培土），「墮」，從高處掉落到地上。因此，我們理解為，有的在建設，有的在衰落。

也有版本寫為「或載或隳」（有的還在裝運，有的已經損壞），總之都有點《桃花扇》中的「眼看他起朱樓，眼看他宴賓客，眼看他樓塌了」的感覺。

萬千事物，是我們要面對的對象。其形態各異，是紛繁的、複雜的。針對不同特性的事物，用強為、控制的方式去處理，結果很隨機，腳踩西瓜皮——滑到哪算哪，全憑運氣。遺憾的是，這樣的處理方式，卻是我們常常採用的，當然有的是不由自主地那樣去做。比如，很多家長都有體會，教育小孩，不寫作業時母慈子孝，陪做作業時雞飛狗跳。這就是強為、控制了，而這樣的情況，事後想想，都不是我們想要的。

■ 三、做減法：走向無為的路徑

萬千事物是客觀存在的，其多樣與複雜，並不受你我控制，卻又對我們的內心產生直接的影響。其帶來的益處、誘惑無所不在，帶來的困難、阻力也時有發生，而人有趨利避害的一面，有貪圖享樂的一面。面對複雜的世界，該如何看待？又需怎麼對待？面對誘惑，能經受住嗎？面對困難，能扛得下嗎？這是我們必須解答的問題。如果看待不正、對待不妥？若走向歧途，離無為、無執就甚遠了。

所以，老子給出了聖人的做法，供我們參考，「是以聖人去甚／去奢／去泰」。我們可借鑑的，即要走向無為，必須做減法。

聖人面對萬事萬物時，為達到無為、無執，是怎麼做的呢？

三「去」，「去甚／去奢／去泰」。按現在的說法，就是做減法，斷舍離。

「甚」，一般理解為過分、極端的意思。這樣理解，與前段講物有千面，是沒有關聯的。我們還是連繫上下文來理解。

甚，是一個會意字，從甘從匹，甘是快樂，匹是匹耦，指沉溺於男女歡情。所以，甚的本義是指異常安樂，《說文》釋義為「尤安樂也」。那麼，「去甚」，則是指遠離放縱享樂。我們能想像得到，享樂，確實是讓人陶醉的，誰不想過好日子呢？但是，過好日子也是有限度的。宿醉、吸毒、縱情聲色犬馬、找各種刺激、尋各類的開心……這些醉生夢死的活法，就越限過界了。

要達成無為，必須遠離放縱享樂。

「奢」，是一個形聲字，從大從者，「大者」就是「大戶人家」，本義指宅院大、排場大。那麼，「去奢」，就是指不講排場、不亂揮霍。

關於「去泰」，《論語》裡講「君子泰而不驕，小人驕而不泰」，意思是君子態度安詳舒泰卻不驕傲。我們相信，老子的「去泰」並不是放棄安

定平和的意思。「泰」，也有與「甚」、「奢」相同的意思，指驕泰（驕縱傲慢）、泰侈（奢侈）。那麼「去泰」，可以理解為去掉驕縱傲慢。

這樣看下來，去甚、去奢、去泰，是不聲色犬馬、不住豪宅、不服飾奢華、不暴飲暴食，歸納起來就是一個意思，面對花花世界、世間萬物，不要放縱自己、任性享樂，不要大講排場、奢侈揮霍，不要驕傲、狂妄自大。這是在收斂，在做減法。

那麼，這樣做減法，還能剩下什麼呢？

第一，做減法，剩下簡單的方式。斷捨離，不是不要物質生活，而是不要享樂式的生活。一個人，沉溺於享樂，紙醉金迷，錢包扁了，身體被掏空了，靈魂依然是空虛的，人何以為人呢？

一個領導者、一個執政者，如果安於享樂，必然玩物喪志，甚至走向腐敗墜入法網，得不償失啊！一旦與享樂一刀兩斷了，剩下的就是儉了，只要能滿足基本生活需要就好。欲望止於基本的物質需求，超過了基本需求都是不符合道的。這也是老子把儉視為「三寶」之一的原因吧。

第二，做減法，剩下專注做事。放縱任性、驕傲狂妄者，一定會想著把持所有的事情，也就是執之。這樣的話，注意力會放在哪個人是自己人、哪件事情沒報告這些問題上，心思並沒全放在做事本身上。而如果放下身段，各方的資源得以自主地發揮作用，自己只要掌握總方向，就能很好地把事情做成。

第三，做減法，還剩下內觀自己。做減法後，就會發現時間、精力多起來了。怎麼安排這些多出來的時間和精力呢？該幹點什麼呢？這類問題會很自然地出現在你的腦海中。一種意願——豐富自我、提升自我的意願——會油然而生。閱讀、練字、畫畫、攝影、旅行（不是旅遊）、聽音樂、烹飪……沒有局限。

全在個人價值取向和興趣愛好，慢慢找到那份屬於自己的方式，它會讓人上癮、讓人安寧、讓人愉悅、讓內心充滿力量……跟著老子去修行，

也是其中之一。你在自我修煉，練就通透的頭腦、豁達的氣度，研習與世界打交道的智慧，這會讓靈性充盈你的身體，讓內心越發厚實起來。

那就繼續打開你的心，接納老子的思想體系，接納我們的解讀方式。

第三十章
物壯則老：保持成長性，具備不發生衝突的實力

以道佐人主，不以兵強於天下。其事好。

還師之所居，荊棘生之。大軍之後，必有凶年。

善者果而已矣，毋以取強焉。果而毋矜，果而毋伐，果而毋驕，果而毋得已，是謂果而毋強。

物壯則老，是謂之不道。不道早已。

第二十八章講到「樸散則為器」、「大制無割」，修心修德終為行。第二十九章講到面對繁雜政務，「去甚／去奢／去泰」。

行動起來，就要與外界打交道。如果和諧共處、相安無事自然是好的，但是，也難免出現衝突和矛盾，甚至衝突比較嚴重，就會有軍事行動。所以，用兵，是國家治理中必然有的內容。

《孫子兵法》開篇講：「兵者，國之大事，死生之地，存亡之道，不可不察也。」老子所在的時代，已是兵事頻繁。對於用兵這個事，老子也不可不察。他先後用三章（本章以及第三十一、第六十九章）直言兵事，談看法，講道義。我們不在兵營，可以不聚焦在要不要打仗上，但可以透過研習老子對兵事的看法，去思考處理人事的方法，尤其是與外界有衝突和矛盾時，該如何對待矛盾、處置衝突。這是我們研修本章的重要落腳點。

▌ 一、老子是厭戰的

春秋時期，大的諸侯國為地盤、為霸業，起兵兼併，小國為自保、為防衛，兵來將擋，天下烽煙四起，大大影響民生。

對於這種情形，老子是痛心惋惜的。從本章中也能明顯感到，老子是不喜歡衝突的，是厭戰的。

老子講，「以道佐人主／不以兵強於天下／其事好」。輔佐國君要依道而行，提供的建議，都要合於道，這才是好的參謀、顧問。這樣的好參謀，是不會建議用兵、不會用武力征伐天下的。

這才是做好事。如果一切都遵照道的指引去做，恐怕是不會出現衝突的，也沒有必要使用武力等極端手段了。

對於「其事好還師之所居荊棘生之」這一句話，一般斷句成「其事好還／師之所居／荊棘生之」，理解成如果用兵，很快就會得到報應，部隊所到之處，荊棘叢生，把「還」（歸還的還）理解為報應。我查閱了「還」這個字的本義和引申的意思，都沒有找到「報應」的痕跡，可見這種理解可能偏離了方向。

我重新做了句讀，「其事好／還師之所居／荊棘生之」。「其事好」，這是老子對「不以兵強於天下」的做法表示首肯。「還師之居」，也就容易理解了，即大軍駐紮之地，那就是戰場了。

駐地、戰場占用農田，等到仗打完、撤軍，已經誤了農時，農田不好種莊稼了，「荊棘生之」，野草叢生。更有甚者，「大軍之後／必有凶年」。軍隊打仗，徵用糧草，老百姓手裡的糧食都被徵走了，沒吃的，這光景是無法過好了，饑荒逃難、餓殍遍野、激起民變也不是不可能。這些都是凶年的象徵。

打仗征伐，最終吃苦的還是老百姓。看起來，老子是有民本思想的。打仗的做法，不是老子的選項。

▌二、衝突的處置方式

打則適可而止，勝也不覺榮光不戰，自然是極好的。但是，「不以兵強於天下」，不主動挑起戰爭，不等於不會打仗。人家來攻你，必須整隊應戰，仗還是要打，這一點，老子制止不了，「以道佐人主」者也阻止不了。那麼，不得不打仗，要打自衛反擊戰的情況下，該怎麼辦呢？

首先，「善者果而已矣／毋以取強焉」，適可而止就行，達到目的就收手，不要逞強。要達到什麼目的？以戰止戰，打到對方知難而退，不敢再犯。漢武帝派兵奔襲大破匈奴，讓邊境安寧數十載就是這樣。如果還擴大戰果，無限制地反守為攻，就沒必要了。這就是老子所講的「毋以取強」。

其次，對於戰果，該怎麼看待呢？「果而毋矜／果而毋伐／果而毋驕／果而毋得已／是謂果而毋強」，老子用毋矜、毋伐、毋驕、毋得已表明態度。這種態度，與第二十二章「不自伐／故有功／不自矜／故長」是一致的。取得戰果了，不要當成功勞，不能自誇，不要驕傲，應當認識到打仗只是不得已而為之的，這就是適可而止、不再逞強。這也就是說，保衛戰即便勝利了，也沒什麼好炫耀的，要低調看待。

戰爭，是國與國之間矛盾衝突的激烈形式。人際關係中，何嘗不是也有「戰爭」呢？脾氣不好的人一言不合就打仗，都是不同形式的「戰爭」，只是，這些「戰爭」的衝突小、當量低而已。

老子對打仗的看法、對戰果的看法，對我們處理人際關係衝突是有啟發的。人與人之間對等，不是哪一方的低微求取。

無條件地妥協和委曲求全，只會讓人不當回事，甚至被別有心機的人利用。

所以，有幾個要點要掌握：第一，出現了矛盾，就解決。毋須怕，不必躲，即便有些正面的衝突，也無妨。第二，有理、有據、有節地回擊。方式妥當，不必過激。打在要害上即可收手，給人留餘地。第三，處置過後，不是以勝利者的姿態趾高氣揚，還是老樣子地待人接物。這樣，外界看到的是你的真誠和氣度，感知到的是你的力量和智慧。

■ 三、長本事，減脾氣，才是合乎道的

其實，老子自己也在用兵問題上得到了用兵之外的領悟，他說，「物壯則老／是謂之不道」。

「物壯則老／是謂之不道」這句話，第一眼看到，就覺得很有哲理性，轉念一想，好像有點無厘頭。前面講戰爭，怎麼會突然冒出這樣一個結論？我們這樣來解析。

國家強盛到有實力發動戰爭，算是很「壯」了吧，但無謂地發起戰爭，擴大領土，擴充人口，也會損傷國力，走向衰敗甚至亡國。事物很強後走向衰老的例子比比皆是。花草樹木是這樣，花朵最漂亮的時候，離花期結束花朵凋謝也不遠了。人也是這樣，年過四十，身體機能的下降，自己最能感覺得出來。

物壯則老，盛極必衰，無限制擴充是不合於道的。「不道早已」，不合於道的事情，早該停下來。那麼，合於道的又是什麼呢？老子經常正言反說，我們要反過來理解。物不壯，就不會老，就是合於道的。

什麼是物不壯的狀態？一般理解為柔弱的狀態。這個柔柔弱弱，不是林黛玉式的病態，哀哀怨怨，顧影自憐，讓人憐憫也會被人欺。所以，用柔弱來描述還不夠準確，應當是一種內含力量、表面柔弱的狀態。有如孩童，富有活力，不斷成長，卻氣力有限、思想單純。還如樹枝新芽，剛冒出來嫩得很，卻煥發生機，未來可期。

從這兩個例子來看，物不壯，是持續保持成長但不到壯的程度，足夠強大但不示強、不動武，通俗點說就是長本事、減脾氣。

一個強大的人，往往不是強勢的、咄咄逼人的，相反，他可能是溫柔的、微笑的、不緊不慢的、沉著而淡定的。但反過來說就不一定了，也就是說溫柔的、沉著的人不一定就強大。有本事、沒脾氣的人，別人不敢惹，也不會惹，衝突何來？

所以說，首先，還是向內尋。少林講武禪雙修，武林中人尚功崇德，手上有功夫，但首要看重的是自我要求，是自我修養。

在這一點上，與道是相通的。

我們學《老子》，修行，也是如此。

第三十一章
恬淡為上：以恬淡之心應對衝突和挑戰

夫兵者，不祥之器也，物或惡之，故有道者弗居。

君子居則貴左，用兵則貴右。故兵者非君子之器，不祥之器也，不得已而用之，恬淡為上。

勿美也，若美之，是樂殺人也。夫樂殺人，不可以得志於天下矣。

是以吉事尚左，凶事尚右。是以偏將軍居左，上將軍居右，言以喪禮居之也。

殺人眾，以悲哀蒞之。戰勝，以喪禮處之。

本章繼續講兵事，與上一章表達的意思相同，態度甚至還更加激烈些，因為，在本章中，老子把兵事當成喪事來對待，厭戰心理顯露無遺。既然意思完全相同，也就毋須再深入剖析了，只對內容做下古文今譯。

為了方便理解，我們把文字順序稍微做了調整，這樣看起來更加有條理。

▶ 第一層，講對戰爭的態度

「夫兵者／不祥之器也／物或惡之／故有道者弗居」。戰爭是不祥的，萬物都會厭惡它，何況人呢！有道之人，更加不會去發動戰爭。

「故兵者非君子之器／不祥之器也／不得已而用之／恬淡為上」。戰爭，不會是君子（指小國國君）的選項，只在迫不得已的情況下才會應戰，但還是恬淡為上，看得輕一點，看得淡一點。第二十六章講過「君子終日行不離靜重／雖有榮觀燕處／則超然」，君子與萬乘之王對應，指小國國君，本章的「君子」也是這個意思。小國是無力主動發動戰爭的，卻可能會被拉到戰爭邊緣。這種情況下，不得已去應戰也就可以理解了。

「勿美也／若美之／是樂殺人也／夫樂殺人／不可以得志於天下矣」。

如果這個國君還在讚美戰爭，那他一定有一顆好戰的心，樂於戰爭，無異於喜歡殺人。這樣的國君「不可以得志於天下」，是不能做天下之主、不配治理天下的。這是第一層意思，講對戰爭的態度。

▶ 第二層，講做戰鬥準備，點將出兵

中國，素稱禮儀之邦，做事有規矩。一般而言，吉事尚左，凶事尚右，吉事以左為尊，凶事以右為尊。但，戰爭是凶事，所以，「用兵則貴右」，國君用兵，以右為大。「是以偏將軍居左／上將軍居右／言以喪禮居之也」，將領在君主面前受領任務時，總司令是站在右邊的，副手則站在左邊。這意思是出兵有如出喪，把戰事當作喪事來對待。

▶ 第三層，講作戰

打仗勝利了，該有什麼感受呢？不要美滋滋的！「殺人眾／以悲哀莅之／戰勝／以喪禮處之」，打仗有傷亡，死傷了好多人，應當感到悲哀才是。勝利了，也要以喪禮來對待。

你看，透過文字，能感受到戰爭帶來的痛苦和哀傷，也能看出老子對戰爭的看法。這樣的話，還要打仗嗎？萬千的實例都指向同一點：一動手就都是輸家，沒人能贏，兩敗俱傷罷了。

在本章之中，我們要重點體會「恬淡為上」這句話的意思。

小國之君，實力不濟，人家拿著武器打到家門口，逼不得已拿著武器。事態如此嚴重，來勢洶洶，還能恬淡為上，保持鎮靜和淡定，這是一種什麼樣的心境呀？可見，道在心中，內心很是強大，淡看人生，能臨危不懼！

於我們而言，要保持內心的恬淡，那麼，就與外界和平共處吧！與外界打交道，不是去爭名逐利，也不必高調奢華，適當的方式是那種平順柔和、春風化雨的。同時，與外界的融合併非目的，不需以委屈的姿態去換取融和，為自己留下些空間，內心的自在、個人的自性，不可失去，也不必失去。

與外界和平共處，就不會起衝突，但這不是用來安逸享受的，一定要利用好這個外部條件，保有個人的成長性。沒有衝突的時空，為我們提供了良好的環境與氛圍，可以用於內修，也可以用在外行。只有讓自己成長、增值，無衝突的狀態才能得以鞏固和擴大。

　　最後，也與自己和解吧！我們所面臨的衝突，不僅來自外面，還會來自內心。遇到事情，拿不定主意，權衡利弊又猶豫不決，心裡充滿矛盾、痛苦乃至煎熬，這也是一種衝突。處理內心的這份衝突，是需要跟自己和解的，總要放下些什麼，有所舍才有所取。

　　世界就是這樣的世界，要的是你去適應它，而不可強求世界來適應你。面對內心與外界的撞擊乃至糾結，我們的心，並非不能受委屈，有些事情上你就得受委屈，而且必須受得起委屈。

　　仔細想來，很多時候覺得委屈，其實是你看得不夠全、不夠透、不夠高遠，甚至就是自己出偏差了。那麼，毋須偏執於自己的看法，改變自己，又有何妨？！

　　這是學《老子》後的境界提升。

第三十一章　恬淡為上：以恬淡之心應對衝突和挑戰

第三十二章
知止不殆：行權要適可而止，讓百姓自我管理

道恆無名樸，唯小，天下弗敢臣。

侯王若能守之，萬物將自賓，天地相合，以雨甘露。民莫之令而自均焉。

始制有名，名亦既有，夫亦將知止，知止所以不殆。

譬道之在天下也，猶川谷之於江海也。

再一次回來講道的概念，不過，不像前面章節講的那樣玄而又玄。本章從道的概念講到侯王守道的效用，再延展到知止的道理，所以更側重於應用的層面，更具實際操作性。總體來看，老子在本章是勸誡侯王們在處理政務時、在使用職權時要適時地停下來，不能過度，最好的方式還是守道，讓萬物萬民自我管理。

讓我們逐句分析，慢慢地品味。

▋ 一、任何事物，哪怕再微小，其中都有道

對於本章第一句，有幾種句讀方式，比如「道恆無／名樸」、「道恆無名／樸」。各有道理，比如與第一章對應，「無／名天地之始也」或者「無名／天地之始也」。但這樣的話，與第三十七章「無名之樸」的提法卻不能對應。此外，第四十一章有「道褒無名」的說法。綜合這些詞句，結合本章前後內容的關聯性，我們這樣句讀——「道恆無名樸」。

怎麼解讀呢？這一句的字眼是「樸」，無名是定語。這裡的「名」，與第一章中的「名」是相同的，指被下了定義、做了標注。無名，指沒有標籤化的，所以不受限制。「道恆無名樸」，整句話的意思是說，道一直是無法被標注、不可限量的拙樸自然狀態。

「唯小」，一般版本說的是「雖小」，「雖」與「唯」相仿，也有說二字在古代意思相通。

「雖小」，有轉折之意，涉嫌杜撰。不管怎樣，我們採用「唯小」的說法。「唯」，無實義。「唯小」，講出了道的另一個特點——小。

第二十五章講「吾未知其名／字之曰道／吾強為之名曰大」。

道的別稱是大，怎麼這裡又說是小呢？小字的本義為細碎的沙塵微粒，道小可以有幾個理解：一道微。小，即微，指道是幽遠深長的。二道卑，卑微。第三十四章講「衣養萬物而不為主／恆無欲／可名於小」，道養育萬物卻從不求回報，卑微到讓人感覺不到。三道眾，沙塵顆粒到處都有，道也是無所不在的。我們知道，每個事物都有自身的規律，無論是宇宙規律、自然法則，還是天下大勢、人際交往中氣場的融與斥，抑或意念產生之前的天性、事物運行背後的規律，都可以是道！從這一點來說，哪還用分大與小、好與壞呢？

世間萬事萬物都有道，「唯小／天下弗敢臣」，天下再大也是控制不了這個「小」道的。道，「可以為天地母」，當然不能為任何力量所控制，倒是萬千事物，即便是一茶一飯、一人一事，也有其運行規律，其實是道在主導著這一切。我們常聽到有人感嘆「非人力所能為也」，就是這個道理。這是第一層意思，道無所不在。

■ 二、領導者做表率，下屬才會自我管理

講完原理，開始講應用了。還是延續前幾章的角度，老子在勸告執政者。為侯為王的如果能守道，按照道的方式處理政務，會出現什麼結果呢？對這個問題，老子講「侯王若能守之／萬物將自賓／天地相合／以雨甘露／民莫之令而自均焉」。他講到了兩個方面的情況，一是萬物，一是民眾，也就是人和物，這是執政者的兩大管理對象。

侯王守道，萬物自賓。一般理解成天下都自動臣服於守道的侯王。我認為這樣理解不妥。「萬物」，與「民莫之令而自均」中的「民」相對應，就是世間萬物，可以是一草一木、一屋一村、一城一域，也可以是田地、錢糧這樣的物品。侯王是人，萬物是物，物怎麼臣服於人呢？不得其解。這是其一。其二，「自賓」的「自」是不是自動的意思？連繫本章的「自均」以及第三十七章的「自化」、「自正」，可以明確，不是自動的意思，而是指萬物自己。

搞清楚了這些後，我們就可以理解「萬物將自賓」了。賓的古字形象主人在家中迎接客人，本義是引導、迎接賓客，引申為賓客。「自賓」，是一個表動作的詞，可以理解為自我引導。

什麼是自我引導？給自己加油打氣、給自己心理暗示、給自己定目標、自我約束等，都屬於自我引導的範疇，想法來自自己的本心本性（不是內心喲），然後依著自己的心性去做。侯王守道，居無為之事，行不言之教，不妄為，不擅加干預，世間萬物都會按照自己的規律去運行。

萬物真會「自賓」嗎？老子舉了個例子，「天地相合／以雨甘露」。老天爺下雨與侯王守道、自然無為有關係嗎？當然有關係。如果濫砍濫伐，溼地萎縮，環境受了破壞，就不會有雨露滋潤大地。這一點，在現代已是很容易理解的常識。但老子絕對不會知道雨露形成的科學原理。老子觀察大自然，推測出雨露是天地交合的結果，也就是自然界自我引導的一種現象。

所以，我們理解，「天地相合／以雨甘露」，是老子在舉例說明「萬物將自賓」的觀點。

當然，後世更多地把「天地相合／以雨甘露」與「民莫之令而自均焉」連繫在一起理解，認為意思是不需要老百姓下達指令，天就降下了甘霖，而且很是平均，大家雨露均霑。這樣的理解，破壞了整段文字的完整性，前後沒了關聯，所以顯得比較牽強。

　　我們前面說到，萬物和民眾，是社會治理的兩大對象，也是侯王守道的受益者。那麼，侯王守道，老百姓是怎麼受益的呢？

　　老子講的是「民莫之令而自均焉」。這個「令」，是侯王的命令。

　　侯王守道，不會亂發號施令，因為侯王自然無為，老百姓也不需要上頭的指令，他們就「自均」了。

　　「均」，現代把這個字理解成平均，但這不是它的原意。均，原本是一種製造陶器所用的轉輪，又稱「陶旋輪」。製作瓷器拉坯時，把土放在一個可轉動的轉盤上。這個轉盤，與均相似。

　　《詩經・小雅・節南山》有言，「尹氏大師，維周之氐，秉國之均，四方是維」，稱頌尹氏大官人是大周王室的根本、執掌國家的重臣、天下太平的中流砥柱。均，同「鈞」在這裡從轉輪引申為權柄，再引申到執掌權柄的人，是個名詞。由此去理解，作為動詞的時候，可以是管理、管治的意思。那麼，民「自均」，意思就是老百姓自我管理了。

　　這樣，意思就捋順了，也符合老子一貫的思想。老子主張自然無為，侯王無為而治，這樣的話，天下萬物能自我引導，春耕、夏種、秋收、冬藏，因時而為，按照自有的規則運行。老百姓呢，自己管自己，而且還管得不錯，各自安好，自得其樂，豈不快哉！

　　萬物自然生長，百姓安居樂業，這樣的效果，從何而來的？

　　萬物、百姓自己採取無為之法，肯定是原因之一。還有一個原因，也不能忽視，那就是侯王守道。

　　主管的言談舉止、所作所為，是有影響力的，其風格直接影響到工作走向、文化氛圍和下屬言行。主管把心擺正了，首先做到自然無為，不逆勢而為，那麼，下屬感應到主管的這種心態、導向，心也會慢慢靜下來，內生動力，不需要指令也會做好自己的工作。其間，有沒有搗亂分子呢？下屬會不會懶散不作為呢？我想，只要領導者心足夠正，只要領導者相信更多的人是有善心、有善意的，所帶領的團隊是正能量的，一旦形成了良

性的氛圍，個別搗亂分子、懶政怠政的人，必然無處藏身，要麼改變自己跟上大部隊，要麼離開。

這就是侯王守道和萬物自賓、民自均對我們當下管理工作的啟示。

回到原文。為方便表述，我們把本章的最後一句移到前面來釋義。侯王守道，管理天下的百姓，使之自均，治理所有的事務，使其自賓。對於這樣的情況，老子打了一個比方，也是本章的總結，「譬道之在天下也猶川谷之於江海也」，守道治理天下，就像川谷與江海的關係。這是一種什麼樣的關係？

川谷，是指穿行山谷的小溪。所有的小溪，都將流向大江大海。「小河有水大河滿」，有了小溪才有江海。道就像這些小溪，天下就是江海，有了道，才有天下。這就是侯王守道的終極作用。

▌三、人生最美在適度

上面講到侯王守道的情況。那麼，如果侯王不那麼守道，還有沒有機會回到道的指引之下呢？這樣的機會是有的。老子的原話是這樣的，「始制有名／名亦既有／夫亦將知止／知止所以不殆」我們來理解其含義。

「始制有名」，缺了主語，說的是誰？我認為是接上前面的話，說的是侯王。侯王要治理國家，就要制定各種名義上的東西，也就是各種名頭，比如職務體系、待遇體系、制度規則、工作流程等等。

接下來的話 ——「名亦既有／夫亦將知止」，就要費思量了。

關鍵在對「既」字的理解。既的甲骨文字形，像人坐於盛滿食物的容器旁邊，但已轉頭向後，表示用餐完畢，也就有了盡、終的意思。各類名頭，總是要終了，總會到頭的，所以「夫亦將知止」，要知道休止符在哪裡，不能無限度地「發」頭銜。

本來吧，最高的境界是沒有親疏遠近，也沒有高低貴賤，大家都沒分

別，那就不會離道。但是，國家大了，人口多了，事務龐雜了，要管理好，就不得不做出區別，比如劃分區域，比如建立管理層級。這樣做，並不符合最高境界的道，那麼，其中，還有道嗎？當然有，因為道無所不在。怎麼達到這個道呢？就要知止，適可而止。為什麼要適可而止呢？我們舉個例子來理解。比如，名頭不宜過多。大面積地封官許願，個個都有總監、總經理的名頭，人人都是司局級、都是處座，名頭的價值大打折扣，已經偏離了設置名頭的初衷，作用自然減弱甚至喪失殆盡。又如，有了名頭，你爭我奪的，爭端頻發，局面失控，到這個時候，得在哪？又失去了多少呢？所以，侯王要保持極度清醒的頭腦，必須適時地停下來，要掌握好分寸，不要過度管理。

知止之法是不是一定合於道？不一定。比如，急剎車式的知止、休克式的療法，就不符合道。符合道的知止是在運行過程中掌握好「度」，譬如強度和力度、節奏和速度、社會可承受度和大眾認同度。譬如正如第二十章講到的「蔽而不／成」，小草還在地下時已經萌發，不是臨了才變化。也可以說，如果不能一開始就做到合於道，或者在過程中一時偏離了道，也沒有關係，可以透過糾正回到道的正軌上。在這個過程中，要自我反思，時常地拿出道作為標準進行自我對照。適可而止得恰如其分，剛剛好的適度，即為道。

人生時時處處都存在度的問題。失度則悲，過猶不及。像穿衣服，衣服太小，太緊，自己不舒服；衣服大了，晃蕩得沒了身形，別人看著彆扭。衣服的合體，就是一種度。所作所為、所思所想，也得掌握好限度、拿捏好分寸。

適度，就要懂敬畏。頭上三尺有神明，不要膽大妄為、無所顧忌。作假、謊言、隱瞞事實、不說事實的全部，即便初衷再好，也不可能偉大到哪裡去。

適度，就要守底線。要知恥，不能無限度地拉低人性，需要堅守普遍

原則，需要符合基礎標準。有的時候，看見紅燈繞著走，看似有創新之名，卻隱藏著更大的失度。

適度，就要講規矩。規矩是言行合理的保證。不必囿於規矩，情急之下也可「將在外，軍令有所不受」，卻不可因此例外而不守規矩，更不可踩紅線、破規矩。

適度，就要有分寸。做事也罷，言語也罷，都恰如其分、不偏不倚、見好就收。

適可而止，展現的是素養。懂得對不對、該不該、好不好的標準，分得出義與利、公與私、是與非的差別。這展現的就是個人的素養。

適可而止，展現的是修養。看得懂人性，找得到平衡點，收放自如，進退有度，處事不失其道其理。這是一份優雅的涵養。

適可而止，展現的是風度。怒不可遏時化解，強勢之下能寬容。事不做絕，話不說盡，留有餘地，盡顯翩翩君子的古風。

這些，是跟著老子去修行後能練就的功夫。

第三十二章　知止不殆：行權要適可而止，讓百姓自我管理

第三十三章
自知自勝：達明之人一定自知、自勝、有志、有追求知人者智，自知者明。

> 勝人者有力，自勝者強。
> 知足者富，強行者有志。
> 不失其所者久，死而不亡者壽。

本章，八句話，句句經典，也都耳熟能詳。本章延續著前幾章的角度，老子繼續勸告侯王，要注重個人修養，提升個人的精神境界。八句話，老子都給予了讚許和肯定，但是，他倡導的不是八個觀點。八句話，是兩兩成對的，寫明了四種情形，分別有一種（只是一種）傾向。

這四種情形，是做成事的四個步驟。第一步，知彼知己，做足準備；第二步，出山做事，與人打交道；第三步，事情做到一定程度；第四步，做成做久。其實，這也正與人一生中的四個階段一一對應，一是學習階段，二是爬坡奮鬥階段，三是中年平臺期，四是退休養天年階段。

為便於領會原文帶來的啟示，我們暫且放下治國理政的角度，而從做成事情、創造美好人生的角度來解讀。

■ 一、懂人性誠可貴，明心性價更高

剛才談到，本章的四個情形，是做成事情的四個步驟。第一個步驟，是準備做事。在這個階段，必須先搞清楚要做什麼樣的事情，要跟什麼樣的人打交道。

事情是靠人去做的，所以，人，顯然是重中之重。這也是知人和自知的重要性所在。從某個角度看，與自己、與他人打交道，貫穿一個人的一生。

「知人者智／自知者明」，字面的意思很好理解。懂別人的人，有智慧。了解自己的人，才靈明。

知人，一句「我懂你」，可以拉近心靈的距離，可以消除誤解。這樣做的人，當然是聰明人。但知人，是知人的什麼呢？

氣場接近的人，從小玩到大的人，相對容易知人，其他情形下，是不那麼容易做到「懂你」的。而且，客觀地說，不太可能了解他人的方方面面。那就需要抓重點。抓哪些重點呢？第一，知人的優點。老盯著他人的弱點和缺點，容易門縫裡看人 —— 把人看扁，也容易看輕人，暴露自己的傲慢。常看到他人的優點，即便此人有不足，也不至於排斥，不至於厭煩，容人之心自然生成。第二，知人的性情。辦急事，不會去找慢性子的人做，否則只會急煞自己。夏蟲不知道有冬天，當然不能「與夏蟲言冰」。

牛頭不對馬嘴，硬是要配對，只會碰一鼻子灰。這幾點歸納起來，就是要看清人性。對方什麼風格、什麼喜好、什麼脾氣、什麼想法、什麼需求等等，都是人性的部分，都需要去了解。

自知，又該知點什麼，才能算得上明白人呢？一個人要了解自己，其實挺難的。我們大多有這樣的經歷：有時候自己的一個想法會嚇著自己：為什麼會冒出這樣的想法呀？自己都搞不明白。在某些特殊時刻，自己的力氣突然增大。這些經歷都說明，人是多面的、是立體的，平常和特殊情況下、人前和私下、顯性和隱性，會有不同的表現。人就像座冰山，海面以下的部分更大、更神祕。皮囊之下，會有幾個你呢？你又了解其中的哪幾個呢？

既然自知無法做到全面，那還是要抓關鍵。第一個關鍵，是了解自己顯性能力的界限。在能力範圍之內做事情。能力邊界突破一點，也無不可，而大大超越自己的能力去做事，只是賭徒心理，大多是妄為。第二個關鍵，了解自己的短板。每個人都有缺點。但在成人的世界裡，一般不會有人直截了當地指出你的缺點。當然，能明確點明你不足的人，要麼是家

人，要麼是貴人、真朋友，都值得珍惜！所以，要完善自我，個人的內省很必要。吵架鬥嘴撕破臉時說的話，只要不是惡意中傷，也值得好好想想，有則改之無則加勉。而人同樣需要自信，為什麼自己的優點不是自知的關鍵呢？那是因為看多了自己的優點，容易高估甚至誤判。總體上說，高看他人一眼，低看自己一眼，有利無害。

自知的核心是知心性。處置事務，歸根結柢要靠自己掌握。

對自己有一個合理的、正確的認識，才不會傲慢、不會浮躁、不會妄為。所以，個人的心性，達到通透、洞徹、清澈的狀態，是做成事的首要前提。哪些是心性？計較什麼、在乎什麼、標準是什麼、底線是什麼、三觀是什麼，都在心性之列。

知人和自知、人性和心性，哪個分量更重呢？「知人者智／自知者明」，兩句話，都是四個字，但智、明二字，已分出了高下。智，屬認知層面，是後天得來的，是向外求索而來的。

第二十七章解釋「襲明」時講到，明，是知道亙古不變規律的通透和豁達，這是心性的層面，是洞徹而靈明的狀態，是向內探尋而得的。宋代蘇轍〈讀舊詩〉有云：「老人不用多言語，一點空明萬法師。」明相較於智，更勝一籌。所以，老子覺得知人很重要，但更加看重的還是自知。

▌二、勝人是外在力大，勝己才是內在強大

全部準備好後，就要開始做事情了。我們做事情的初衷是什麼？是為了打敗別人？一定不是！淺層來說，是做成事情；深層來說，是過好人之為人的這幾十年時光，讓人生精采。何為精采？老子的衡量標準不是名、不是利，而是內心的充實與富足。就像兩彈一星功勛，苦幹驚天事，深藏功與名，個個都有十足精采的人生！因此，老子的觀點是「勝人者有力／自勝者強」。

「勝人者有力」，戰勝他人，看誰的拳頭硬，只能算是力氣大。對大多數人來說，打架不是常事，卻也會時常想到甚至用上各類「拳頭」，比如勢力、實力。市場競爭拼價格，職場競爭也有招招見肉的狗血劇情，靠拳頭爭勝，結果會如何呢？

殺敵一千，自損八百。霸道之舉，早把為而弗爭丟到了九霄雲外，這不是老子的「菜」。

不可否認，靠拳頭打出來的，確是「有力」的，但會是強者嗎？不是。老子認為，「自勝者強」，只有自勝的人稱得上強者。強，是超越物質層面的，是軟實力的「硬」，是高版本的軟體。

但是，勝人容易自勝難。王陽明是跨界儒釋道的達人，他說「破山中賊易，破心中賊難」，就是這個道理。那怎麼算自勝？

第一，克服心中的怯，戰勝自己。心中的怯來自哪裡？前方黑漆漆一片，對外界難有感知，所以膽縮，即怯來自未知。此外，還來自內心的虛，心裡沒底。所以，要多了解世界，多累積底氣。

第二，克制心裡的魔，超越自我。心裡的魔，形式是多元的，比如不健康的思維、不良的生活習慣、不合理的訴求、不現實的想法等。而所有的魔，歸結到一點，就是私與欲。破私、去欲就是對自己的超越。

怎麼做到自勝？無外乎這麼幾個途徑：讀萬卷書，夯實自己，讓底子厚實起來；行萬里路，了解外面的天地，讓見識開闊。內省自檢，向心而問；「人在事上磨」，世事洞明皆學問，人情練達是文章。總之，把看不順眼的人看順眼，把不順心的事想順心，這種豁達，是自勝過程中的一大步。

自勝的終極目標是什麼？我認為是回歸本心，心性澄澈。

在這個紛繁的世界中，不被外界誘惑擾亂心性，不由感官欲求主導人生，超然物外，得失有度，塑造有趣的靈魂，創造精采的人生。這就是高階的自勝。

三、人生中程要堅持志向

做事情，走完了前兩步，第一步，知彼知己，做足準備；第二步，出山做事，與人打交道。接下來是第三步，事情做到一定程度。

從做事本身看，透過前面自己的努力、他人的支持，事情順利推進著，也可能取得了階段性成果。我們都知道，「行百里者半九十」。在中程階段，怎麼看，怎麼辦？對於這樣的問題，每個人的考慮會有所不同。老子則講，「知足者富／強行者有志」。

對於這句話，後世多按字面意思理解為：知足感恩才是真正的精神富足，努力求取（或者說強力踐行道）才是志向遠大。

這樣的解釋，第一，與前後句沒關聯，與整章核心思想不合。第二，正如「知人」與「自知」、「勝人」與「自勝」相對，「知足」與「強行」也該對應，但從剛才的理解看不出這種對應關係。第三，富是精神富足，有志指意志堅定，都是精神層面的，展現不出「智」與「明」、「有力」與「強」之間的那種差異性。所以，知足感恩的理解可能是引申的意思，不排除偏離老子原意的可能。我們另闢蹊徑，重新詮釋。

本章開始時提到，四個做成事的步驟，也可以對應人生的四個階段。為便於理解「知足者富／強行者有志」，我們要從中年平臺期的角度去講。「知足者富」，是講物質上的殷實。足，有滿足、充足、富裕、止的意思。富的本義是完備，也就是不缺任何必要的東西。累積了財富，什麼也不缺，足夠過上好日子。

是呀，經過一個階段的爬坡奮鬥，十幾年甚至數十年的打拚，有房有車，生活無憂，職權傍身，事業小成。但這個時段，人有點疲乏了，職業天花板逐漸顯現了，上有老下有小的壓力也在增大。另外，還可能有心靈雞湯的滋潤，聽到佛系的勸告，心態、狀態慢慢發生著變化，會時不時地冒出休息一下的想法，容易滿足而停步，不想再去打拚了。

然而，這個階段的物質殷實，這個階段所謂完備的人生，並不是完美的。老子更加倡導另一條路，就是「強行者有志」，對繼續堅決行動的人做了加持。人生中程，還沒到結束的時候，雖然已經有些累積，雖然可以稍事休息，還要有志，要盯著目標，繼續堅定地走下去，不要按下休止符，要繼續向前奔跑。這樣的人鬥志高昂、志存高遠，值得按讚。

人生如此，做具體的某個事，也該是如此的。堅持不懈，才能把事情做到底、做成功。這是第三句話給我們的啟示。

▌四、有追求的奮鬥，才能成就高品質人生

經過了準備階段、奮鬥階段，依然鬥志昂揚，打定主意，堅持下來，把事情做完。到了這個時候，大多數情況下是要總結一下的，要麼寫個總結報告，要麼開個總結大會。人生一輩子，奮戰到底，到了暮年，很多人也會開始放電影那樣「憶往昔崢嶸歲月稠」，有的跟同輩「遙想當初要是怎麼怎麼樣」聊天，有的給晚輩講「當年我怎麼怎麼樣」，故事成篇，還有的人把經歷寫成了回憶錄。

這些總結、回憶，都是自己留下來的東西，雖然不一樣，但不外乎兩個方面，一是當時的細節，當屬「紀錄片」性質；二是經驗教訓，算作「電影評論」。大家會發現，能穩穩當當地做長做久，靠的就是「不失其所」，不能久做或者沒做成的，教訓都在「失其所」。「所」，處所，也有方法、道理的意思。

也就是說，從來都是在自己的位置上，從來不失位，在其位謀其政，而且是一直使用妥當的方法（尤其是道），善建善行，沒有失誤和紕漏，自然就長長久久地做下來了。這就是「不失其所者久」。

多長時間算久？幾年、幾十年，總之還是有時限。而老子提出了一個更高的標準──「壽」，壽命的壽，意思是久遠。

老子講，「死而不亡者壽」，「亡」，通忘記的忘。即便身死了，也沒有被遺忘，這才是久遠的存在，這正是通常說的永垂不朽、長存不已。

的確，做得久並不一定會留在人們的記憶中。退休後幾年，大家對他做了什麼就開始遺忘了。能永存的，要麼是大事件，要麼是好經驗，要麼是思想，《老子》即是。也有人會想到先烈的功勳不朽，那則是精神的不朽，也是群體代表的不朽。從這些例子中，我們能感受到細微的差異。差異主要在於不朽的範圍和影響面，有的只存在於某個領域，有的能存在於廣大社會；有的是個體的永存，有的是群體的永存。差異是客觀存在的，但我們不必有差別心，它們的共同之處都在久遠地存在。

久與壽，似乎都是外界給予的評判。透過對本章整體的理解、前後的連繫，我們知道，做事情，不是為了外界的評價，初衷來自自知、自勝，終究要去往的也是自知、自勝，成就人所以為人的一生。

久與壽，還能給我們其他的啟迪。久，相對於壽，是短暫的，有如當下與長遠。做在當下，成為流行語。其中，有扎實做事、踏實耕耘的意味，也有鴕鳥心態、迴避矛盾的一面，還可能隱藏著不敢抬頭看路的無奈。我們要正確地釐清做在當下的真正內涵，趨其利，避其害，這需要我們把深謀遠慮和務實勤奮結合起來。「先過了今年再說」的想法和做法，是不符合道的。

此外，久是具象，壽更抽象。人是要有點追求的。排市場第幾、名多高、利多厚，這些只是目標，不在追求範疇之內。所謂追求，帶著境界、層次、意義的味道，煙火氣並不多。一件一件事去做，是有價值的，這點不需要去否定。同時，在有追求的前提下的創造、耕耘、奮鬥，以及由此產生的業績、功勞、榮譽，才是高價值的。我們要的不是為生存而努力，而是有追求的奮鬥。我們不排斥目標，但我們更倡導意義。

話已至此，想來已覆蓋了做事的整個過程，也窮盡了一生，但還是需要補充上一句。老子講了對外的求索，有進取，有鬥志，也傾向於自知、

自勝的對內探尋。在過程中，不能忘記一點，那就是始終遵循自然無為的原則和方式，一舉一動皆順應道法、合乎自然。

有句話是這樣說的：「凡事念念不忘，必有迴響。因它在傳遞你心間的聲音，綿綿不絕，遂相印於心。」人生精采，貴在自修自得、自習自治。

讓我們帶上沒有煙火氣的靈魂，去創造煙火氣！

第三十四章
以不為大：既謙下也助人，能成就自己

大道氾兮，其可左右。萬物恃之以生而不辭，功成而不名有。

衣養萬物而不為主，恆無欲，可名於小；萬物歸焉而不為主，可名為大。

是以聖人之能成大也，以其不為大也，故能成大。

國君們要把國家治理好，讓老百姓過上好日子，要有一個出發點，就是「以其不為大也／故能成大」。其中，也蘊含著對個人修為的啟示。

前一章講個人修為，講要自知、自勝、有志、有追求。本章再增補一種好的特質 —— 謙下助人而且不居功。其中要注意兩點，第一，不只是個人功成，更要助人；第二，不只是內聖，還要展示出謙謙君子的一面，客觀上成就強大的「帶貨」能力，成大事。

▌一、萬事萬物都要循道而為

我們已經知道，道是無所不在的。在本章，老子再次強調了這一點，「大道氾兮／其可左右」。放水漫灌，整片田地都受滋潤。大道就像這樣，廣泛地存在著，前後左右上下都有它。

道不僅無所不在，還作用無限。萬物「恃之」（依靠它）才能生長，才能功成。透過前面的研學，我們對這個觀點應該已經有了理解，所以不再贅述。

需要指出的是，這裡是站在萬物的角度去講的，而不是站在道的角度。這個萬物，是千萬類的動植物，也是千萬種的事務，還是千萬個人。世間一切都依仗於道，受到道的衣養。也只有依託於道，才能成功。萬物總結自己的功成，一定能意識到道的作用，所以，會越發地相信道，越發地心向於道，聚集在道的周圍。這就是對道的皈依了。

▌二、對待一切，道都泰然處之

萬物依託道成長、成功。那站在道的角度，它有什麼樣的想法和態度呢？它的態度很是鮮明，就是三「不」——不辭、不名有、不為主。第二章有講到，「萬物作而弗辭／為而弗恃／成功而弗居」。本章與此相對應。

我們把道擬人化，以第一人稱來說這個事。天下萬物，想依仗於我，那就拿去用吧，我不推託的。用完了，你成功了，我不覺得自己在其中發揮了什麼作用、有什麼功勞。大家都覺得是我養育著萬物，萬物都歸附於我，我沒有覺得自己是主宰者，也不覺得自己是主導因素呀。

創造世界，自稱主宰者，要求大家認同這個主，這是宗教。

道不是這樣的，它客觀上影響著萬物，卻是無聲無息的，不顯山不露水，甚至是默默無聞的。萬物用我，說明我有價值，你成功了，說明你很努力。我還是我，還是老樣子。這是多麼難得的淡定、從容！

在本章中，老子講了道的兩個「不為主」的情形，都是讚賞有加的，但給予的點評還是有些差異的。

第一種情形，「衣養萬物而不為主」。對於這種情況，老子講，「可名為小」，意思是可以把道看作很細小的，命名為小。

道養護了萬物，這是個大事情，怎麼說道小呢？可以這麼去理解：

道雖然養護著萬物，但並沒有干擾萬物的自由生長，萬物很自在，對道的存在是無感的。

深究一下，背後還有一個「恆無欲」。道衣養萬物，卻是恆無欲的。它沒有多餘的念想，不會去想「這個是我的」、「那個本該是我的」等等。被萬物依靠著，那就靠著吧；被利用了，那就利用吧；自己養護萬物，需要付出，那就付出吧。其餘的都沒有放在心上。

看起來，不僅萬物無感，道也是無感的。都感覺不到的東西，自然是小到微乎其微的。這就是道小的緣故。

第二種情形，「萬物歸焉而不為主」。對於這種情形，老子講，「可名為大」，意思是可以把道看成很偉大，命名為大。

在第二十五章，已經提到「道大」，後面的第六十九章還會講「天下皆謂我道大／大而不肖」，講的都是同一個意思，只是看的角度有所不同。本章的角度是怎樣的呢？眾生、世間萬象，每時每刻，都是以道為依歸的。道是萬物最終極的支配力量，沒有道就沒有萬物。這是何其大的事情！道的地位很高大上，受萬民敬仰，可君臨天下。大家都把道往老大的位子上推，但是，道還是不為主，不以大家的成績為自己的功勞，一再退讓，不做老大。這是有氣度、要胸懷的！

看起來，道十分重要，還很高大偉岸。這就是本章講道大的角度。

道小與道大，會不會矛盾？不會。道小，是萬物看道，不曉得道之存在。道大，是我們作為第三方看道，知曉道的重要。

道，總是在細微處展現它的大，總是在簡單中展現它的重要。

而無論如何，都見不到一絲一毫道自己的角度。

▌三、要成大事，不能以自我為中心

理論終是要去實踐的。道大、道小的原理，要怎麼應用到具體事務上呢？老子歸納為聖人「以其不為大也／故能成大」。這段表述有幾個版本。我們引用的版本，明確地把「聖人」寫為主語。

聖人，不會事前設定好遠大目標，但客觀上是成就大事的，當然，也可以世俗化理解成當上了大主管。這個客觀效果是怎麼來的呢？因為聖人不為大，不會認為自己是大的。也就是說，把自己定位在小的位置，謙卑地為人處事，最終成了大主管，成就了大事。這與第七章「聖人後其身而身先／外其身而身存」是異曲同工的。

哪些情況是為大的？比如，妄自尊大，自認為很拽。又如，骨子裡自

以為是，認為自己一貫正確、高人一等。這與不為主顯然是背離的，其中的弊端顯而易見，所以要不得。

不為主，就是為客了；不為大，就要為小了。怎麼做到為客、為小？我覺得可以抓住兩個核心。第一個核心是不以自己為中心。即便有實力，即便處於優勢，也反主為客，把他人放在主位，聽聽他人的意見、需求，去配合，去協助。而且，這一切，不是以占有、炫耀為目的，而是頂人一把、幫人一下之後，消失在茫茫人群之中。第二個核心是謙卑。謙卑，不是假裝的，而是發自內心的，也不是人前人後兩個樣的，而是時時處處的。

這是聖人的做法。我們普通人、凡人，能做到「不為大／故能成大」嗎？

可以這樣來看這個問題。聖人，不要理解成高不可攀的人，其實他也是凡人。只要有境界，或者有風範，或者是高尚的、有精神追求的，是脫離了低級趣味的，就是聖人。

我們可以思考一下，哪些東西是低級趣味？自己身上有沒有低級趣味？又怎麼去脫離低級趣味呢？

人皆可為聖人。你我都能做到不為大、不為主。

第三十五章
道淡無味：高舉大道旗幟則天下往

> 執大象，天下往。往而不害，安平泰。
>
> 樂與餌，過客止。
>
> 故道之出言，淡乎其無味。視之不足見，聽之不足聞，用之不可既。

如何應用道，實在是一個太重要的問題。老子已經用了幾章的文字闡釋這個話題。因為實在重要，所以，老子要一說再說，把道理說透。本章，繼續這樣勸告侯王，雖然道很寡淡，但作用無限，在內政外交上都要高舉大道的旗幟。

▌ 一、以道凝聚社會，以無為引領發展

「執大象／天下往」。「大象」，不是動物的大象。象，指形象，有象徵、比喻之義。我們不去深入解析，只需要知道「大象」就是指道。「執大象／天下往」，如果侯王堅守大道，舉起大道的旗子，天下都將歸向他。看來，天下人還是心知肚明的，跟著一個好的領導者，才能過上好日子，所以願意追隨他。如何認定好的領導者？就是要看這個領導者舉的是什麼旗、走的是什麼路。大道，才是民心嚮往的。懂得民心向背，抓住主流的民心民意，就能凝聚人心、人才盡得。這使大家往一個方向看、聚合在一起。但集合隊伍，還只是第一步。

第二步，是要讓大家動起來、跟上來、走起來。那就要繼續實施「執大象」的方針，具體方法是「往而不害」，也就是侯王不亂作為、不妄為，沒有妨礙大家發揮自己的才幹，這樣大家才願意跟上來。我想說的是，其中隱含著一個前提，就是民眾要有相對統一的思維方式、相對一致的行為方式。大家是守道用道的，或者說至少主流的氛圍、風格是守道用道的，

這樣，才算是一支有戰鬥力的隊伍，而不是一支難民隊伍。也只有這樣，才能「安平泰」，實現國泰民安，呈現平安祥和的景象。「安平泰」中的「安」，有人理解為乃、則的意思，這可能是接近老子本意的。

只是大家習慣於使用安字現在的含義，那麼，安、平、泰三個字的意思相近。這樣理解，也沒違背老子的原意。既然如此，我們接受這樣的修正，就當三字同義，所表達的是高舉大道的旗幟，引領大家過上好日子。

▋二、以物質手段凝心聚力，不可長久

我們理解，「樂與餌／過客止」與「執大象／天下往」有對應的關係。「樂與餌」，對應的是「大象」；「過客」對應「天下」；「止」對應「往」。這樣，在樂與餌的前面，可以加上類似的主語和謂語，也就是「侯王執樂與餌，過客止」。

「樂」，讀ㄩㄝˋ，音樂，靡靡之音。「餌」，是粉餅，指引誘動物的食物。樂與餌並在一起，可以理解為各種物質利益和誘惑。侯王如果持守的不是大道，而是使用物質手段，也能讓過客停下腳步，依附於自己。也有另一種理解，「樂」，讀ㄌㄜˋ，樂意；「與」，給予。「樂與餌」，是樂於提供物質條件的意思。這兩種理解，意思不衝突，都可以接納。

第十二章講到，「五色令人目盲／五音令人耳聾／五味令人口爽／馳騁畋獵／使人心發狂／難得之貨／使人之行妨」。感官上的刺激，讓人出現身體和心智上的病灶。本章講的「樂與餌」就在五音、五味之列。用金錢和享樂拉攏人，道心不強的人，時地駐足停留，而不會是「往」，死心塌地追隨。一旦受到其他「樂與餌」的誘惑，就會離開。所以，對於這類人，老子定義為「過客」，他們看重的是利益，不在乎道。我們也常能看見或者聽到這樣的實例，以物質誘惑為黏合劑的團體，談不上什麼凝聚力，最後的結局只有一個——樹倒猢猻散。

老子已經講得很深刻了。如果你是侯王，是管理者，是領路人，會用什麼方式凝聚大家、帶領大家呢？馬雲講，人品第一，態度第二，能力第三。能力大的人、職位高的人，越沒人品，破壞力越大。人品是道的一部分，而在一些企業，賺錢文化盛行，人性中的惡（比如貪念）就跳了出來，會做出些遊走法律邊緣等事情。上有所好下必趨之，那麼，就會有幾隻應聲蟲圍繞，信口開河的、歌功頌德的、吹捧應承的、送錢送物的都可能冒了出來。文化異化、營運扭曲，怎可長久？

■ 三、保持恬淡就是保持道的本味

「大象」和「樂與餌」有明顯的反差。老子比較之後，得到了一個感悟——「道之出言／淡乎其無味／視之不足見／聽之不足聞／用之不可既」。

「足」，理解為值得；「既」，盡也。看也看不見，聽也聽不到，但應用起來作用無可限量。這與前面章節的觀點是一致的。比如第十四章講，「視之而弗見／名之曰微／聽之而弗聞／名之曰希」，道無法感知，但是真實存在。第四章講，「道沖／而用之又弗盈也」，道有無窮的功用。這些都是老子反覆強調的。

而把這些歸納起來，會是什麼呢？是「道之出言／淡乎其無味」。

這是本章的亮點，我們要細細品讀一番。

樂與餌，能讓人享受物質，甚至生活得紙醉金迷、聲色犬馬，實在是有滋味得很。相較而言，大象（也就是道）雖然在實踐中彰顯精采，甚至創造奇蹟，但它看不見、聞不到，本身是那樣平淡無味、枯燥不堪。

道是怎樣一種淡？它沒有優美的文辭，很樸素。它沒有華麗的裝飾，很真實。它沒有躲躲閃閃、遮遮掩掩，很直接。老子為了把道之淡味描述出來，使用的也是最樸素的文字、最直接的表述、最真實的言辭。

如果說魯迅的筆是一把直戳人心的利劍，那麼，老子的文字更像霏霏細雨緩緩滋潤心田。它不是給人打雞血的，只有用心閱讀、慢慢品味，才能一點點地開悟，心扉才會從打開一條縫隙到心門洞開，頭腦才會從點滴的清朗走到通透的徹悟。它也不是下猛藥似的，遵道用道，不會一蹴而就，更像潤物細無聲的春雨，不見氣勢，只是綿綿不斷，卻潤了萬物。

老子在第三十一章講兵事時提到「恬淡為上」，那是在事情來了要處理時的心態。這個心態的起源、本源、根源在哪裡？

就在本章的「淡乎其無味」。淡，是道的本味，守住了本味，呈現出來的也就是那個味。

這份淡，在我們的生活中常可遇見，也值得堅守。莊子在〈刻意〉篇中有云，「平易恬淡，則憂患不能入，邪氣不能襲，故其德全而神不虧」，意思是說保持平易恬淡，憂患進不了內心，邪氣侵襲不到肌體，因此天性完美、精神飽滿。可見，平易恬淡何其重要！

平，是平和。一生之中，百分之五是精采，百分之五是低落，百分之九十的稀疏平常、平淡無奇，很是普通。如果能有蘇東坡「歸去，也無風雨也無晴」的心境，氣定神閒，心是柔的、言是暖的、行是正的，一切自自然然，總有淡淡的輕鬆和安寧相隨。

易，是簡易。心思簡單，無有心機，少有雜念。行為簡單，不摻雜七七八八的東西，純粹專一。

恬，是恬靜。心境是素淡的，「談笑有鴻儒」，「可以調素琴，閱金經」。一言一行、一笑一顰都見雅緻，留下的是淡淡的歡喜、淡淡的憂愁。

淡，是淡泊。保有原樣的本真，沒有多餘的欲求，常是慢慢地尋、淡淡地知。事來則應，事過不留，得則得之，失則失之。

平易恬淡，正合「致虛極／守靜篤」的狀態。與道共鳴，感受如惑之解的通透、如醉之醒的清朗，能尋回內心的寧靜，以及來自心底的歡悅。

第三十六章
柔弱勝強：守弱，不是甘居弱小不強大，而是不斷成長並能保持謙柔

　　將欲歙之，必故張之；將欲弱之，必故強之；將欲去之，必故舉之；將欲奪之，必故予之。是謂微明。

　　柔弱勝強。

　　魚不可脫於淵，邦之利器不可以示人。

　　老子要繼續給侯王們「上課」。前一章講到「執大象／天下往」，這是一條原則。怎麼算「執大象」？老子從生活中得到啟示，就是守弱。

▌一、老子不講權詐，只講客觀規律

　　本章，是千百年來抨擊老子的主要攻擊點。這個誤解，起自韓非子，「發揚光大」則在歷史上各階段的儒家。僅從字面意思看，看起來確實有「天欲令其亡，必先令其狂」的意味，也確實容易理解成老子在講權詐之術。然而，我們知道，老子倡導的是嬰孩般的無有心機。如果照權詐之意理解本章，顯然是不管不顧道家的核心理念，只管閉眼抹黑老子了。

　　那麼，老子在本章講的是什麼意思呢？實際上，他在揭示事物的客觀規律。為什麼這麼說？且待慢慢講來。

　　本章的前四句話是這樣的，「將欲歙（ㄒㄧˋ）之／必故張之／將欲弱之／必故強之／將欲去之／必故舉之／將欲奪之／必故予之／是謂微明」。要正確理解這四句話的意思，關鍵點在對「必故」的理解。「必故」，有版本寫為「必固」，還有版本則寫為「必古」。

　　我們認為，「必古」的可能性更大，其他的都是後來的演繹。

因為意思有相通之處，為便於理解，我們還是採用「必故」的說法。

一方面是字面更容易理解，另一方面，它所表達的意思更接近於對道的理解。我們知道「故鄉」一詞，其中的故，意思是原來的、本來的。我們用這個含義去理解「必故」，就是已然如此，本來就是某個樣子的。

搞清楚這一點，其餘的就非常好理解了。「將欲歙之／必故張之」，打算把東西收起來，它本來一定是張開的。按照現代的表達習慣，我們要反過來說一下這句話的意思，原來是張開的，才會想去收合。「將欲弱之／必故強之」，原來是強壯的，才會變弱。「將欲去之／必故舉之」，本來是有的，才可能去掉。「將欲奪之／必故予之」，原先給予了，才會有拿走的可能。這樣理解下來，沒有見到半點的權詐，只有前後一致、貫穿始終的道，是一種合於自然的協調和順暢。

這在生活中有很多的實例。比如，雨傘是打開的，才會有收傘的動作；花開才會有花謝；手掌是張開的，才可握緊拳頭等等。這些，都沒有刻意的成分，沒有目的性。不是為了握緊拳頭而先攤開手掌，不是為了花謝而開花，不是為了收傘而去打開雨傘。四句話中的八個動作，「張」、「強」、「舉」、「予」不是手段，「歙」、「弱」、「去」、「奪」不是目的，它們所代表的都只是事物所處的狀態。

合於自然的協調和順暢，「是謂微明」，這就是微明。第十六章的「知常明也」、第二十七章的「是謂襲明」都講到了「明」，即大學問，是因學而明理得智。本章的「微明」，就是微妙的道理。

這是老子在生活中得到的微妙大道，也恰與「道恆無名樸／唯小／天下莫能臣」相銜接。

二、柔弱好過剛強

接下來，老子談及本章的點睛之筆。現在比較流行的版本，寫為「柔弱勝剛強」。這可能是後人的「畫蛇添足」。從帛書甲本和乙本來看，中間三個字（「弱勝強」）是相同的。所不同的，一不是「剛強」，只是「強」，這一點不影響原意。二「弱」字前面還有一個字，後世有人認為是「友」字（友好的友），但從字的演變沿革看，應該不是「友」，也不一定是「柔」。

我們不再從文字學角度去考證，只是告訴大家，結合前後句，看作「弱勝強」就好。

對於「弱勝強」，一般的理解是柔弱可以戰勝剛強，勝，是我贏你輸的過程。我們不這麼理解。一方面，「將欲弱之／必故強之」等四種情形並不含有輸贏的意思。另一方面，跟後面一句也無關聯。再有，弱小能戰勝強大嗎？我們還是需要防範阿Q精神的！

我贏你輸，這是後人對勝字的印象。這一印象，也算是先入為主、自以為是的一個例證。其實，它還有其他的含義。在勝景、勝地中，「勝」是優美的意思；〈琵琶行〉中的詩句「別有幽愁暗恨生，此時無聲勝有聲」，其中的勝有超過的意思。

綜合這些意思，勝隱含著好於的意思。因此，對於「弱勝強」，更為貼近道的理解是：柔弱好過剛強。

為什麼這麼說？我們要回到前幾句深入地理解。

四句話八個動作中，「張」、「強」、「舉」、「予」是事物呈現的剛強之象，是起始的狀態；「歙」、「弱」、「去」、「奪」是事物所處的柔弱之勢，是「將欲」的狀態，也就是將要去往的方向，是最終的狀態。看起來，剛強的起始狀態都是要回到柔弱的終極狀態的。我們還記得第三十章講的「物壯則老」，在柔弱中蘊藏著力量，強壯過了頭只會老去。

生活中何嘗不是如此？一味剛強雄壯，處處示強，時時強勢，外界對

其有什麼評價，就可想而知了。而他自己的身心是不是舒服？事情是不是一定做得成呢？答案都不是肯定的。這樣看，會不會感覺到柔弱好過剛強的理解也是有道理的呢？

如果甘守雌柔之弱，情況是否會出現不同呢？老子認為，情況會大不相同的。

■ 三、守弱，不是甘居弱小，而是不斷成長並能保持謙柔

講完道理，還要向侯王們提供一些具體的、可操作的指導。老子的方案是「邦之利器不可以示人」。國之利器，可以是武器裝備，尤其是高精尖裝備，是指向外的，我們不炫耀武力，要做友好鄰邦。國之利器，也可以指國家機器，這是對內而言的，不以強權威嚴對待百姓，要讓百姓自在發展。連繫前面章節的內容，我們知道，這都是無為之法，可以創造有利於發展的國際環境，可以激發國內活力，促進發展。

所以，雖然有代表剛強的國之利器，也不要拿出來示人，也還是要表現得柔軟一點。這一句還好理解。而中間穿插了一句「魚不可脫於淵」，又該作何解呢？我是這樣理解的：魚離不開水，如果脫離適合自己的環境，結果只會是死亡。此外，水也是魚的保護層，魚離開水失去了保護，就容易被抓走。以利器示人，就像魚脫離水一樣，容易「見光死」。對外耀武揚威，到處樹敵，邊境不寧，哪能專注於發展？對內強權治國，民不聊生，亂象叢生，到處堵漏救火，哪有精力放在正事上？談不上發展，百姓生計堪憂，甚至流離失所，失政權、亡家國在所難免。國家如此，一個企業、單位、團隊如此，一個人也是如此。

要再講一講「魚不可脫於淵／邦之利器不可以示人」跟「弱勝強」有什麼關聯。利器，是剛強的一面。不示人，是柔弱的方式。

這是「弱勝強」在內政外交、為人處事上的應用。

弱是怎麼比強好的？弱小、軟弱、懦弱，顯然是不會比強好的。所以，這裡的「弱」不是力氣小、勢力小的意思。那麼，我們要守的是什麼樣的弱？一定是內藏實力而對外柔和謙順，是一把入鞘的利劍，隱去了自己的鋒芒。

魏晉期間，有一本道教類書籍叫《無上祕要》，其中引用《妙真經》中一段文字講到柔弱如水，讓大家歸志於水。我們從中體會一下弱的表現：「水之為物，柔弱通也。平靜清和，心無所操；德同天地，澤及萬物；大無不包，小無不入；金石不能障蔽，山陵不能壅塞。其避實歸虛，背高趣下，浩浩蕩蕩，流而不盡，折衝漂石，疾於風矣；充大無疆，修遠大道；始於無形，終於江海；升而為雲，降而為雨；上下周流，無不施與；消而復息，生而復死。是故聖人去耳去目，歸志於水；體柔守雌，去高就下；去好就醜，受辱如地；含垢如海，恬淡無心；蕩若無己，變動無常，故能與天地終始。」

柔弱的力量，遇強更強。值得慢慢體會。

第三十六章　柔弱勝強：守弱，不是甘居弱小不強大，而是不斷成長並能保持謙柔

第三十七章
鎮之以樸：以樸鎮亂，歸於寡慾

道恆無名。

侯王若守之，萬物將自化。

化而欲作，吾將鎮之以無名之樸。

鎮之以無名之樸，夫將不欲。

不欲以靜，天下將自正。

本章是《老子》上篇（即道篇）的最後一篇。從字面上看，很眼熟，因為對應著第三十二章，都是遵從侯王做表率、屬下自我管理的思路。同時再次講到道的幾個特徵，比如「無名之樸」。

可見，兩章內容是相輔相成的。而細細考究，又能看出各有側重。

三十二章側重於侯王克己。侯王要自己守道，在處理政務時要自己知止。本章則側重於侯王治下。侯王守道、知止，身先士卒做了標準，也可能不見效果。比如，沒人跟進效仿，或者雖然效仿了，也只是東施效顰，學了形式和皮毛，沒有掌握精髓，沒能真正養成習慣。這種情況下，侯王該採取什麼措施呢？老子對這個問題的回答，就構成了本章的重點內容。

對於本章第一句，有人認為，現在的寫法是後人篡改而來的。

更久遠的版本，可能更貼近於老子原作，第一句講的是「道恆無名」。這倒正好與三十二章的第一句「道恆無名樸／唯小／天下莫能臣」相對應，道沒有什麼受限的，邊界很廣闊，覆蓋全域，其本質在樸。而現在的寫法「道常無為而無不為」，已經成了經典話語，大家記憶深刻。

「侯王若守之／萬物將自化」，侯王堅守樸這一原則，就不會干擾萬物。萬物自由生長，自我化育，一切都各應其時、各取其位，平穩運行又相互平衡。一片和諧的景象就呈現出來了。

　　一想到這樣的景象，大家都會覺得美好！

　　但是，萬物嘛，龐雜得很，甚至也可能魚龍混雜。有的自化是遵守規律、遵從規則的，有的自化就可能亂來。所以，就有了「化而欲作」的情況。「作」，發作、造次的意思。比如，天象運行不正常，出現聖嬰現象，洪水、海嘯、旱災頻繁，冬天不冷、夏天太熱。這是天災，也是人禍。人最早本無貪欲，後來貪念多了，經過道的洗禮、侯王的守道治理，倒也有所抑制。但只是暫時被壓住了不能興風作浪，它從來不曾消逝。

　　一旦有機會，貪欲還會復起，所帶來的結果是追名逐利盛行，規則受破壞、社會公平正義受損等。在一個單位，就會出現為了個人賺錢而不顧原則和道義的情況。這都是「化而欲作」的結果。

　　該怎麼辦呢？老子的解決方法是「鎮之以無名之樸」。「鎮」這裡不是彈壓、鎮壓的意思，更貼切的理解是鎮撫，有雷霆之舉，還有撫慰之措。也可以說，在任何時候，即便是亂象叢生的時候，要收拾局面重整山河的時候，也不失於道，仍然以樸實的心、質樸的原則去處置。

　　鎮撫之舉的意義何在呢？「鎮之以無名之樸／夫將不欲」，就是要讓萬物回歸不欲的狀態，也就是沒有過分的欲望。「不欲以靜／天下將自正」，欲望不多了，不過分了，人就能回復虛靜的心態，整個社會也能回到「自正」的狀態。這個「自正」，有版本是「自定」，也有說法是「定」與「正」相通。總之，兩個字都可以理解為社會回到正確的位置、回歸合適的軌道上，與前面的萬物「自化」是相對應的。

　　這是本章全部的內容。接下來我們重點講講欲望和樸治。

　　第三章講到，「是以聖人之治也／虛其心／實其腹／弱其志／強其骨／恆使民無知無欲也／使夫智不敢」。三十二章以及本章的觀點，與第三章一以貫之，展現出老子的樸治思想，即以質樸為原則治理國家。老子認為，治國的根本在於無為，治民的根本在於使民無欲。即便老百姓欲作（要作妖）之時，也要以淳樸和無欲去教化和感化。

經過對三十七章的研習，我們可以感到，欲望是老子思想中很核心的一個話題。的確，如果對欲望不能有正確而全面的理解，人就永遠不能從桎梏和恐懼中解脫出來。所以，我們有必要剖析一下人的欲望。

　　欲望，是客觀存在的，是一種本能。出生就找奶喝，這是人最初的欲望。在欲望的驅使下，人不斷行動，不斷改造世界。

　　原始人想吃得飽點，想每頓都有吃的，就會把捕捉到的野獸拿來馴養，就會在採集果實之後發展出種植。同樣，還是因為欲望，人不斷進取，不斷改造自己。要捕獵，慢慢就發展出長矛；要煮東西，就思索出器皿。在這個過程中，人的大腦容量增加，思維方式走向成熟。所以，欲望是促進人類進化，推動社會發展和歷史進步的動力。這是正向的渴望，也是合理、合適的欲。

　　從總體上來看，欲望並非一定就是壞東西。比如，夢想，也是一種欲望。欲望本身並無善惡，只是在附加上人性因素後才有了區分，有的展示出美好面，有的呈現出陰暗面（比如貪念）。

　　而過多的、過分的欲望的確是個壞東西。其中的標準和界限在哪裡？可以從幾個維度去看，比如與環境的適合度、與條件的適應度、與基本人性原則的貼近度。那些不合時宜的異想天開，缺乏人性底線的需求，都可歸為惡欲。

　　欲望與幸福是相愛相殺的。欲望合適時是幸福的，欲望膨脹時就成了幸福的敵人。所以，對待欲望，不應該扼殺，關鍵在控制。

　　我們知道，老子並不反對欲望，倡導的是少私寡慾，保持低需求。過度的欲望，會讓人被外塵汙染，不能凝神安適。雜念一起，心靈被矇蔽，就不能通透，痴迷、執著、困惑都會湧上心頭。怎麼辦呢？老子告訴我們，要歸根，要致虛、守靜，要凝神聚念在樸上，「鎮之以無名之樸」。什麼是樸？

　　樸，是原初的樣子。未曾雕琢，不染塵埃。

　　樸，是拙簡的樣子。沒有華美，只見本性。

　　樸，是純淨的樣子。自自然然，乾乾淨淨。

　　總結起來，樸就是使異動的心回到穩定，回到虛沖，回到沉靜。心息則去欲，心靈則清澄。

　　這是老子講侯王治國理政策略對我們個人修行的啟示。

第三十八章
居厚處實：內心守住道的意，不刻意於德的形

> 孔德之容，唯道是從。
>
> 上德不德，是以有德；下德不失德，是以無德。
>
> 上德無為而無以為，上仁為之而無以為，上義為之而有以為，上禮為之而莫之應，則攘臂而扔之。
>
> 故失道而後德，失德而後仁，失仁而後義，失義而後禮。
>
> 夫禮者，忠信之泊也，而亂之首。
>
> 前識者，道之華也，而愚之始。
>
> 是以大丈夫處其厚不居其薄，處其實不居其華。故去彼取此。

本章創下了多項紀錄。一是《老子》下篇的開篇之作。因本篇寫德，下篇就被命名為德篇；二是相較於道篇，德篇各章的篇幅普遍較長，本章尤其長；三是本章用了若干德字，又講德、仁、義、禮的次遞關係，因此內容比較繞，理解的難度加倍。

在研學過程中，要讓心靜下來，讓思緒慢下來，耐住性子去抽絲剝繭。

▋一、不看表面看本質，穿透皮囊看內心

我們把第二十一章的「孔德之容／唯道是從」移植到本章作為第一句話。這一句話，言簡意賅地闡明了道與德的關係，因此，造成了承上啟下的作用，承接道篇，開啟德篇。把這句話的意思搞清楚，才便於理解後面若干個德字。

「孔德之容／唯道是從」。「孔」，一般認為本義是洞穴、窟窿，由本義引申出空闊、深遠、大、通達之義。那麼，把「孔德」理解為大德或者深遠通達之德，都是可以的。「容」，作形態解。

　　整句話的意思就是，大德的形態，必須遵從道。

　　也就是說，道主導著德，德遵從於道。為什麼呢？因為德是顯性的道，是道之用、道之功、道之現。這種說法有何證據呢？

　　我們來看「德」的字形。左邊是「彳」，表示「行走」。

　　右邊，最早的字形中是一隻眼睛上面有一條豎線，表示眼睛要看正；後來，豎線演變成「十」字，加上眼睛，看起來就像個「直」字；然後，在眼睛的下面加了一顆「心」。這個字形演變的過程，也就造就了德的三條標準，即正行、正視、正心。

　　我們都知道，磁鐵靠近鐵釘，能帶著它移動。這個磁鐵的磁力，看不見摸不著，但鐵釘能感覺得到，而且很有勁。這說明一個情況，顯性的東西可以受到隱性東西牽引。那麼，對於我們人，是什麼讓我們的行走、觀視、念想端正而不歪斜的呢？

　　其中，有一些隱形的東西在主導。淺層地看，是價值觀，是素養品性。其實，它背後還有一個深層次的因素，是人之本性。

　　從本性到價值觀、素養品性的顯化過程，是本性與外界環境相交合的過程。正所謂「近朱者赤，近墨者黑」，本性受到環境的影響可能就會發生變化。如果無有變異，那是不改初心，此時本性顯現出來的形態就是上德，如果變異了，本性顯露出來的就是下德甚至缺德了。

　　明白這樣的過程，我們大致能理解道是怎麼主導著德、德是怎麼遵從道的，也能明白上德、下德與道的關聯。歸根結柢，德是符合道之法度的心性。

　　要符合哪些道的法度才算是「上德」呢？我們要從最難懂的一句話中找尋答案。原文是這樣的，「上德不德／是以有德／下德不失德／是以無德」。我們把這句話做下拆分，分為三組，相互參照，以便理解透澈：「上德」對「下德」、「不德」對「不失德」、「有德」對「無德」，核心點在「不德」對「不失德」。

按照邏輯關係，三組詞都是對立的、相反的。那麼，對應著「不失德」的「不德」，是否可以理解成「失德」呢？

上德不德，而不德等同於失德，那就是說上德失德了。上德怎麼會失德呢？這是說不通的。之所以說不通，是因為我們只按照字面意思去理解，並沒有看懂其中的邏輯以及背後的意思。首先要確定一點，失德不是我們現代理解的缺德的意思，因為缺德已經走向了德的對立面，不在德的範疇內，也肯定不會是上德。這一點好理解。因此，不德（也就是失德）一定是其他角度的含義，失德失的不是我們現代理解的德，而是某種其他的德。

我們還記得第五章的那句，「天地無仁／以萬物為芻狗／聖人無仁／以百姓為芻狗」，當時理解「無仁」是無所謂仁的意思。

在理解本章的「不德」時，我認為，也是同樣的角度。也就是說，上德不德，是上德無所謂道德的意思，當然，也無所謂不道德。

因為上德符合道的法度，看一切都沒有分別，也沒有執念，把虛靜、謙下、順自然的本性很自然地表現在一言一行中。這樣為人處事，當然是有德的，也就是符合道的。

記得在李連杰主演的經典影片《倚天屠龍劍之魔教教主》中，張三丰現場教張無忌太極拳，張無忌沒記住招式，只領悟到拳意，打敗玄冥二老。這個片段可以用來理解不德，即無有德之形，唯有德之神。失德，失的是德之形，把德之神、德之實保留了下來，有道的本性（起步時毫無目的，順而起），依照道的方式（過程中不曾造作，順而為），有著符合道的表現（結果不曾在意，順而接納）。一切都那麼自然，「百姓謂我自然」，我就是這樣的呀。從道起，依道止，一個完美的表裡如一，畫出了一個完美的閉鎖循環！

同時，也有另外一種情形，就是不失德。這個就好理解了：

總是念念不忘守德，總是把德掛在嘴邊。照老子看來，這是有德之形

卻沒有德之實的。一方面，德是本性，無心之性，處於無意識狀態，不是動心起念而來的；另一方面，德不注重形式，只要依照本性去自然地做就好了。不失德，是不想失去德的外殼，總是想著去對標德，總是想著怎麼做才是有德的，這是無德的表現，當然也是不符合道的。

再用一部電影的情節來幫助理解。李連杰版《方世玉》裡，雷老虎脅迫成親，還滿臉堆笑地說著「以德服人、以德服人」。

非凡臺詞、詼諧風格、生動面容，陳松勇先生成就了這個經典的鏡頭。這是一個不失德進而無德的典型例子。

這樣的情形，在日常中有太多太多。比如，有的人口口聲聲要維護法律，卻破壞法律；職場之中塑造某種人設，私底下卻很齷齪等等。這些都是只重德的形式，沒有德的神韻。其中輕者是下德，重者是偽德了！這都是不合於道的。

對比一下不德（有德之神）與不失德（只有德之形）的情況，可以看到幾個重要的區別。第一，道是不是真的在心中。不只是在心中，還得真的在心中。上德必須心正。第二，有沒有目的性。順應自然的方式，不該有起念、造作，由此衍生出一個更現實的問題——動機純還是不純。上德要的是身正。

這也給了我們一個察人的標準。不要只看他說了什麼，甚至還不能光看他做了什麼，而要看到他的內心究竟是怎樣的。

如果沒有正心，今天跟著你工作的人，明天還會跟著其他人走，因為他們的心中是有目的的。有了目的就有了功利心，那麼，你只是工具和跳板，用過就可以扔掉，還會找其他的跳板。正如此言：「以利相交，利窮則散；以勢相交，勢傾則絕；以權相交，權失則棄；唯以心相交，方能成其久遠。」如果把這裡的「心」改為道，就更加老子化了。

有的時候，有些人的目的也可能包裝成高大上的目標，轉換成個人對組織的貢獻，但是，其中的個人功利心是隱藏不住的。

這已然是失了德、離了道了。所以，我們應重實質，而且必須心正、身正，身心合一。這個一，在正，是道。

■ 二、內心有道，行道於無形

講完觀點後，我們開始講實踐。老子接著講了四種為人處事的方式，「上德無為而無以為／上仁為之而無以為／上義為之而有以為／上禮為之而莫之應／則攘臂而扔之」。這四種方式，是以道為圓心往外擴散出的四層。由內而外是這樣的：

	名稱	行為	心理
上策	上德	無為	無以為
中上策	上仁	為之	無以為
中下策	上義	為之	有以為
下策	上禮	為之	攘臂而扔之

版本穿插了一句「下德無為而有以為」，這是衍文，我們不予採納。這段文字中，有很多的「為」，比如「無為」、「為之」，「無以為」、「有以為」，容易使人思維混亂，要好好整理一下。

我們知道，做一件事情的過程，是先有想法，然後施行，再有結果，最後是我們對這個結果的評價和看法。「無為」、「為之」的「為」，講了兩層意思，一是施行的動作，行為；二是施行的方式，是順應自然的方式還是不順自然甚至逆勢而為的方式。

為，也可以視為「違」。

又該怎麼理解「無以為」、「有以為」呢？平時常能聽到「我以為」的口語，表達自己主觀的看法，其中還帶有點「誤認為」的意思。細細體會下這個口語，我們能感覺到，「有以為」帶有主觀的色彩和內心的活動，雖不一定叵測，但一定有居心。

如此看來，「無以為」就是無心了，無有主觀意念，隨性而來。

我們再深入理解一下。居心是什麼？是主觀意念，帶有目的性。這個目的性，很大程度上表現出來的是個人的功利心。

對這個，老子是明顯反對的。所以，他對「有以為」的幾種形態持否定的態度。

我們從德、仁、義、禮來看看是不是上面說的這樣。

「上德無為而無以為」。有道之人，遵守的是無為而治的指導思想，出發點在無為，應勢而動、順勢而為；對於結果，秉持「為而弗恃／成功而弗居」的看法，不會在意，不會放在心上。

有上德的人，是遵從於道而行事的，那就是「無為而無以為」。

「上仁為之而無以為」。孔子講「仁者愛人」。《韓非子・解老》中也講：「仁者，謂其中心欣然愛人也。」簡單地說，就是內心由衷地歡喜而自然地尊重、支持、保護和滿足他人的需求。

仁愛之人，有付出，這叫「為之」，但這份付出是主動的、自覺的、心甘情願的，沒有刻意不曾做作，所以是「無以為」。

第三句「上義為之而有以為」。「義」是上「羊」下「我」。「羊」是祭品，「我」本指鋸齒狀的長柄兵器。義就是把祭品掛在長兵器之上，意思是公正合宜的舉動。所以《釋名》中講：「義者，宜也，裁製事物使合宜也。」桃園三結義，是守義最經典的例子。三個人結拜成異姓兄弟，大家相互照應，也以此為標準規範和約束自己的舉動，比如關羽千里走單騎，心向長兄，送嫂歸返。我們看到，有義氣的人，有心用承諾、誓詞、盟約或者其他的標準去規範自己的言行。所以，義，已經是自己的居心作為，其中含著「有以為」的味道。

接下來要講講禮。「上禮為之而莫之應／則攘臂而扔之」。

《資治通鑑》有講：「何謂禮？紀綱是也。」這裡說的是朝堂之上的禮，推而廣之，禮是方方面面的典章、制度、規矩。遵守禮制之人做事情，會

採取禮的方法，比如，定制度、設規矩。

結果會怎樣呢？「莫之應」，沒人響應。這就尷尬了。為什麼沒人響應呢？因為這些規矩與「百姓謂我自然」相去甚遠，大家不自在，當然就不會去理會。守禮之人怎麼辦？「攘臂而扔之」，捲起袖子去拉扯，意思是強拉大家去服從。扔，不是扔東西的扔，而是拉的意思。這些動作，顯然有著很大的主觀意願，不僅是「有以為」，而且要動起手來強人所難，基本已到了妄為的程度了。

這樣一路整理下來可以看出，德、仁、義、禮是依次遞減的，主觀意願越強，離道越遠。所以老子講，「失德而後仁／失仁而後義／失義而後禮」。「失」，不應理解成完全失去、放棄的意思，而是退化、此消彼長。

這個邏輯推理進一步強化了我們對「上德無為而無以為」的認知。對於有道之人來說，道已然深入骨髓，融入血液，是腦子裡下意識的東西。他們所有的言談舉止，無心而為，無形無跡，很自然地合於道，真切地達到了我自然的樣子。

▍三、回歸道的原點

「失道而後德／失德而後仁／失仁而後義／失義而後禮」。

從德到仁到義，一退再退，就到了禮的層面。禮強行而為，還約束人性，老子是反感的，認為「夫禮者／忠信之泊也／而亂之首」。

我們逐字解讀。做事言行一致謂之「忠」。「信」，指守時、可靠。

「泊」，有版本寫為薄，棲止的意思。「忠信之泊」，說的是禮有悖於忠信，也就是說守禮就是不忠不信了。結果會是什麼呢？一個字：亂。禮，是亂的罪魁禍首。可見老子完全看扁禮制和禮治，因為其出發點已經失了本性，方式已經離道遠矣。

為什麼因禮會亂呢？我們拿管理來舉例。如果完全依靠制度、規章來

管理，力度是強的，但缺乏溫度和人文關懷，顯得冷冰冰，大家不會心貼心、心連心，看似都在努力，實則沒有全心投入，看似同在一個職場共事，實則是散沙一盤。一個國家、一個單位如果處於這樣的狀態，證明患病已久，亂象就會出現。

我們日常待人也是如此，如果只把規矩當回事，會很正經八百，少了點人情味，與人就有距離感甚至隔閡，大家也就無法玩在一起。待人接物還是得用上自己的心，真心對待，而不是虛情假意。

不止禮為「亂之首」，老子接著說，「前識者／道之華也／而愚之始」。「前識者」，不是指預言家、有先見的人，而是講前面所說的德、仁、義、禮逐級遞減、依次退化這個事情。

這個遞減和退化，只是道的外在表現，意思是道在虛化，逐漸失去道的本質。「而愚之始」，這是要走向愚蠢的端倪呀，會帶來愚蠢的作為和結果。

我們要對前面的解讀做一點回顧和歸納。問題找到了（從德到仁、義、禮的退化），癥結也找著了（離道越來越遠），可見整個社會已經重疾纏身。有病就得治。接下來，就是給社會疾患開藥方了。老子的藥方是「大丈夫處其厚不居其薄／處其實不居其華」。大丈夫，是指有志氣、有節操、有作為的人，不能老守禮，不要出現德、仁、義、禮的遞減和退化，一定要持守厚、實。

何為厚？是忠信，言行一致，要可靠。何為實？大德就是實，回到大德就是居實。

社會已經道德淪喪、人心不古，要做出改造，該怎麼辦？

需要按下回播鍵，從禮這個點往回走，一層一層地回到原點。

首先，回到道義的階段，大家同在一個命運共同體，相互扶持，共同奮鬥，在各種互動之中建立戰鬥友誼，共同獲得益處。然後，上升到仁愛的階段，每個人都做到自己先付出，而不去考慮是否有回報。最後，昇華

到道德的階段，回復本性，少私寡慾，虛靜謙下，順應自然地做事情。這一個療程下來，政治清明，社會和諧，百姓安居樂業。這大概是老子的治國之道吧。

那麼，有個疑問就出來了。既然會出現這麼多的問題，為何不從一開始就不讓這些問題萌芽呢？這是一個好問題，也是一個終極話題，是老子一直期待和想要去實現的。只是，完全沒有問題的情況，實在難以實現，甚至說太過理想化了。事物要發展，一定要借助矛盾這個動力。出現了問題，就去解決問題，事物就被推動向前了。我們要做到的，是按照道的方式，把矛盾控制在合理的範圍內，比如有功利心但無功利主義，有個人的正當欲望但無個人的野心、無私慾的膨脹，有商業的活力但不失人性的純樸，有現代的經濟也能保有良好的傳統和美德等。

這對我們每個個體，能帶來點什麼啟示呢？仍然是強化對保持清靜無為的認識。第一，修行己心，提高個人境界。內心是虛靜的，無私、無妄、無惑、無執。第二，順其自然地按本性、按初衷去行事。這個本性，其中有正心，其中有無心，而不可居心為之，更不能生出功利之心。第三，依循事物的規律不妄為。

同時，把環境氛圍，把與自己打交道的外界調整到自然無為的狀態，讓大家都有近於樸的虛靈。第四，對於結果，不居己有。

這是我對上德的一些領悟。

第三十八章　居厚處實：內心守住道的意，不刻意於德的形

第三十九章
以賤為本：終極之理在於無，謙卑居下也無妨

昔之得一者，天得一以清，地得一以寧，神得一以靈，谷得一以盈，侯王得一以為天下正。

其誠之也，謂天毋已清將恐裂，地毋已寧將恐發，神毋已靈將恐歇，谷毋已盈將恐竭，侯王毋已貴以高將恐蹶。

故必貴以賤為本，必高以下為基。是以侯王自稱孤、寡、不穀。此其賤之本歟？非也。故至數歟，無歟！是故不欲祿祿如玉、珞珞如石。

前一章講到，大丈夫要居厚處實，要回歸道這個原點。那麼，道這個原點該是什麼樣子的？回歸原點能帶來什麼效果？本章來回答這兩個問題。

▌一、得道，對天地萬物、對國家社會都有大益處

第十章「載營魄抱一／能毋離乎」，第二十二章「聖人抱一／以為天下牧」，都提到「一」。「一」歸根結柢，指的是道。

本章提到了五個「得一」：「昔之得一者／天得一以清／地得一以寧／神得一以靈／谷得一以盈／侯王得一以為天下正」，天、地、神、谷、侯王得的「一」，也都是指得到了道。這個「得」，不僅是領悟有心得，也是踐行有收穫。自古以來，天、地、神、人依道而行，都取得了很好的效果。

天空按照規律運行，乾坤朗朗，四季分明。大地按照規律運行，安寧祥和。山谷遵循處下的法則，才會水量豐盛，植被茂密，成為動植物的天堂。侯王守道，不僅「萬物自賓」、「萬物自化」，而且「天下往」、「民莫之令而自均」、「天下自正」，實現「安平泰」，這些都是天下正的表現，侯王

因此才能端坐在大殿中央，穩坐江山社稷。

　　一切都很美好，但同時，老子說，「其誡之也」。「誡」，告誡，意思是警告、勸告，勸人警惕。老子說美好歸美好，但也要有所警惕。要警惕的是什麼呢？警惕出現與美好相反的情況。我們先從最後一個情況，即「侯王毋已貴以高將恐蹶」這一句講起。

　　有版本把這一句寫為「侯王無以正將恐蹶」。這樣，確實對應了「侯王得一而為天下正」，但如此一來，就無法銜接後一句「必貴以賤為本／必高以下為基」，無法理解這句中的貴賤、高下從何而來了。此外，把「毋已」改為「無以」，讀音相近，但意思發生變異，已然不符合老子的思想。所以，我們採納「侯王毋已貴以高將恐蹶」的版本。「毋已」，不得、不能的意思。

　　侯王不能認為自己高貴，如果一直高高在上的話，國將不國。

　　我們來深入地體會下。「普天之下，莫非王土。率土之濱，莫非王臣。」國君身在萬人之上，如果自我感覺良好，很容易傲慢和無視，於是就會脫離百姓，不善待大眾。那麼，「水能載舟亦能覆舟」的情形就要出現了。

　　理解透了這個，就容易搞懂前幾句的警示了。如果人類活動影響到大自然，比如排放溫室氣體，天就「將恐裂」了，天空得不到清明，氣候就會變化無常了。大地受到外力的攪動，比如煤炭開採，失去平靜安寧，地就「將恐發」了，就會塌陷、震動，出現裂縫和採集區塌陷。神明如果為俗事所擾，不能保持虛無，頭腦昏沉，神就「將恐歇」了。山谷如果沒了植被，無法涵養水源，也要「將恐竭」，很快就要失去生機。這些都是從反面說明了「得一」的重要性。

　　所以，道作用於萬物和眾人，成為它們的組成部分，功效很大，萬物和眾人都要依道而行。

▌二、終極之理在無

　　接下來，就不再談天、地、神、谷，只談侯王了。問題也隨之而來。君王客觀上就是與眾不同的，比如地位就是高貴的，這一點不會改變，也無法改變。那麼，他該怎麼做才合於道呢？老子的話，其實已經隱藏著玄機。君王的地位高貴確實不假，但「毋已貴以高」，不能自我感覺高貴，這樣才是符合道體的。

　　所以，老子講，「必貴以賤為本／必高以下為基」。要想高貴，其中的根本在守得住卑微，基礎在屈己下人。「是以侯王自稱孤／寡／不穀」，君王們都稱孤道寡，也貶稱自己是「不穀」。

　　「穀」，是水稻長成稻米的意思。不穀，本意是不結果實，對人而言，就是沒有子女，絕了後，所以與孤、寡並列。君王這樣貶低自己，「此其賤之本歟／非也」，難道他們真的卑賤嗎？不是的，他們還是高貴的。這樣看起來，雖然高貴也得自謙，一旦居高更需處下。第七章「後其身而身先／外其身而身存」，說的是同樣的道理，一定要做到無私，做到謙卑、處下。

　　至此，老子得出一個結論，「至數歟無歟」。這是一個在理解上有很大爭議的句子，爭議點在古字「與」究竟怎麼通假，比如榮譽的「譽」、輿論的「輿」，還是你與我的那個「與」？

　　老子的原文、原意已經不可考，比較流行的版本採用「致數譽無譽」，解釋為最大的榮譽是沒有榮譽。其中確實有道家的味道，但是，似乎又不夠貼切、完美。所以，我們另闢蹊徑。

　　首先看「至數」，也有寫為「致數」。為了理解這個詞，我們要引用《黃帝內經·素問·三部九候論》的部分原文。這段文字解釋了「三部九候」診脈方法的由來。

　　黃帝問曰：余聞九針於夫子，眾多博大，不可勝數。余願聞要道，以屬子孫，傳之後世，著之骨髓，藏之肝肺，歃血而受，不敢妄洩，令合天

道，必有終始，上應天光星辰歷紀，下副四時五行，貴賤更立，冬陰夏陽，以人應之奈何？願聞其方。

岐伯對曰：妙乎哉問也！此天地之至數。

帝曰：願聞天地之至數，合於人形血氣，通決死生，為之奈何？

岐伯曰：天地之至數，始於一，終於九焉。一者天，兩者地，三者人，因而三之，三三者九，以應九野。故人有三部，部有三候，以決死生，以處百病，以調虛實，而除邪疾。

其中講到「天地之至數」，這是指天地間極其精深微妙的道理或事理。這就能理解什麼叫「至數」了。

然後再探討下「與」究竟通假什麼字。我們認為是通歟，作為句末的語氣助詞，有時表示疑問（後接問號），有時表示感嘆（後接感嘆號）。「與」在本章中表示感嘆，我們把這句話做了不同以往的斷句——「至數歟／無歟」。

這樣，可以前後連貫起來，理順其中的含義。君王們稱孤道寡，並非真的卑賤。對於這個情況，老子發出感嘆：所以說啊，這其中有終極的道理啊！那就是無呀！

無，終極之理也。

▌三、無者，非玉非石、亦玉亦石

老子有極強的邏輯思維。講到「至數」，他不曾停止對真理的探索，向思想的更深處推理，得出了這樣一個觀點——「是故不欲祿祿如玉／珞珞如石」。

「祿祿如玉」、「珞珞如石」，中間該是什麼標點符號？一般認為是逗號，解釋為不要做好看的玉石，要做堅硬醜陋的石頭，守住賤、下，表達的是保持質樸。我沒有這麼去理解。我認為，它們中間的標點就是頓號，祿祿如玉和珞珞如石是對仗的關係，不欲祿祿如玉，也不欲珞珞如石。

為什麼這麼說呢？是從前一句的意思延續過來的。本句用了「是故」作為連接詞，可見，與前句有著很強的邏輯關係，是前句自然推理出來的結論。前句「至數歟／無歟」，終極道理在無。無，即沖虛，哪有什麼貴，又哪有什麼賤呢？所以莊子也說「至樂無樂」。這都是一種無分別心的表現。

　　沿著這個思維脈絡，說到美玉和石頭的時候，也是同樣的看法，無所謂是玉還是石。玉好看也珍貴，大家喜歡。石頭粗鄙，無人問津。但是，我們常說的是玉石。玉石、玉石，玉不就是石頭嗎？是玉化的石頭雕琢而來。反過來說，石頭也會成為玉。

　　即便沒有玉化，許多石頭也具有天然之美。所以，不欲祿祿如玉、珞珞如石講的是，沒有玉也沒石，也是玉也是石。

　　這句話中的「不欲」二字其實也很關鍵，甚至可以是重音符號的落腳點。欲，想要的意思，看起來是動了念頭。老子勸告我們，不要去考慮成為玉還是石的問題，讓道成為我們的下意識，日常依道而行，謙卑著，居下些，這已然足矣！

第三十九章　以賤為本：終極之理在於無，謙卑居下也無妨

第四十章
知返用柔：抓住道的運行規律和使用方式，不怕眼下吃虧

返者，道之動。弱者，道之用。

天下萬物生於有，有生於無。

這又是一個講道的概念的章節。如果是德篇在前，道篇在後的話，在德篇第三章就講這二十一個字，實在是會讓人摸不著頭緒，不知該如何去領悟。好在我們已經研習了三十九章的內容，再來理解本章，就相對簡單了。

本章言簡意賅，一定程度上是對前面各章節中談道內容的總結和歸納。我們來逐句理解。

「返者／道之動」。「返」，一般寫為反，為直達其義，我改成了「返」。這句話的意思是，道的運動規律是返。是不是這樣的？回顧一下前面的內容，我們發現確實是這樣的。

一是返回。第二十五章講，「字之曰道／吾強為之名曰大／大曰逝／逝曰遠／遠曰反」。我們用飛去來器做的比喻。這也有點像鏡子效應，比如在人際交往中，你心裡裝的全是真誠、良善和美好，那麼，眼裡看到的、感受到的也是真善美。你對這個世界溫柔，那麼全世界都溫柔了起來。你自覺地對世界好，世界回饋給你的也是美好。這個回饋，不是說一定是名和利，也可能是一個甜美的笑容、一句溫暖的話語，是心靈之間的交互。

這是返的第一個含義：回饋。

返的第二個含義是反覆。第十六章講，「萬物並作／吾以觀以復也」，萬物生老病死，循環往復、周而復始。這也是返的表現。

因此，毋須圖一時，要看長遠，耐得住心、沉得下氣，只問耕耘不求所獲，而收穫自至。這個收穫，也不一定是功名利祿，還可以是心寧、氣順，是對己之心、對外之情的順暢互動。

返的第三個含義是返本復初。「夫物芸芸／各復歸其根／歸根曰靜」，道的起點在心靈的虛靜，最終回到的也是心的虛靜狀態。我們有必要堅定地沿著修心、修己的路走下去，直至找回本心，回歸虛靜。

這是對「返者／道之動」的理解。對「弱者／道之用」，又該怎麼理解呢？

弱，不是軟弱，是柔，內心柔軟、對外柔和、各方柔順；也是下，內有謙卑的心，外有低調處下的處事方式。有如水，「利萬物而不爭」，柔弱好過剛強；似嬰兒，「摶氣致柔／能嬰兒乎」。總之，柔下的做法就是道的施行之法。其中，一是心有正念，常懷慈善。二是按照事物本身的規律法則，不急躁不冒進，有條不紊，內心無壓力。三是不強硬不強勢，不卑不亢，也不對外施以壓力。這大概就是老子所謂的弱的狀態。

那麼，返與弱，兩者是什麼樣的關係？如果把返看作運行規律，把柔看作實施方法，那麼，知返是心理起點，它是內在的觀念；用柔是行為方式，它是外在的行動表現。了解了返的規律，就會自覺地採取柔性的方式。

講了道的兩個特點，接下來，老子講有無。這前後看不出關聯，或者說我們還沒找到其中的關聯，也就只能按文字順序如實地捋下來了。

本章講「天下萬物生於有／有生於無」，與第一章「無／名天地之始也／有／名萬物之母也」是相對應的。對此，我們不能理解為從無到有再到萬物的邏輯次序，因為「有無相生」，同出而異名，兩者相融相通，可相互轉化，而且本就是一母同胞，所以並沒有先後順序。那該怎麼理解「萬物生於有／有生於無」呢？

我們試著用科學眼光來解釋。原始大氣在高溫、雷電等自然條件的作

用下，產生簡單的有機物（比如單細胞）。這是從什麼東西都沒有到有東西但不可感知的過程。爾後，地球環境發生變化，有機物在海洋中歷經漫長歲月，形成原始生命，這就到了可感知可觸及的階段。再經過億萬年，逐漸形成萬物。

其實，科學的天地還是有限的，未被破解的天地更加廣闊。

超越科學以及科學還無法解釋的現象，比比皆是。比如，無論你贊同與否，的確存在著某一種神祕的力量，它可能是無法測知的生物電磁波，可能是至今還沒意識到其存在的某種東西。

總之，我們只需要認知到，的確存在著不可控的力量，它可能影響著、主導著人類和自然界的某個方面。有一種無在作用於我們。我們這樣去說，不是為了迷信或者為了宗教，而是說不得不承認，諸多的無也確實是一種客觀存在。

正因為如此，更需要我們常懷敬畏之心，不可膽大妄為。

保持虛靜、謙卑，是合適的方式方法。人在做天在看，舉頭三尺有神明。雖有唯心的一面，也不失為戒惡向善、去邪歸正的導引。

第四十章　知返用柔：抓住道的運行規律和使用方式，不怕眼下吃虧

第四十一章
勤而行道：道義博大精深，行道也不驕傲

　　上士聞道，勤而行之；中士聞道，若存若亡；下士聞道，大笑之。不笑不足以為道。

　　故建言有之：「明道如昧，進道如退，夷道如纇。

　　上德如谷，大白如辱，廣德如不足，健德如偷，質真如渝。

　　大方無隅，大器免成，大音希聲，大象無形。」

　　道褒無名。夫唯道，善始且善成。

　　老子把道越講越明了，但是，眾人對道的態度各有不同，還是有許多質疑的聲音。有質疑，就得去面對。本章中，老子再次講道為何物，見之何感，用之何效。得出的結論，仍然是道大無邊，作用無限。這麼說的目的，是勸告君王將相們要學道，要以道的方式去治理國家。為什麼是對執政者說的呢？本章有兩個地方可以佐證。第一個，「士」，本義是有擔當的男人，引申為官吏的通稱。做官也有水準上的差別，所以有上士、中士、下士之分。第二個佐證，本章最後一句「善始且善成」。「始」，現代將它理解為開始，古時也通治。可見，勸告執政者的初衷前後呼應，貫穿始終。

　　對這一章內容的理解，大家普遍鑽了牛角尖，從字面上死摳文字背後的含義，希望找到啟發。我感覺，這樣的做法，推演得有點遠了。而這樣的解讀方式，多有刻意的成分，其實已偏離了道的軌道。所以，不妨收回視線，把注意力放在尋找原意上。理解了原意，啟示也就顯現了。這個啟示不一定能以著文準確傳達，但即便是意會，也是極妙的。而這也正合於道的玄妙，或可言傳，更靠心悟。

■ 一、讓思維跟隨道的脈動，觸道、悟道、信道

眾人對道的態度，歸納起來，有三種情況：笑之、若存若亡、勤而行之。老子把不同態度的人歸為三類，一下士，二中士，三上士。這有點像士兵的軍銜，隨著服役時間的增長，軍銜得以提高。如此想來，這何嘗不是修行的三個階段呢？從開始接觸時的懵懂、誤解甚至拒絕、譏笑，到入門後的半信半疑、心靈的震撼、引發自我的思考，再到精進之後的完全接受、充分相信、持續研學並努力踐行。

修行的這個過程，有三點有必要提及。

第一點，修行要靠領悟。這當然與個人悟性有關。悟性是一種智慧，有智慧自然便於領悟，可以花相對少的時間，用相對快的速度去悟道。但這還不是決定因素。決定因素在於領，即是不是有意願被思想帶領。

道家思想是中國文化精髓的一部分，數千年來影響著中華民族的政治，長時期作為治國思想，比如在漢、宋、明等朝代早期都是如此，明清時期在紫禁城裡甚至建有道觀。道學，更揉合了中國人的思維和生活。正因為此，毋須去拒絕它，可以嘗試接受老子思想的牽引，隨著這股思想的脈絡去看一看這片新空間究竟是什麼樣子的。如果內心不願意推門入室，我估計在看到道家思想的大門時，已然認為毫無道理，發出下士般的大笑，也就可以理解了。

下士為什麼會覺得沒道理呢？下士心裡會想，在這個社會，物質利益至上，名利滿天飛。物競天擇，適者生存，競爭是常態，適用的是叢林法則。鑽空子的、違反規則的、口若懸河的、狡詐心狠的、歪門邪道的、有心機的，常能獲利；正派的、老實的、踏實勤奮的，常是吃虧。所以他認為老子這一套思維、方法吃不開，用之也得不到好處。這樣的看法，無異於本心受矇蔽、初衷找不著。他的內心已被功利填滿，沒有空間放置其他，也沒打算推開心靈之窗讓清風進入。在老子看來，這是不夠虛靜啊！

第二點，修行就要真信。騰出心裡的空間打算接觸老子思想，就等於推開了一扇門，走入了一個新空間。看到了新的東西，應該採取什麼方法對待呢？是當知識點去了解、儲存下來？

還是想想其真偽、利弊、合理與否、可行與否，看看是否有可取之處呢？

剛開始的時候，只是接觸其中的一些觀點，聽著新鮮，跟腦子裡已有的觀念、觀點形成了碰撞，會出現質疑，會給自己提問：「真是這樣嗎？」或信或疑，半信半疑，在腦子裡若有若無的。之後，在接觸面越來越廣、時間越來越長、思想碰撞的次數越來越多的時候，就會不自覺地多想一下，並把各種新觀點連繫起來看，漸漸地，他人的觀點就會融入自己的思維體系中，直至改變自己的價值取向。這是一個從疑問到相信的過程。

一旦用新的價值取向處理事情，取得好的效果，會加大相信的力度和深度。相信就成了堅信，堅信就成了全信。而我想提示的唯有一點，就是真信。我們不是做給外人看的，是不是真信，得問自己的心。我們是時刻向內的，要過的是自己的內心關。也只有真信，實行才不會走樣，否則只能是邯鄲學步、東施效顰。

第三點，修行還得信真。我們信的是正念思想。一些戲說、演繹的東西，只會誤導我們的理解。就像透過古裝片去了解歷史，一定會被帶進溝裡去。要了解歷史，應去閱讀正規的古籍，去了解嚴謹的研究成果。而且，不能是碎片化的，必須是系統性的、全面性的。此外，我們接觸正念思想的來源也應該是正途。

道聽途說得來的，只可作為參考。自己去閱讀、去研習原文原作，看研究型的參考書，而不是心靈雞湯，跟著正統的老師做參研、受啟發，才是正途。這樣，才能保證獲得「真經」。

■ 二、體道、行德，能有大效果

老子也是苦口婆心。看到大家意見不一、態度不一，就要再說道說道。他認為，大家態度有差異，原因在於不能理解道的深奧玄妙。「不笑不足以為道」，如果下士都認識、理解了道，那就不是道了。看起來道還是有些講究的。那麼，道為何物呢？老子有話要說。

在理解老子怎麼說之前，我們要先解決幾個邏輯上的問題。

第一個邏輯問題，應該怎麼理解「故建言有之」？一般把「建言」理解為古語或古諺。我們對此提出疑問。引號裡提到三個「道」、三個「德」，如果是古諺的話，那麼，把道描述得這麼微妙玄通，把道與德關聯在一起等內容，難不成不是老子原創的？我們相信確是老子原創。所以，我有另外一種理解，「建」是提出的意思。老子感覺大家的態度不同，所以他要提出自己的看法。這是第一個邏輯上的問題。

第二個邏輯問題，有幾句話是「建言」？也就是說，引號該框住哪些內容？我認為，一共十二句話，從「明道如昧」到「大象無形」。

第三個邏輯問題，這十二句「建言」有沒有表述上的邏輯性？

我認為是有內在邏輯的，可分為三段。前三句講道，這是治國原理；中間五句講德，這是治國行為；後面四句講效果，這是治國結果。在後面解釋老子的話時我再深入地把其中的邏輯一併講透。

首先講道的三條原理——「明道如昧／進道如退／夷道如纇（ㄌㄟˋ）」，讀起來很押韻。老子總結了道的三個特點：明、進、夷，但由於道的深奧玄通，外界感受到的卻是昧、退、纇。這隱含著上士、下士的水準差異，也包含著道的相反相成、相互轉化、陰陽一體的特點。

「明道如昧」，道是明道，看起來又像是昏暗不明的。明明是大學問，知曉道之後人也會豁達和通透，怎麼就昧昧然呢？

我們知道，道玄之又玄，處在混沌的狀態，好像是存在的（「似或

存」），卻「唯恍唯惚」，看得讓人有點眩暈，也就看不大清了。

這就是昧了。

「進道如退」，道也是進道，看上去又像是退避三舍的。

我們一直講，尊道守道用道，不是出世，不是脫離凡俗不問人間事，而是以智慧的方式處理事務。所以，道的立意是進取而不是退卻。但是，這種處理事務的方式，是無為，不妄為不瞎為；是不言，不亂說不胡說；是順其自然，按照規律、次序來；是不爭。

一般人看起來，這樣的方式就是退讓，其實不然，它是一種入世的智慧。

「夷道如纇」，道還是夷道，看上去又像有許多的瑕疵。

道就是遵循規律。這在原始時代是普通得不能再普通的做法，只是現代的人遺忘了這個初心，人為地把道看得太高大上了。

也正因為如此，以現代的觀念去看待道，總是覺得好像有很多的瑕疵。一個得道守道之人，一直是虛靜、謙下的狀態，給人的感覺也會是有很多的毛病，這是不同視角下產生的錯覺。其實只要做到了順自然，就像開車上了高速一樣，可以一路平坦。

看來，知人知面不知心，看人不能光看表象。知根知底知本質，看事物要看透本質啊！這三條道的普遍原理，要求執政者要看到道既高明又尋常，既有進取之意又有自然之法。似乎也隱含著，道不是空洞無用、高不可攀的。要學道體道，更要守道用道。

道展示出來，就是德了。老子說了四種德 ——「上德」、「廣德」、「健德」、「真德」（質真）。上德是高度，廣德是廣度，健德是力度，真德是質度（品質），可見老子立體思維之強。

「上德如谷／大白如辱」，這與第二十八章「知其白／守其辱／為天下谷」相對應。上德的狀態就像山谷那樣，能容萬物，以純粹的初心做本真的自己。

「廣德如不足」。廣德，是盛德。這已經是高人的狀態了，但是即便如此之高，很信道守道，也還是感覺自己做得不夠好，所以時常反思，不斷提升自我。

「健德如偷」。有寫為建德的，我為直達詞義，改寫成「健德」。什麼是「健德」？

我借用毛筆來理解。毛筆有四德——「尖圓齊健」。其中「健」是指健勁，有彈力而顯書者筆力。德也像毛筆一樣，飽滿而有勁道。那怎麼「如偷」呢？這個「偷」，不是偷盜的意思，有苟且之義，意思是只求安逸。這就好理解「健德如偷」了：飽滿而有勁道，充滿活力，因為遵循規律去做事情，不妄為，看起來愜意慵懶、無所事事，似很安逸。

「質真如渝」。「渝」，現在是重慶市的簡稱，其本義是水變濁。《莊子·雜篇·漁父》中講，「真者，精誠之至也」、「真在內者，神動於外，是所以貴真也」。內在特質是精正的，便是真德。「事親以適」，「不論所以矣」；「飲酒以樂」，「不選其具矣」；「處喪以哀」，「無問其禮矣」，「故聖人法天貴真，不拘於俗」。莊子說的是，真德不拘泥於俗。所以，雖然世道渾濁，但不是看破紅塵，也不是憤世嫉俗，而是保持和堅守內在的本真，與俗世融為一體，正所謂「心中有高雅，言行不免俗」。在外界看來，你跟濁是無異的，所以大家願意親近而不會疏遠。

如果說這四種德行有給我們啟示，那就是在勸告我們——從修己出發，與外界相通相融，順自然地處理事務。

老子對各級官員說道講德，自然要講在國家治理方面的好處。本性有道，心中有德，能造成什麼樣的效果呢？那就是「大方無隅／大器免成／大音希聲／大象無形」。

對於這四個「大」，普遍認為是在講道，專注於剖析文字背後的哲理。這樣的理解，我感覺前後不關聯，有可能遠離了老子的原意。我分析字面意思發現，如果把這四「大」視為對國家治理的益處，也符合邏輯，

並不牽強。

「大方無隅」。「方」的本義是放逐，剃髮披枷，流放邊疆，後來引申為邊塞、邊境，由邊塞、邊境再引申為與中央相對的、各具特色的小行政區域。《淮南子・本經訓》講，「戴圓履方，抱表懷繩，內能治身，外能得人」，大意是頭頂青天，腳踏大地，做表率守準繩，對己修身，仁者服人。這裡的「方」，有土地的意思。「隅」，意思是角落。那麼「大方無隅」，字面意思就是土地大到沒有角落，可以理解成國家開疆拓土，疆域廣闊。

這是遵道行德的第一個效果：國家幅員遼闊，邊境安寧。

第二個效果是「大器免成」。有版本寫為「大器晚成」，從更古老的版本看，老子可能寫下的是「大器免成」。對此，有理解為大器物不可人工合成，以寓道法自然。我另有所解。

第二十八章講，「樸散則為器」，意思是國家治理的理念、方針、政策、制度、措施等都貫穿著拙樸的原則。「器」指國家治理制度和社會管理機制。「免」，止或者脫的意思。「成」，做完的意思。「大器免成」，是說制度、機制一直沒做完，也就是說，還在不斷完善的過程中。國家不斷地調整自己、完善自己，一直保持發展、壯大的活力，由此可以持續地存在和發展下去。

這是遵道行德的第二個作用：內部革新、自我完善，持續發展壯大。

第三個效果是「大音希聲」。「音」，有聲音或者音樂的意思，它還有另一個含義。《管子・內業》講：「凡物之精，此則為生……是故此氣也，不可止以力，而可安以德，不可呼以聲，而可迎以音。」可見，聲與音是相對應的。大意是不可以用聲音呼喚，而可以用心意去迎接。「音」，讀作ㄧ丶，通「意」，指意思、意義。大音，可以指國家的指示、命令。「希」，有止、散的意思，希聲，聲音越來越散。聲音傳得越遠，會變得越輕。

那麼，「大音希聲」，可以理解成國家政令傳達到邊疆，層層傳遞到各

個角落，也隱含著國家廣大之意。這是遵道行德的第三個作用：政令暢通，管治有效。

第四個效果是「大象無形」。「大象」，有認為是講道（與「執大象／天下往」的含義相同），另外也有寫為「天象」的。

其實，「象」還有其他的含義，比如，法制，（《尚書·舜典》「象以典刑，流宥五刑」），曆法（宋代類書《太平御覽·皇王部》有講「欽翼皇象」）。在古代，制定曆法和刑罰是國家治理中極為重要的內容，社會生產實踐中的許多事情都依託於此。由此，對「大象無形」的理解可以是，國家制度融於百業，融入國家、社會的各方面，保證生產、生活的有序進行。

這是遵道守德的第四個作用：百業興旺，社會有序。

那麼，現在可以把四「大」合併在一起來理解了，那就是：

疆域廣袤，邊境安寧，改革創新，持續發展，政令暢通，百姓安居樂業。總之，國強民富、國泰民安，一派美好的景象！這就是老子勸導各級官員遵道行德的原因所在。

這麼理解下來，十二句「建言」，是老子提供的國家治理方案，是給官員的建言獻策。

講完這個，老子還不忘做個總結，以讚嘆的語氣感慨道的偉大 ——「道褒無名」。有版本寫為「道隱無名」，但從古本看，應該是「道褒無名」。「褒」，是襃的異體字，本意是衣襟寬大，有高大、廣大的意思。道不可名，無法用某種名來限制，它是那麼廣博宏大。

正是這樣的道，「善始且善成」。有理解為善始善終的意思。

我們有另外一個解法。始，古義中通「治」。清代史學家錢大昕講：「古文故治與始通，《尚書》『在治忽』，《史記·夏本紀》作『來始滑』，《漢書·律曆志》作『七始詠』，是『治』即『始』字。」

由此可見，「善始且善成」，可以是善治且善成的意思。

以道作為治理國家的指導思想，是正確的，而且可以把國家治理得井井有條、國泰民安。這也再一次明確了本章的初衷和中心思想，即勸告官員體道、守道。

　　其實，我們每個人都是管理者，不論是工作上的，還是生活上的，處理事務就要做計畫、統整、指揮、協調、監督等。

　　我們是否可以從老子國家治理、社會管理思想中獲得工作、生活方面的啟迪呢？

　　你接收到老子從數千年前發出的智慧訊息了嗎？

第四十一章　勤而行道：道義博大精深，行道也不驕傲

第四十二章
損益平衡：萬物發端於道，要辯證地看待事物的多面性

道生一，一生二，二生三，三生萬物。萬物負陰而抱陽，沖氣以為和。

人之所惡，唯孤、寡、不穀，而王公以自名也。

故物或損之而益，或益之而損。

透過研習，心裡不免產生疑問：本章是不是獨立成章的？

本章有沒有根本不存在的可能？

這個疑問是怎麼來的呢？第一，前半段與第三十九章密切相關。三十九章講「昔之得一者」，講「是以侯王自稱孤／寡／不穀」，這些內容與本章前半段完全可以銜接在一起。有可能本章的前半段內容就是第三十九章的一部分內容，因排序錯誤而傳承有誤。第二，後半段則與第四十三章有關聯。四十三章講「天下之至柔／馳騁於天下之至堅」，這一觀點與本章「故強梁者不得其死／我將以為教父」前後關聯，隔斷無益。如此看來，本章有可能是並不存在的一章。

考慮到《道德經》分八十一章的慣例，我們做折中處理。

保留前半段作為第四十二章，後半段內容則併入第四十三章。

▌一、萬物發端於道

「道生一／一生二／二生三／三生萬物」，這是有點中國文化常識的人都知曉的名言，也都理解其中蘊含著深刻的哲理。

我在想一個問題，難不成《道德經》字字珠璣，每個字都意味深長？

會不會後人想得過於複雜、過於玄乎了呢？有如藝術來源於生活，我覺得，老子的哲理也是出自他對具體事情、點滴事物的深入思考。道生一、二、三，也不一定是太極、陰陽、沖氣這些玄而又玄的概念，或許還有另外的可能。我認為，一、二、三是最基本的幾個數。

原始人類對數的朦朧認知是怎麼產生的呢？他們狩獵為生，有時打到獵物，有時空手而回，於是出現了有、無的概念。後來經過漫長的生產生活實踐，對於有，原始人用橫線標注成「一」，然後兩橫就成了「二」，再然後一橫加兩橫堆積成了「三」，兩個兩橫就成上下四橫代表「四」，甚至有了五橫代表「五」。

思維一旦突破瓶頸，思路一旦被打開，就豁然開朗，腦子裡就出現了數的概念，對數的表述也就很快走向完整和全面，多、萬物這些詞自然而然就出現了。

數產生的這個過程，是不是符合一生二、二生三、三生萬物的邏輯呢？如果是這麼個推理法，那麼，「道生一」是怎麼回事呢？要破解這一點，我們需要首先突破思維的局限。

我們的思維大概是被「生」字給帶跑了，或者說給局限了，總以為是生育的意思。其實，「生」的本義是草木破土萌發，後引申為從無到有，出現的意思。《莊子·外物》中講，「凡道不欲壅，壅則哽，哽而不止則跈，跈則眾害生」，大意是，大凡道德總不希望有所壅塞，壅塞就會出現梗阻，梗阻而不能排除就會出現相互踐踏的情形，最終各種禍害也會隨之出現。

「眾害生」的「生」，有起、出現的意思。那麼，「道生一」，有沒有可能是道起於一的意思？

什麼是道？我們細細整理一下。老子講道，有幾個不同的角度。比如，道是客觀規律，遵道就是順其自然，按照內在規律處理事務。又如第四章「道沖……吾不知誰之子也／象帝之先」，第十四章「混而為一」，道

是混沌狀態的宇宙。這個「一」，就是道。由此，我們將「道生一」理解為道起於一，是否可行？

一是道的別稱，道是一個混沌的整體狀態。從這個整體狀態中，分出了二。就像第一章講的有與無同出而異名。有與無，都出自道，這是不是另一個角度的一生二呢？

有人把「二」理解為陰與陽的，證據來自「萬物負陰而抱陽」這一句話。而把「三生萬物」理解為陰陽沖氣而來。「沖」，《說文》解釋為「湧搖」。「沖氣以為和」，認為是陰陽交媾而成均調和諧的狀態，也有人把沖氣當成與陰氣、陽氣相對應的第三種氣。但究竟沖氣是什麼，好像誰也不知道，形狀不僅描述不出來，意會也不一定可以摸到邊。我覺得，在這裡，不僅被「生」字帶跑了，還很難說清其中表述邏輯的合理性。

因此，需要另闢蹊徑。如果「和」字另有所解的話，是不是能重新詮釋呢？《易經》中孚卦講「鳴鶴在陰，其子和之」，「和」，讀ㄏㄜˋ，以聲相應、響應的意思。照此意思理解，「沖氣以為和」就是以湧動的空氣作為響應。「萬物負陰而抱陽／沖氣以為和」這句話就是說，背陰向陽，還有空氣相和，才能讓萬物生長。這與現代說的植物生長條件不謀而合！陰，才有土壤的溼潤，滋潤根系；陽，才有陽光的照射，形成光合作用；氣，才有空氣的流動，提供二氧化碳進行光合作用。這就是在解釋從道到一、到二、到三、到萬物的基本原理呀。

這樣，從混沌的宇宙（道）到萬物的生長（萬物），建立起了足夠的關係。溯源追根，萬物起源也由此講清楚了。

▌二、辯證思維好過直線思維

第二段的文字，與前一段的關聯性不大，或許中間曾有插句。

如果與第三十九章合在一起，則更便於理解。

「人之所惡／唯孤／寡／不穀／而王公以自名也」。人之所惡，王公自名。一個稱呼而已，並不能有損其為王公貴族的實質。

看起來，不要去計較是什麼樣的名稱。王局長和老王，都是指王某某，叫老王並不會把局長的位子給叫沒了。退休前是王局長，退休後是老王，這麼叫也合時宜。要是王某某心有所礙，那是修己尚未成功，仍須努力呀。

重點理解下本章的最後一句話，「故物或損之而益／或益之而損」。字面意思容易理解，損益之間是可以互相轉化的。這樣的例子不勝枚舉。樂極生悲，喜從悲中來，就是如此。我們從中能體悟到什麼呢？第一，損與益是互為依存的，有損則有益，有益則有損。不要只看到一面，要兩面都看到。第二，損與益不是對立的，而是循環的，損可以成益，益可以成損。所以，要有平常心，並把眼光放遠，不看一時一地、一事一物之得失。

其中，存在一個思維方式的問題：到底是辯證思維還是直線思維？兩者的異同，我不打算做學術研究式的、嚴謹的論證，僅透過生活、工作中的一些現象來解析。

如，遇到難題，想的是先過了今天再說，明天會怎樣不去考慮。這樣看不到事物的變化，短視、無規劃。

如，處理問題，為按下葫蘆而按下葫蘆，不去管它會不會浮起來。這種做法中有目標導向，貌似還很簡單直接，看似解決了具體問題，但卻可能遺留下更多的問題，缺乏整體觀、大局意識和綜合性處置。這也不是辯證思維。

如，給沒了植被的山頭刷綠漆，這是做在表面，不管實質。

如，做了一件事，下次遇到類似的事情時，還是不知怎麼入手怎麼推進，沒有做總結，這是不能舉一反三。

這些例子反映的都是意識層面的缺失，是直線思維的缺點。

兩點之間直線確實最短，但直來直去的思維方式其實是懶惰的表現。

辯證思維則恰恰相反，它是從事物內在矛盾中、從多方面的相互連繫中進行考察，從整體上、本質上完整地認識事物。

其重點，一是事物間的普遍連繫性，看整體。二是事物的變化發展性，看長遠。三是看到事物的本質，看到深層次原因，即便先解決眼下問題，也會緊接著從根本上對事情做妥善的處理。四是採用綜合歸納的方法，進行綜合性處置。

稱孤道寡並不會降低王公貴族的地位，不必在意稱呼。按照辯證思維去看，這也在告訴我們，即便有王公之實，人生也是不完美的，因為還得自稱孤家寡人，於稱呼上透露出一點孤寂。

大概正是有了這樣的損益平衡，人生才趨近圓滿。

老子講「或損之而益／或益之而損」，沿著這個思路說下去，其實，還可以說兩句話──或損之而損，或益之而益。為什麼能這樣說下去呢？因為，這些都避開了自己的主觀臆斷，都是從客觀天道看問題、知是非，讓自己的心順應自然，接受所有事物的好與壞。這樣，才能好好工作、好好生活。

如此甚好！

第四十二章　損益平衡：萬物發端於道，要辯證地看待事物的多面性

第四十三章
至柔為上：依循物性，柔和處事，是最佳實踐

古人之所教，亦我而教人。故「強梁者不得其死」，我將以為教父。天下之至柔，馳騁於天下之至堅。

無有入於無間，吾是以知無為之有益。

不言之教、無為之益，天下希能及之。

本章最後一句「不言之教／無為之益／天下希能及之」，是一句總結歸納的話。推理開去，應該在前面有相對應的句子。

前一句「無有入於無間」對應的是「無為之益」，這一點沒毛病，但「不言之教」卻沒了對應。幸好，我們把第四十二章「強梁者」的內容移到了本章，正好對接上。由此也反過來印證把「強梁者」內容移過來的合理性。

本章的核心意思是至柔為上，即依循物性、柔和處事是最佳方法。這個含義，在前面的章節中已有。尤其是第二章，講到「聖人居無為之事／行不言之教」，與本章完全一致。所以，理解本章時可參考前面章節。

只是，本章得出這個結論的過程，還是有必要講一講的。

「古人之所教／亦我而教人」，古人教給我的，我也拿來教人。

這是第一句話。老子是圖書館館長，博覽群書，研讀過許多古籍，應當接觸過古人的很多觀點。這並不是說老子只是古人思想的搬運工，這一說法，來自「我將以為教父」。「父」，有說通甫，解釋為始。我認為這是從「父」的本義上繞了好幾個彎的理解，不夠直截了當。《說文》解釋：「父，矩也。」陳述八卦之卦序及卦象的《說卦傳》講，「乾為天，……為父」，意思是以乾為本。以此可見，古人的觀點啟發了老子的思考，老子借鑑古人思想，變成自己思想之核心、施教的宗旨，再結合自己的觀察思

考、歸納總結，形成了自己的思想體系。老子站在了巨人的肩膀之上，繼承和發揚了遠古思想之精髓，這就是原創。

在諸多的古代觀點中，老子提到了一個觀點——「強梁者不得其死」。可見這個觀點，深深扎根於老子的內心，給了老子極為深切的體會。這是繼第二十二章「曲則全／枉則正／……多則惑」後老子第二次引用古人的話。這句話對老子思想的影響在於其柔弱的觀點。強梁，是說那些本不能成為橫梁的木材，卻偏偏拿來做了梁，以此衍生出逞強、出頭的意思。後來，這個詞逐漸被貶義化，被用來形容不尊師教、好勇鬥狠的人，或者蠻橫的人。這類人過剛，「人在江湖混，遲早是要還的」，有時連性命也會堪憂，得不到善終。人們重生死，這句話直達人的內心，有很強的警示效果，所以也給了老子一個強烈而明確的觀念衝擊——必須柔為上。

所以老子接著說，「天下之至柔／馳騁於天下之至堅」。這與第三十六章弱勝強的思想是統一的。「馳騁」，有理解為駕馭的意思，如此，還是你勝我輸的結局，不符合柔弱好過剛強的觀念。其實，「馳騁」還有形容得意的意思，正與「勝」之優美的意思相近。所以，「馳騁」，也可以理解為好於的意思，整句話是想表達至柔要好過至堅。

前面說到，「至柔」對應著最後一句中的「不言之教」。可見，老子講跟人說話、施人以教，不可妄言，其中是有所依循的，依循古人思想之精髓，也依循柔為上的核心要旨。他正是圍繞著這一點去傳導自己的思想觀點。

接下來說「無為之益」。老子用「無有入於無間」舉例闡述。

無法感知的東西能進入不可見的間隙，該怎麼理解？莊子講的「庖丁解牛」的故事很貼近這個場景——「彼節者有間，而刀刃者無厚，以無厚入有間，恢恢乎其於遊刃必有餘地矣」。這位大廚是位高手，解數千牛，完全掌握了牛的結構，「依乎天理」，「因其固然」，順著牛的關節、肉的隔

膜下刀，該快時快，需慢時慢，殺頭牛搞得像跳舞一樣。可見，只要掌握了客觀規律，做起事情來就能得心應手、運用自如。正是無為之舉，帶來無為之益。這可算作「無厚入有間」，其實「無有入於無間」也是如此。比如，水滲透進岩石，甚至融解了石灰岩，形成了溶洞。

水沒有像鑽頭往石頭裡鑽，但也「進入」了石頭，為什麼能這樣？

無為也。又如，用手電筒鑑定玉石原石，觀察原石內部的質地。石頭有透光性，也有看不到的縫隙，依著這樣的性理，光透了進去。這也正是「無有入於無間」。

無為，這是很多人對道家思想的第一印象。它至少可以有兩個角度的詮釋：首先，它是一種方法，所謂「無為而治」，把無為作為管理的手段；同時，它還是一個目標，所謂「以至於無為」，是如願以償、得到滿足的狀態。

不言、無為，是老子最推崇的核心理念。為什麼這麼說？

因為老子給予了最高的評價——「天下希能及之」。「及」，本義是追趕上。「希能及之」，很少能趕得上它，換句話說，天下很少有能與之比擬的東西。

它竟如此之好，看起來，很是值得我們拿來作為修身的目標。

修行之路不停歇，修行之事在日常，堅持下去，就能接近和達到目標！加油！

第四十三章　至柔為上：依循物性，柔和處事，是最佳實踐

第四十四章
知足知止：看淡名利，只要基本的個人聲譽和物質需要

名與身孰親？身與貨孰多？得與亡孰病？

甚愛必大費，多藏必厚亡。

故知足不辱，知止不殆，可以長久。

德篇推進了七章，我們需要回顧總結一下。第一，這些章節所表達的思想，在道篇相關章節中都有深入的闡述。前後章節不僅意思相通，甚至文字相近。第二，這七章之間的邏輯關係，似乎沒有道篇那麼明顯。

如果一定要講其中的邏輯性，可以把德篇前八章看作圍繞這樣一個問題展開——如何遵守道的要旨修身和生活。比如，三十八章講在凡俗中久了，要回歸道的起點；三十九章講自己對待外界無有分別之心，要謙卑居下；四十章講知曉返回的規律，把柔順作為行動指南，不要怕眼下吃虧；四十一章講在世俗社會，道之高人雖博大精深，但給人的印象並不是驕傲的；四十二章講面對損益，要善於運用相輔相成的辯證法；四十三章講自己的言行，要合乎古訓、順乎自然；四十四章（本章）講對待名利，心知足，行於止；後面的四十五章講清靜。這都是一個一個相互獨立的觀點，歸結在一起，也是道的核心要旨，是修道行道的切入點，是人生的基本遵循。

回到本章，看看老子對待名與利是怎樣的態度。

名利的話題，在老子時代就已經存在。它促進社會的進步，也帶給人悲歡離合，眾生無一人可繞開，歷經千載亦無人能解脫。

人對待名與利該採取怎樣的態度？對此，老子給出了他的看法。

本章起筆，老子就提出了三個比較性的問題，直指人心，「名與身孰

親／身與貨孰多／得與亡孰病」，在名望與身體之間，哪個親哪個疏？在身體與物質利益之間，哪個分量重？在得失之間，哪個害處大？

名，只是一個代號、符號，由外而來，依附在某個人的身上，時而來時而去。而身呢，是自己的生命，也是自己的內心，它是離不去的。那麼，哪個是「親人」？老子問問題時已經隱藏有答案，不離不棄的才是，所以我們應當親於身疏於名。

不要為名而傷了身體的康健乃至透支生命。反面的例子比比皆是，都是先存私心的付出，是有私利目的的努力。而為國之事業奉獻甚至獻出生命則是不同的，只因無論初衷還是整個過程，人的內心全無個人功名，唯有報國情懷。

此外，也不要為了名而丟了心。電影《華麗上班族》中陳奕迅飾演的Eason，在出事後掙扎時唱出了許多人共同的經歷——「最初為了理想改變一點點性格，然後因為性格改變一點點道德。」這是為名而篡改道德的過程，是內心毀滅的過程，也是毀滅自己的過程。

那物質利益呢？只是身外之物而已。「身與貨孰多？」財富好還是健康好？去趟醫院就知道了。真善美好還是金錢好？

看看孩童就知道了。當財富大於人的本性和認知時，世界會有萬千的辦法來收割，直至兩者相互匹配。不持道守德，一夜暴富也會被打回原形，億萬富翁也要舉債度日。

終極的問題是「得與亡孰病」。亡，失也。「病」，困苦、禍害。是得到好還是失去好？照老子一貫的觀點看來，得可以是得，也可以是失；失可以是失，也可以是得。得可以是好，但不一定就好；失可以是壞，但不一定就不好。所以，淡化得失的看法，無所謂得失。無得無失，不得不失，才是一種境界。

即便無所謂得失，但老子還是極力反對過度得到，因為「甚愛必大費／多藏必厚亡」。「甚愛」，指很投入。喜歡一件東西、全身心地投入一

件事情、喜愛一個人等等，都一定要付出很多，包括精力、金錢和身體健康，甚至也包括獨立人格、靈魂和精神自由。這就是「甚愛必大費」。「多藏」，說的是物質殷實，儲備很多。這種情況下，很可能會控制不好自己，肆意揮霍，或者哪天被賊惦記上，那可就要損失慘重了。「甚愛」與「多藏」，我們還可以這麼去理解：愛的其實是名，藏的其實是利。在名利上過度了，不僅會費事，還一定會損失。想想是不是這樣呢？難道不是嗎？

我們知道，老子的思維方式是辯證的。基於這一點，我們能理解，他不是要把名與身、身與貨、得與亡對立起來，不是非此即彼，不是說完全不能為名利，不是說一定要全力養生，而是說，務必要堅守辯證思維，把兩者結合起來，講求的是度。

這是老子的取捨之道，取中有舍、舍中有取，而非取此舍彼、舍此取彼。

所以，老子倡導的是知足、知止。他說，「知足不辱／知止不殆／可以長久」。不是不要個人聲譽、物質資料，而是只要基本的個人聲譽、基本的物質資料，一定不能過度了。一旦過度，就要知道停下來，這樣才能長長久久。

這是一種智慧。

而它的反面——愚蠢的來源全在於貪。人生顛倒，起自貪念生。蛇吞下象，源於貪心。貪，欲物也，不只是想把別人的財富據為己有，更存在一種非得不可的病態心理，否則心就不甘、情也不願。人吃飯只三頓，睡床只三尺，再多就是多餘。有些演員已經算是到了眾星捧月、享受榮華的境地，卻吸毒者有之，出軌者有之，逃稅者有之，玩資本空手套白狼者有之，那是心無所依，空虛無聊，行屍走肉般的存在。可羨慕之處能有幾分？

財富的富足不如心裡的充實！

　　曲阜的孔府是一座住宅與官衙合一的建築群，在宅與衙分界處有一道內宅門，門裡面有照壁，畫著一幅特殊的彩色壁畫，中間一頭神獸，四周布滿彩雲，雲中全是寶物。此獸貌似麒麟，名為「犭貪」（音同貪），胃口極大，血盆大口，不吃五穀雜糧，只吃各種寶物，甚至還不滿足，妄圖吞吃太陽，結果被太陽烤死而葬送大海。每當孔府主人衍聖公從內宅出來路過照壁時，跟班的差人必須高喊一聲「公爺過犭貪了」，表面上是出於禮儀向外通報衍聖公要出門，實則是提醒衍聖公在辦理公務時清廉儉樸。

　　除去公務，即便在生活中，也是不能起貪念的，需回歸知足、知止的狀態。當放下追名逐利的欲望之後，自己的內心沒了糾結，人與人之間將不再爭鬥，矛盾、摩擦、衝突都會自此消逝，自己也罷，人際關係也罷，社會、國家也罷，都可以長久。

　　所以，不以耗費生命的方式獲取名利，不為取得名利消耗精氣神，注重養生，可以長久的是生命。

　　恰當地追求自己的目標，為美好生活而奮鬥，進取而不激進，不卑不亢，心中保持真善美，可以長久的是職業生涯。

　　相互依戀又不依賴，有親情、友情和愛情的連繫，又有獨立的人格，可以長久的是情感。

第四十五章
清靜為正：守得住道，發揮才氣，不必在意外界的眼光

大成若缺，其用不弊。

大盈若沖，其用不窮。大直若屈。大巧若拙。大辯若訥。

靜勝躁，寒勝熱。清靜為天下正。

本章的最後一句話是「清靜為天下正」。其中的「正」，有準則之義，清靜是天下事物的總法則。由此可以把本章理解成總結性的一章，就前八章如何遵守道的要旨進行修身和生活的問題做一個小結，人生的遵循最後歸結到一個點，就是清靜。

但是，研讀下來，本章前後部分缺乏關聯性，其中的邏輯讓人費解，會不會中間少了文字呢？這一點存疑。暫且放下疑問，從一個人的氣質角度對現有的內容做詮釋。

本章可以說是在描繪「大成」之人的幾個特質。這是一個守道的完人，以道為行為準則，卻是有缺陷的？為什麼？我們說，有欠缺只是外人眼中的形象，不是其本身有欠缺。外人，可能是不守道或不那麼守道的人，由於世界觀、人生觀、價值觀有所不同，用他自己的眼光去看待、評判守道者的言行，自然會覺得守道者有許多的缺點。但守道者本人呢，「其用不弊」。

「弊」，衰落、疲憊的意思。他完全不是百無一用的書生形象，反而才氣逼人、能力出眾，處理事情從來不會沒辦法。而這樣的人，老子總結了他的四大特質 —— 大盈、大直、大巧、大辯。

特質一，「大盈若沖／其用不窮」。他的內心很充實。心中有道，知道自己是誰（定位），知道要去往何方（方向），知道該怎麼做（言行），自然

心裡是充實的。這樣的心態，能容能納，自然是虛懷若谷、能量滿滿，怎麼都用不完的。

特質二，「大直若屈」。他的胸懷是正直的，一舉一動之間透著機靈勁兒，說話很有條理、切中要害。但外界看他卻是屈曲（「屈」）、笨拙（「拙」）、木訥（「訥」）的樣子。

怎麼會這樣？因為，在日常生活裡他也是普通人一個，但正派、正直、正義感一直在心底。

特質三，「大巧若拙」。因為，他的一舉一動不是亂來的，不是像螞蟻那樣忙忙碌碌，而是打蛇打七寸，招招攻要害，動作不多效果挺好。所以，外人看起來笨拙得很。

特質四，「大辯若訥」。因為，他的話語並不多，言雖簡，意卻賅，句句在理。《大話西遊》裡的唐僧也能從唸唸叨叨變成惜字如金。經歷過後，終是會少言寡語的，而外人看起來就是不善言辭、呆頭呆腦、不解風情的樣子。

總而言之，因物而實，依屈而直，照拙而行，一切是自自然然地來，又自自然然地去。

但人在修行過程中，總還是會遇到動氣、嗔怒的事情，身心也就熱燥起來了。比如天氣炎熱的時候，心浮氣躁，沒心思做事，可能把事情耽誤；思緒不寧，可能會把事情辦錯。這個時候，就要吹吹冷氣、喝喝冷飲，降降溫，心也就安寧下來了。

所以，「寒勝熱」，還是涼涼的好哇！

一旦躁起來，就會亂動，傷神費力，失了精氣。血氣方剛不免衝動，積極作為容易莽撞，拚命做事暗藏冒失。而這無論對養生、工作、生活，都是大忌。所以，一定要靜下來！蘇東坡賦詞〈定風波・南海歸贈王定國侍人寓娘〉，道盡清涼之美、心安之妙，「常羨人間琢玉郎，天應乞與點酥娘。盡道清歌傳皓齒，風起，雪飛炎海變清涼。萬里歸來顏愈少。微笑，

笑時猶帶嶺梅香。試問嶺南應不好，卻道：此心安處是吾鄉」。他鄉雖遠，生活不易，我能心安，他鄉便是故鄉。此乃「靜勝躁」的緣故！

所以，老子最後得出的結論就是清靜為天下正。這無疑是至情至理。而我們的問題是，何為清靜？怎麼才能做到清靜？

清靜的狀態可以是這樣的：心態是平和的，性情是冷靜的，言行是從容的。

怎麼做到清靜？幾個要點要掌握。一是心要正。不僅手段、方法、過程是正的，而且出發點也是正的。一個動不動就談利他的人，心裡想的一定是利己。因為當一個人真正想去利他的時候，是一定不會再用利他來標榜自己的。只要認為自己是在利他，說明他依然還在區分自己和別人，這其實就是變相的利己。

二是少思寡慾。對於名與利，只滿足基本需要。條件不具備的，不去求，若求之也不可得。超過能力範圍的，不去取，若取之也不可持久。三是無有分別之心，對外「恆溫」。不把情商當成世故，最有效的情商是德行具足後的虛心、包容和自信，是發自內心的真與誠，絕不是八面玲瓏的圓滑，絕不是滿嘴表揚、挑著好話說。如果一個人對所有人都表揚，他的話能被認為是真心話嗎？無論對方是誰，是什麼情況，只管真誠待之，同一個溫度對待，不冷不熱、不進不退、不亢不卑。這才是真的長情。

無事心安，有事心定！這是清靜為天下正的應有之義。

第四十五章　清靜為正：守得住道，發揮才氣，不必在意外界的眼光

第四十六章
不欲無爭：眼中無利，心中不貪，滿足的愉悅才最真實

> 天下有道，卻走馬以糞。天下無道，戎馬生於郊。
>
> 罪莫大於可欲，禍莫大於不知足，咎莫憯於欲得。
>
> 故知足之，足恆足矣。

德篇的前八章，主要講在修身和生活方面如何遵守道的要旨。現在要解讀的第四十六章不欲無爭，則涉足治國，勸告國君要知足，看護好已經擁有的，治國取柔勢，不對外起戰事。

老子是這麼寫的——「天下有道／卻走馬以糞」。國君守道治國，天下秩序井然，政治清明，國強民富。這個時候，會讓馬匹退役回到老百姓的生活生產中。「卻」，退、止的意思。「糞」，肥田、施肥的意思。馬匹在當時是重要的生產工具，也是戰爭必不可少的資源。國家會鼓勵民間養馬作為戰馬的儲備。比如秦國設立法律，規定「盜馬者死，盜牛者枷」；漢文帝頒發民間養馬免勞役的法令，鼓勵養馬。馬匹是如此重要，藏馬於民，讓馬回到民間、回歸生產，正說明一個國家處於太平盛世的狀態。

但是，「天下無道／戎馬生於郊」。母馬可繁殖，以維持馬的數量，所以在漢朝禁止母馬向外流出。由此可見母馬是重要至極的。但如果母馬也被拉了壯丁，成了戰馬，甚至還在戰場上生產小馬駒，那實在是很不人道的事情。這說明國家一直在征伐，為了補充戰馬，連母馬也不曾放過。這是昏庸國度，無道之君啊。

天下無道，原因何在呢？老子把罪過歸結於三點，而且逐個遞進，「罪莫大於可欲／禍莫大於不知足／咎莫憯於欲得」。

第一層原因是「可欲」，可以引起欲念的事物。在春秋時期，國君都

有志於天下，所以在他們的渴望中一定有天下霸主、擴張土地、壯大人口的內容。平常人過上好日子、有好名聲的想法，自然也是有的。說到底，名與利是引起一切煩惱的源頭。其實，可欲是客觀存在的，正確看待、善於駕馭、妥善利用也可以帶來益處，它本身並沒有罪過。

有想法、有欲望並不要緊，最怕有了欲望後心亂了。所以，老子講到第二層原因──「不知足」。國君已經擁有一眾百姓、一方土地，還想得到更多，心裡有念想在作祟。葛洪在《抱樸子‧詰鮑》中寫道：「見可欲則真正之心亂，勢利陳則劫奪之途開」。關鍵的不在見可欲，而在見後心開始亂了。

這還不夠深刻。老子遞進講第三層原因──「欲得」。見可欲後還不只是有想法，而且想去做點什麼，一定要搞到手。

在老子看來，這就有點妄為了。「咎莫憯於欲得」，「憯」，同慘，痛也。

可欲、不知足到欲得，有了這些想法，國君就會決定開戰，隨後不僅母馬要遭殃，天下百姓也要吃苦，或到戰場拚殺，或交賦稅，得勒緊褲腰帶過苦日子。這樣的戰爭，照我們來看也是非正義的，老子是反戰的，自然也不願意看到戰端。

原因找到了，結論也就出來了──「故知足之足恆足矣」。

對於這句話，一般句讀為「故知足之足／恆足矣」，解釋成：知足就永遠滿足了。這就把「知足之足」的第二個足字給忽略了。

另有解釋成：從知足而起的滿足才是真正的滿足，這跟字面對應得相對貼切些。總之都是講知足的重要性。那麼我們能不能重新句讀呢？「故知足之／足恆足矣」，解釋成：有知足的想法，滿足才是持久的滿足。

老子對國君的勸告，對我們有什麼啟示呢？

第一，道是混沌的，有和無、得與失，同出而異名。有無、得失本就是一件事。這是最基礎的念想。

第二，雖然欲壑難填，但也要把自己的欲念限制好。這山望著那山高

的想法，是要不得的。多些自律，讓心虛靜下來，見可欲而知止，少動心起念，才能踏實而不浮躁，才能保持平常心而不會變形，才能走上正軌而不會脫軌。

第三，滿足於正當得到的，不貪心於沒得到的。弱水雖有三千，一個人再厲害，也只能取到一瓢。不要總想著不在手裡的三千，一定要珍惜這一瓢。如果不好好珍惜這一瓢，很快這一瓢也不會是自己的了。珍惜所擁有的，不妄想沒得到的。要注意的是：並非不能想，而是不妄想。若條件允許還是可以想一想的。只是，也不可持執念。老想著某種美食，嘴饞到掉下了口水；老想著遊戲，夜不成寐，熬成了熊貓眼，垮了身體；朝思暮想到茶不思飯不想，思維、言行、生活都不正常了等等。

這些都是有了執念，走到相反的方向去了。

知足絕不能與不進取畫上等號。常能聽到，預期沒達到時勸告他人或者自我安慰要知足。這種心理暗示是有助於心理健康的。但一定不要阿Q式地催眠自己，不能變成懶惰者。

知足，其實是一種積極的心態。知足常樂，不是止步不前、安於守舊的傻樂，是努力奮鬥得到與能力、條件相匹配的結果後，發自內心的滿足、一種真實的愉悅。林語堂先生有這樣的描寫：

一個強烈的決心，以攝取人生至善至美；一股殷熱的欲望，以享樂一身之所有，但倘令命該無福可享，則亦不怨天尤人。這是中國人知足的精義。

知足，可以不起爭端，讓戰馬回歸田園。而更高的高人，為了避免衝突，會先行一著、超前一步，提前布好局，不會讓情況變糟，不會讓爭端出現。同時，他既不挑事，也不怕事。

即便來了爭端，也是正義之戰，與人民站在一起，維護人民的利益，而不是為一己之私。

這既有境界，也有實力，還有能力。

第四十六章　不欲無爭：眼中無利，心中不貪，滿足的愉悅才最真實

第四十七章
道在我心：知了道的精華，心靈通達，少有勞頓，萬事可成

不出於戶，以知天下；不窺於牖，以見天道。

其出彌遠者，其知彌尟。

是以聖人不行而知，不見而明，弗為而成。

一般把本章理解為反觀自省，淨化心靈，以了解外物運行之規律。這是沿襲河上公、王弼等釋老人士的觀點，乃目前的主流觀點。其實，這在某種程度上限制了我們的思維，也不排除被帶偏的可能。我認為，本章的中心思想是講修道，要深刻領會道的精髓。挑戰權威另立一說，是因為對本章幾個關鍵字的考證。

第一個關鍵字，「以」。

有版本把本章第一句簡化成「不出戶／知天下／不窺牖／見天道」，解釋成不出門，就知道天下之事理。不看窗外，就知道天體的運行。這就像是掐指一算盡在掌握似的，太唯心了，因此這種解釋有點牽強。不學不思不踐不悟，不太可能知規律、見天理。正所謂讀萬卷書、行萬里路，要長見識，就要看得多、走得遠、有經歷。諸葛亮能借到東風，是因為學富五車懂得天象，而築壇施法只是戲精的表演罷了。所以，看待事物，還是唯物些為好，這樣才客觀真實。

而唯心的理解，其缺憾在於把「以」字省略掉了，不去解釋「以」。所以我們要恢復原文，「不出於戶／以知天下／不窺於牖／以見天道」。這個「以」字，是絕不能忽視的。怎麼理解它的意思呢？《詩經・邶風・旄丘》有講：「何其久也？必有以也。」、「以」，因由、緣故的意思。平常有說「不以人廢言」，有前因後果的關係在裡邊。

那麼，又該怎麼理解「知天下」的「知」、「見天道」的「見」呢？不該是知道、看到的意思。《易‧繫辭》中有「乾知大始，坤作成物」，「知」有主、為的意思。平常講見賢思齊、見仁見智，「見」有觀察、了解的意思。

如此，對「不出於戶／以知天下／不窺於牖／以見天道」的理解，可以是這樣的：不用出門，因為以道主導天下事理。不用透過窗戶看天，因為自然規律都了然於胸。

前後兩種解釋的差異，一個是不出門就知天下事理，另一個是因為知天下事理所以不用出門。後一個解釋的邏輯看起來是更為客觀的，因為只有先掌握了本質、規律，才不用勞神。

第二個關鍵字，「尟」（ㄒㄧㄢˇ）。

有版本把「其出彌遠者／其知彌尟」改寫成「其出彌遠／其知彌少」，解釋為，走得遠卻知道得少，反映出沒有內觀自己，沒想明白、看通透。這樣的理解，可能是被第一句「不出於戶」帶跑了，認為「其出彌遠」與「不出於戶」是對照著的。而查閱其他版本，有「其出彌遠者／其知彌尟」的說法。高明先生《帛書老子校注》中談道：「可見，在秦漢時代老子一書已被傳抄成幾種形狀。」為復老子原意，我們採納更為古久的「其知彌尟」的說法。

「尟」，意思同鮮，南唐人徐鍇《說文解字繫傳》的解釋是：

「亦正也。正者，少則尟也。」其確有通少之意，但不是少量，它的全面含義，直白地說，是少而精。

而「其出彌遠者」的「出」，不是出門的意思。在出師、出道中，「出」，有修道、修業成功的意思。那麼，「其出彌遠者／其知彌尟」，說的就是修行越長久、越深入的人，所累積的越是精華的那部分。個人對道的修為越深，越會看透規律，看清本質。這點規律、本質，不可能是大而泛之的。

老子講了，知天下、見天道，是因為汲取了道的精華。這樣的人，是

「其出彌遠者」，也就是聖人了。聖人有了這樣的道行，內在的修為到了一個比較高的境界，會有什麼益處呢？

「是以聖人不行而知／不見而明／弗為而成」。不用走出門就知道很多事，不用看到心裡就很明白，不妄為而能夠把事情做成。

這都是為什麼呢？因為已經掌握了道，搞懂了萬事萬物的規律。

窺一斑而見全豹、見一葉而知秋至，大概就是這個道理。

不過，也要防止盲人摸象。

這樣解析下來，可見老子是提倡黜的。天下事物紛雜，紛紛擾擾到令人眼花撩亂、應接不暇。亂花叢中眼不迷、心不惑，需要心中有底氣、內心有定力。這份底氣、這個定力從何而來？

就是心中有道了。

道乃萬物之精華。讓我們汲取精華，讓修為升級。

第四十七章　道在我心：知了道的精華，心靈通達，少有勞頓，萬事可成

第四十八章
聞道日損：修行做減法，最後留下的唯有無為

> 為學者日益，聞道者日損。
>
> 損之又損，以至於無為。
>
> 無為而無以為，取天下，恆無事，及其有事也，不足以取天下。

上一章講到，「其出彌遠者／其知彌尟」。尟，是少而精的東西，就是道。而道的核心是什麼樣子的呢？本章給了我們答案，那就是無為。而且，本章提供給我們的訊息不止於此，從中我們可以學到修行的方法、路徑和目標，那就是損之又損（做減法）以至於恆無事（內外協調和諧）。

本章的核心意思是聞道日損，修行要做減法，最後留下的唯有無為。

核心要義，第一句話就已點明，「為學者日益／聞道者日損」。為學者，就是讀書人，「日益」，每天都有精進。學得越深，懂的東西越多，知識累積越厚實。有觀點認為，「益」，有增多的意思。老子講「為學者日益」，似乎在說，學業進步之外，還會增加點什麼，因此就理解為多出了欲望，認為學得多，想得多，要求多。這是否定學習的消極觀點，我們不贊成。

第十九章講「絕學無憂」，學到精妙處，心生大智慧，能澄靜淡然無有煩憂。所以說，如果為學者多生欲望，只能說明沒學到位，學習本身並無過錯。由此可見，多生欲望的理解是片面的。

「為學者日益」，老子想說的就是學業精進之益，並無貶學之意。

讀書、學習、思考，多多益善，累積，累積，再累積，學貫中西，觸類旁通，是為學的必由之路。

與「為學者」相對應的，是「聞道者」。第四十一章講「上士聞道／勤而行之」，對道虔誠，常學常習。這會產生怎樣的效果呢？「日損」。

「損」，減也。如果說學業是做加法累積精進的事情，那麼，修道則是做減法，一層一層地剝去浮華的外表，逐漸地深入事物的內部，看到其核心、本質、規律。這顯然是做減法的過程，去虛向實，去偽存真，去形式留本質，最後留下的是高純度的精華。這樣，離道的核心越近，心也越發通透。

這樣一層一層地剝開，最後剩下的是什麼呢？「損之又損／以至於無為」，最後剩下的只有無為了。也就是說，無為是最核心的東西。我們把自己的內心一層一層地去繁化簡，最後留在我們思維中的，只是兩個字——無為。

要在心裡建成無為的準則，有一個由淺而深的過程。剛開始，是有意識地把準則作為對自己言行的約束，心心念念要無為，就像魯迅把「早」字刻在書桌上時時刻刻提醒自己一樣，這還在有以為的狀態下。隨著修行的深入，這種意識慢慢模糊起來。

這種模糊不是淡忘，而是滲進了骨子裡，改造了頭腦，與自己的思維融為了一體，已經分辨不出有沒有它的存在了，這就到了無以為的狀態。修行到深處，無為成了下意識的行動準則，成了無意識的自覺，不特別地做什麼，也不為特定的目的去做。

這是我們修行的目的地，是要達到的高度。

修行到這種程度，可以說，已經虛靜、謙下、順自然了。「無為而無以為／取天下／恆無事」，有了這樣的狀態，再去治理天下，會產生什麼樣的效果呢？「恆無事」，不是不做事，而是把樁樁件件的事情擺得好好的，讓它們按照自己的規律運作，按照自己的軌跡運行，沒有矛盾，不出狀況。這就是第三章所講的「使民不爭」、「使民不為盜」、「使民不亂」的狀態，天下太平無事，一切祥和安寧。

在這裡，要特別注意一點，無事的狀態，不只是各安其所，還有一點也很重要，就是相互支持。如果都是不交叉的鐵軌，各顧自己，各管各

的，決然不會恆無事。人具有社交性，必須讓大家融洽起來，相互支撐，相互攙扶，才會真的出現太平無事的狀況。

與此相反的，如果不是無為之治，那麼，天下就會亂象叢生，時不時地出點亂子、有點事情，忙不迭地應付、堵漏，做消防員。這就是「及其有事也／不足以取天下」了。這樣的人，該下臺、該退位。

所以，內心要裝著道，把無為的準則作為我們無意識、下意識的自覺。

第四十八章　聞道日損：修行做減法，最後留下的唯有無為

第四十九章
聖人無心：無有自己，善信所有，渾樸待人，是修行無為之法，能創造和諧關係

聖人恆無心，以百姓之心為心。

善者善之，不善者亦善之，得善也。信者信之，不信者亦信之，得信也。

聖人之在天下也，歙歙焉，為天下渾心。百姓皆注其耳目，聖人皆孩之。

上一章，我們終是找到了修行之路，就是「聞道者日損」，「損之又損／以至於無為」，修行就直奔無為的目標了。道路千萬條，修行之路究竟該怎麼走呢？老子要給我們立下一個聖人的標準。

看懂了聖人是怎麼做的，我們效仿著、體悟著，也能精進。

在本章中，聖人是以與百姓相對應的角色出現的。可見，聖人不僅是得道高人，還是治國平天下之人。之前我們講到，其實，聖人並不神祕和遙遠，只要我們信道、悟道、遵道、行道，也可得道成聖。現在大家都是聖人的前身，修行精進，為這個世界的美好做了努力有了影響，也就成了聖人。

老子在本章中說，修行要達到無為的境界，有三個具體方法。一是無有自己，以百姓心為心。二是善信所有，無分別之心。三是待人以渾樸之心，用純與真教化世人。

走向無為的第一個方法：「聖人恆無心／以百姓之心為心」。

「恆無心」，肯定不是指非存心、沒心思之意。有幾個角度去理解這個「心」，首先從「以百姓之心為心」來推斷，「心」有念想、意念、想法的意思，也就是說，聖人不會有那麼多的想法，百姓怎麼想的，聖人就是怎麼

想的。民有所思，我有所念。

這不是說不必動腦筋，而是收集百姓的想法，與百姓同呼吸共命運，百姓所思就是百姓所需，那麼，聖人就要去解決百姓的問題。

另一個角度，有沒有無私心的意思？深入去體會，這層意思還是存在的。聖人「恆無心」，心中沒有自己，全是老百姓。

有這樣的觀念在，他會妄為嗎？不會的。妄為之人，有一個特徵，就是骨子裡高調而傲氣，會覺得自己很拽，覺得自己完全正確，外界的一切都影響不了他，我行我素。當然，對於這個特徵，不能都反過來去理解，不能認為我行我素就一定是妄為，要根據具體情況去判斷。比如，某些事情上堅持己見和長期地不採納他人意見，是有差異的。改革創新、開疆拓土、創造局面，就是要展示魄力，力排眾議，並堅持不懈，只要方向掌控好了，具體仍然可以集思廣益。所以說，學老用老，要原則性和靈活性並重，堅持原則而不僵化，固守底線而不死板。

聖人是領導者，那麼普通人怎麼「以百姓之心為心」、「恆無心」呢？我覺得可以這樣理解：就是無有成見，無有先入為主，放開胸懷，接收來自普羅大眾的訊息，廣泛聽取意見。當然，這些訊息和意見肯定是龐雜的，需要識別、篩選，把集中的意志、共性的需求、看法中的最大公約數給過濾出來，使之成為我們自己的見地。這是走向無為的第一個方法。

走向無為的第二個方法：善信一切。「善者善之／不善者亦善之／得善也／信者信之／不信者亦信之／得信也」。好的，善待它；不好的，也還是善待它，全無惡念。可信的，信它；不可信的，還是選擇相信它，無有猜疑。縱使你虐我千萬遍，我依舊待你如初見。這是要多喜愛才能做到？而在聖人的眼裡，沒有乞丐和貴人的區分。面對任何一個人時，與他們打交道的出發點、心態、方式都是相同的，沒有差別。為什麼能做到這樣呢？因為，道家本就沒有分別心。

無有分別心為什麼能達到無為？我們可以這樣去理解：善信一切。這

是有原則立場的展現。其實，有原則立場的人一般不會差，人緣會是好的，能得善、得信，可以得到所有人的善待，得到大家的信任。這與愛笑的人運氣一般都不差是一樣的。

人與人之間有了良性的互動，都講原則有立場，哪有人會膽大妄為做些出格的事情呢？

走向無為的第三個方法：渡己渡人，教化世人。可以想像得到，一個人修為聖人，知道他的人一定很多，他也就有了公眾影響力。在世人看來，聖人就是榜樣，聖人怎麼做，百姓都會效仿。從聖人的角度看，他對天下的意義在於「歙歙焉／為天下渾心」。「歙」，本意是縮鼻吸氣，引申出聚合、和諧、融洽的意思。聖人的作用是把大眾聚攏在一起，聚攏在一起幹什麼呢？「為天下渾心」。「渾」有渾樸、質樸、樸實之義，正與後面的「皆孩之」對應，也與老子「見素抱樸」、「樸散則為器」、「淳兮其若樸」、「鎮之以無名之樸」的觀點一致。「渾」字用在這裡則是動詞，使心渾的意思。那麼，「為天下渾心」意思就是說，聖人用自己的言行影響天下，讓大家都想擁有一個渾樸的心，讓這顆心持久地保有下去。

但是，世人認知、追求、改變的步調是不一致的，還是有許多的百姓「注其耳目」。「注」，把精力、力量集中到一點的意思，比如注目。老百姓注意自己的耳目，肯定不是關注五官長得好不好看，而是另有所指。第十二章講「五色使人目盲／五音使人耳聾／五味使人口爽」，本章的「耳目」代指這些物欲。

內心被欲望占據，沒了足夠的空間放入渾樸。

聖人有強烈的社會責任心和時代使命感，看到這樣的情形，他不會袖手旁觀，只管著自己修行，而是會去履行社會責任。

這大概就是「亂世道下山」的出處吧。聖人入世後採用的方式是「皆孩之」。「孩」，通咳，小孩笑，在這裡作動詞用。老子在自畫像中講自己回歸質樸不做作的狀態，「俗人察察／我獨悶悶／沌沌兮／如嬰兒之未

咳」。本章的「皆孩之」，也有相同的意思。聖人以謙柔、質樸的狀態對待世人，也是在引導芸芸眾生「復歸於嬰兒」，回到本來的樣子，純淨到不染塵埃，至真到拙樸無暇，柔和到不傳導壓力。

這就是「聖人之在天下也／歙歙焉／為天下渾心／百姓皆注其耳目／聖人皆孩之」的兩層意思。一層是聖人引領天下百姓走向渾樸，第二層，當老百姓沒能跟上來時，聖人教化眾人復歸嬰兒。因此可見，聖人不只是修身做個完人，也一定是會用其所學服務大眾的。面對多重的社會問題，以及民眾認知水準的差異，聖人面對的困難是不小的，但他沒有退隱，而是投身進去，與百姓共呼吸共命運，與百姓一道想辦法，努力地解決問題。

現代的我們，「不如意事常八九，可與語人無二三」，每個人的人生路都有艱難困苦之處，比如在工作中出現困局，千瘡百孔、問題迭出，需要你主導解決。在面對各種壓力的時候，回味聖人之道，我們可以怎麼辦？

以上的三個修行之法，以眾人心為心、善信一切、以純真和渾樸影響教化世人，可以帶你走出困局。

第五十章
不入死地：遵道而行，可保性命，活出高品質

出生入死。生之徒十有三，死之徒十有三。而民生生，動皆之死地之十有三。夫何故也？以其生生也。

蓋聞善攝生者，陵行不避兕虎，入軍不被甲兵。

兕無所投其角，虎無所措其爪，兵無所容其刃。夫何故也？

以其無死地焉。

一說到道，現代人的頭腦中很自然地會蹦出三個訊息，一是宗教，比如勞山道士；二是養生，比如武當太極拳；三才是人生哲理，比如老子《道德經》。這三個訊息，有相同之處，也有很大的不同，我們按下不表。有一點需要說一下，依道修行，既要修德，也要保命養生。

關於保命養生，前面的四十九章說到了一點修德之法，也是養生之法，比如效仿自然、摶氣抱一，但可以說，都沒很直接地點明。而到了本章，第五十章，第一次直觀地觸及保命之道。

本章第一句就是大家再熟悉不過的成語 ——「出生入死」。

但是，老子在這裡講「出生入死」不是要弘揚不顧個人安危的獻身精神，而是指出了生地就進入死地，這正點明了養生最為基本的原則。我們來看下為什麼它是養生基本原則？養生是為了長壽。常在生地、不入死地，當然就能活得長久，而且是安安全全、健健康康地活，活得很有品質。

哪是生地？哪是死地？從本章看來，老子認為，戰場是死地、生生是死地，而攝生則是生地。

老子是這麼講的，「生之徒十有三／死之徒十有三」。對這句話的理解，大多是長壽的、夭折的各占百分之三十。陡然一看，好像有點道

理。字字斟酌，就能讀出另外的含義來。首先看「徒」的含義，周代盛行車戰，車上的兵稱甲士，車後跟著步行的兵叫徒，也就是步兵。再看看「有」的含義。孔子說過一句總結自己一生的話：「吾十有五而志於學，三十而立，四十而不惑，五十而知天命，六十而耳順，七十而從心所欲不踰矩。」這裡的「有」，通又。這會不會在老子的年代是通行的用法呢？那麼，「十有三」就不是十分之三了，而是十三。仔細想想，如果戰死十分之三，感覺那時候的戰爭死亡率好高啊。我們姑且不去評估當時的比例，無論是十分之三還是百分之十三，總之我們能理解老子想傳遞的訊息是死的比例已經與生的比例相同了，說明死地帶來死亡的可能性比較大。所以，對「生之徒十有三／死之徒十有三」的理解可以是這樣：當步兵的，身體各個零部件都好好的情況下能活下來的，有百分之十三。戰爭中戰死的步兵，也占百分之十三。加起來占了百分之二十六，還有大半的步兵，就在這兩者之間，比如受傷了、殘疾了。可見戰場是不合保生之道的，也可見，老子所講的生，不僅是活著，而且是身體沒有殘缺地活著。

與「徒」（步兵）相對應的是「民」，他們怎麼樣呢？「而民生生／動皆之死地之十有三」。戰士要拚殺不怕死，老百姓呢，卻是「生生」的，第一個「生」是動詞，第二個「生」意思是生命。

「生生」，按現代的說法，就是老百姓看重生命，注重保養。

我們常人都會覺得，每個人都希望自己長壽，這是好事呀。

可是老子沒有簡單地看待問題。他把情況做了細分，其中的一種情況是他反對的。「動皆之死地」，該怎麼理解這句話？養生有靜養和動養兩種方式。比如打坐、太極、瑜伽一類，動作幅度不那麼大，這是「生命在於靜止」派；也有散步、長跑一類，這屬「生命在於運動」派。只要對道家有點基本的了解，就知道，老子屬於「靜」派。從《道德經》的字裡行間去看老子的性格，應該是內向得很，所以也能理解他會有守靜的主張，或者準確點說，會反對妄動、亂動。

老子反對動的意願還是滿強烈的，認為老百姓「動皆之死地之十有三」，妄動、亂動就會導致死亡，而且死亡率與戰爭的死亡率相同。那麼，哪些是妄動、亂動的行為呢？越想活，越保養，養生過了頭，就會損害健康甚至生命了。在老子那個年代，能想像到的，大概就是胡亂吃補藥、狂吃大魚大肉了吧。

現在來說，還可以加入無節制地跑步這一類，都是初衷不錯、做法不一定對頭的情況。

這麼看起來，老子說的生生不是個褒義的提法。在老子眼裡，它是個貶義詞，不是注重養生，而是過度注重養生的意思。

可能正因為這個，有版本把這一句話改動了一下，「夫何故／以其生生之厚」。老百姓過度養生，這是老子很有感嘆的一點。

當然，也有點讚的東西，就是「善攝生者」。這大概是老子從聽來的消息中得到的感悟，因為老子說的是「蓋聞」。

「蓋聞善攝生者／陵行不避兕（ㄙˋ）虎／入軍不被甲兵」。攝生與生生是不同的。攝，保養也。那麼，攝生是保生多一點呢還是養生多一點？保生與養生，這兩個概念，用現代的眼光看是有差異的，一個側重於保命，一個側重於健康長壽。從句子中提到的兕虎、甲兵來理解，老子講攝生時，似乎保命的含義更多一些。那麼，本章中，如果前半部分說的是養生多一點，要健康長壽的話，那麼，後半部分說保生要多一點，要的是生命安全。

善於保生的人，「陵行不避兕虎／入軍不被甲兵」，走在丘陵（也可以理解成山林），不用迴避犀牛、老虎這類猛獸的襲擊，參軍入伍也不會遭遇敵人。這怎麼可能呢？更玄乎的還在後面。

老子接著說，「兕無所投其角／虎無所措其爪／兵無所容其刃」，犀牛、老虎都沒地方用牠們的角、爪去傷人，兵器都無法用了。

這讓人想起了功夫電影裡的場景。高手過招，一抬手一動腳，架子一

搭，對手就無從下手，簡直是防守無死角，密不透風無有破綻。這是怎麼做到的？難道是內功充盈還沒沾上手就把人震出去了？那只是假大師的騙人把戲，當然不會是這樣的。

難道是思想境界高到能影響和控制猛獸的獸性，用意念控制對手？對這個可能性，我們也只好「呵呵」幾下當作回應了。倒是有人撫養獅子長大，然後放歸自然，多年之後這獅子還跟他很是親密。老子肯定不是這麼去說這個事情的。其中緣由，老子用了「無死地」做了解釋——「夫何故也／以其無死地焉」。

善攝生者無死地。善於保命的人，是沒有死地的，因為他不會讓自己陷入死地。這是怎麼做到的？

首先，自己勤於修身，能做到虛靜、謙下、順自然，沒有致命的要害。《太上老君養生訣》是南北朝時期的一部氣功養生著作，據說是華佗傳授吳晉所作。其中講道：「且夫善攝生者，要當先除六害，然後可以保性命，延駐百年。何者是也？

一者薄名利，兩者禁聲色，三者廉貨財，四者損滋味，五者除佞妄，六者去妒忌。去此六者，則修生之道無不成耳。」能做到這些的人，德行會是完美的，沒有殺機、心機，沒有陰暗的心、陰險的手，也就不會去招惹、傷害他人，不會引來災禍。

其次，對外來的可能的風險、危害，有所預判，能夠早做準備，免以捲入是非、陷入絕境。「明知山有虎，偏向虎山行」，這不是老子的意思。開車按行車規則，心平氣和，就不會飆車，也不會開鬥氣車。看見有人鬥毆，就不湊近去看熱鬧。預感到一些遊樂項目有危險，就不去參與。即便貓有九條命，也會被好奇害死的！遠離危及生命的地點和事情！

這是老子的修身、養生之術。以此可見，健康地活、平安地活是自己的基本責任。高品質地活、精采地活是生命的錦上添花。

第五十一章
尊道貴德：道出自然，生養育護萬物，萬物知恩重道，依道而為

　　道生之，德畜之，物形之而器成之，是以萬物莫不尊道而貴德。

　　道之尊、德之貴也，夫莫之爵，而恆自然也。

　　道，生之、畜之、長之、育之、亭之、毒之，養之、覆之，生而弗有，為而弗恃，長而弗宰，是謂玄德。

　　從第三十八章開始的德篇進展到本章，已經是十四章了。

　　研習下來，有一個感受，就是與道篇相比，德篇偏重於實踐或者說實際操作，所以一讀就明白，理解起來相對要容易些。但是，老子並不想讓我們離開他的核心理念太久太遠。本章，許久不見的理論闡述又回來了。本章要講道與德的尊貴從何而來。

　　接著說本章的內容。

　　「道生之／德畜之／物形之而器成之／是以萬物莫不尊道而貴德」，萬物尊道貴德，是因為有了道與德，才有萬物，萬物受了道與德的恩。我們知道，老子是倡導柔弱的，正所謂柔弱勝強。柔弱的擬物形式，老子提到了很多，比如水、山谷等，而在老子心目中最與道接近的象徵是母親與嬰孩，比如「牝恆以靜勝牡」、「天下有始／以為天下母」、「如嬰兒之未咳」。本章講了道德育養萬物的過程 ——「生之／畜之／長之／育之／亭之／毒之／養之／覆之」，我們就可以對照母親哺育孩子的角度去理解。

　　道，似萬物之宗，所以萬物由此而生（道生之），人也是如此。

　　嬰兒出生之後，就要哺養其長大，並遵照生活準則、行為規範，把一個嬰兒教導成孩童（德畜之／長之／育之）。「育」，本義是養子使作善也，也就是按照一定目的去教導。這樣，慢慢就有了點人的模樣（物形之）。

跨入下一個人生階段，就「亭之／毒之」了。「亭」，本義是古代設在路旁的公房，供旅客停宿，引申為人所安定也。「毒」，是高度集聚、凝結的意思，比如眼光很毒，就有聚的意思。「亭之毒之」，也就是安之聚之，能安的是心，能聚的是神，安心聚神，可以引申為建立德行、塑造三觀。另有考證，按「亭」、「毒」的古時發音將之改寫為成之熟之，這樣倒更直接些。連貫起來理解，長之育之的是身材體魄，亭之毒之的是道德品格。這樣，從嬰兒長至孩童，再長到少年、青年，也就基本「器成之」，已是大器之才了。

而且，在一個母親看來，對自己的孩子，「養之」還不夠，還要「覆之」。「覆」，保護、庇護。不僅要養育，即便孩子長大成人，即便獨立成家、出門闖蕩，也還是要護佑著他。這一點大家都會有親身體會的。

母親對孩子有養育之恩，孩子也尊重、敬重自己的母親。

道與萬物的關係也是這樣。「是以萬物莫不尊道而貴德」，所以，萬物會尊道，而德作為顯性的道，也同樣得到禮遇。

「道之尊／德之貴也／夫莫之爵／而恆自然也」，道與德的這份尊貴，與爵位的尊貴是完全不同的。它不是任命的、受封的、繼承的，而是「恆自然」的。該怎麼理解這個「恆自然」？

有一種理解是道與德的養育，遵照的是自然無為的方式。如果是這樣，看不出與「莫之爵」有關聯，也看不出道尊德貴是怎麼回事。所以，我們需要換個角度去理解：道與德對萬物的奉獻，是自然而為的，不需要任何理由，也沒有任何的目的，就是那麼自然而然地去做了。母親對孩子的情感，不正是這樣嗎？母愛、母性是怎麼回事，沒人說得清，也沒必要花力氣去搞清這個問題。

如果有人提出「母親為什麼養育孩子」的問題，大家倒是會覺得，提出這個問題反而成了一個問題。

母愛的偉大還不止於養育、護佑，更展現在無私。老子接著講，「生

而弗有／為而弗恃／長而弗宰」。這與第二章、第三十四章「恃之以生而不辭／為而弗恃／成功而弗居」／功成而不名有」是一脈相承的。雖然一個是從道的角度講的，一個是從萬物的角度講的，但萬物也是依道而行的，所以說它們之間是一致的。母親的付出，出自「恆自然」，這是再自然不過的行為表現，當然不會據為己有、不會居功、不會自認主宰者，她只是生、只是養、只是教、只是育，默默地付出，從不求回報。

母親是這樣子的，道也是這樣子的。

要修行得道，就要修成母親這般的胸懷，就要有母親那樣的境界啊！

為加深理解，我們來品讀一下柳宗元長詩〈夏夜苦熱登西樓〉中的部分詩句：「莫辯亭毒意，仰訴璇與機。諒非姑射子，靜勝安能希。」在一個炎熱的夏天晚上，酷暑難耐，詩人熱得睡不著，起身乘涼。詩人內心在想，這麼熱的天氣，讓人睡都睡不著，難道還談得上保養身體嗎？看起來心裡有點焦慮。這時，詩人抬頭看見北星，就仰問上蒼「請原諒我不是姑射山的真人，要以靜勝躁，『臣妾做不到』啊！」這句詩裡的「亭毒」，就是養育、保養的意思。

再熱的天氣，詩人也還是有透過內心的道來緩解酷暑的意願。我們現在的條件好了，高溫天也有辦法讓自己不那麼燥熱了。在這個時候，如果再加上點道的修行，心境一定會大為不同，更可以扛得住熱浪的侵擾。

因為，心靜，平和。

第五十一章　尊道貴德：道出自然，生養育護萬物，萬物知恩重道，依道而為

第五十二章
毋遺身央：要外修其形只現柔和，更要內修其心明心見性

天下有始，以為天下母。既得其母，以知其子。復守其母，沒身不殆。

塞其兌，閉其門，終身不堇。啟其悶，濟其事，終身不棘。

見小曰明，守柔曰強。用其光，復歸其明，毋遺身央；是謂襲常。

上一章講到了道、德和萬物的關係，這個關係能給我們帶來哪些什麼啟發呢？本章給出了一些資訊，其中大有玄機，所以理解起來會有點晦澀。其主旨是內修外用，無論怎樣，都要抓住本質，都要依循規律，都要找到綱與領，先找方法再處置，去末逐本，去偽存真，撥開雲霧見天日。

首先，老子延續上一章的思路，在這裡講道與萬物的「母子」關係，「天下有始／以為天下母／既得其母／以知其子／復守其母／沒身不殆」。第一章講「無／名天地之始也／有／名萬物之母也」，無、有，同出而異名，都是出自道。本章第一句「天地有始／以為天下母」，與第一章的句子是對應的，說的是天下始於道，天地萬物都從道中而來，也就是道乃萬物之宗，衣養萬物。

如果把道比喻成母親，那麼，母親的秉性、三觀會透過教育引導，傳承到子女的身上（「既得其母／以知其子」），認識了母親，也能知道孩子的大概。也可以說，掌握了道的理念，也就知道萬物是個什麼情況。而萬物呢？萬物按照道的方式長大成熟，活得有聲有色，甚至有了不少的光彩，從而會產生一個想法，就是道太有用的。如此，也就更加深信道，更堅定地持守道。這叫「復守其母／沒身不殆」。

我們把這個過程提煉歸納一下，是這樣的：先接觸道的理念，用在實

踐中加以印證，然後去研究它，思想得以改造，用它再去指導我們的實踐，言行也有了改變，如此反覆，「沒身不殆」，即終身受益，一生無憂。

所以，本章第一層講的是道與萬物的「母子」關係，讓我們理解了思想認識與生產、生活實踐之間的關係。也因領會到這一層，對於後面的內容，就有了不同以往的理解。接下來，老子倡導的是心身同修，內外雙修，內修的是思想認識，外修的是各類實踐。

內修方面，他是這麼說的，「塞其兌／閉其門／終身不堇」。首先解釋兩個字的含義。

第一個字，「塞其兌」有寫為「閖」，認為二字古時讀音相同，從而做了演繹，也因此讓我們記住了它的發音，讀為ㄉㄨㄟˋ。「兌」，口也，理解成眼、耳、鼻等五官，塞其兌，說的是減少欲望。這樣的理解不直接，把老子說複雜了。

老子提倡簡明扼要，而且所有觀點都來自對現實的觀察，不必一上來就往深奧處引。也有另一個寫法，「塞其閡」，「閡」，牆墮也，毀壞的地方、漏洞等。

從對《道德經》各版本的考證來看，原文更可能是「閔」字，外「門」內「忈」。忈，古時仁的異體字，現在大多人已經不認識這個字了。為了理解這個字的含義，我們要從後一句的內容做出推敲。後一句中有「啟其閔」，是與「塞其閔」相對應的。兩個字中都有「門」、「心」，所以，可以認為「悶」、「閔」二字，意思是相關的。「悶」有密閉、不透氣的意思，比如悶罐車。在這裡可以引申為一個密閉的空間，比如房子。

我們再來看「門」、「忈」，也可以看成「門二」＋「心」字的結構。外「門」內「二」這個字也已失傳，網路上有說可能是「鎖」的異形字，因為「門」＋「一」是閂，「門」＋「三」是閆，通閆，裡中門的意思。從字形看，這三個字是有關聯的，看起來是把門用門閂一道一道地關緊，門閂越多，越是緊閉。如果按照「鎖」來理解，倒是與「悶」能對應上了。我們暫

且這樣去理解。

　　第二個字，「堇」。第六章用過這個字，「綿綿兮若存／用之不堇」，當時理解為「盡」。其實，如果與本章的理解相同的話，也能說得通。「終身不堇」有版本寫為「終身不勤」，認為是一生都不用勞累。「堇」、「勤」是有相通之意的，而「勤」還與「瘽（ㄐㄧㄣˋ）」相通，那麼能不能把「堇」、「瘽」相通來理解呢？「堇」，黏土。「瘽」，即像黏土，散發不開，病也。這樣的理解，是考慮到語句間的關聯性。後一句有「終身不棘」一說，有版本寫為「終身不救」，可能是誤傳了。「棘」，通瘠，土地不肥沃，《呂氏春秋・任地篇》有講：「凡耕之大方……棘者欲肥，肥者欲棘。」引申到人身上，是瘦弱的意思。這樣再去看「堇」與「瘽」相通，也算是個合理的理解。

　　這樣，整句話的字面意思可以是：上好門閂，關上門，終身不得病。把自己關在家裡與不得病有什麼關係？其實，老子是有所指的。閉門不出，是減少與外界的接觸，防止外部環境的侵擾，比如物質誘惑和各種欲望、浮躁與喧囂、心機與爾虞我詐等，專心內求，清修己心。這樣能達到虛靜、少私、寡慾的狀態和境界。比較和計較、心態失衡、憤憤不平、怒不可遏、耿耿於懷、心懷叵測等心病病徵，自然都不會出現。清心寡慾，不會有心病。

　　這是老子的閉門修心養生之法。但老子不只是主張自修成聖人的，他還講要為社會做貢獻，也就是外用。

　　老子是這麼說的，「啟其悶／濟其事／終身不棘」。打開屋子，出門做事情，一生都不會瘦弱。不能老悶在屋裡，還是要出門工作的，這樣才能強身健體。勤勞使人強健嘛！

　　看來，除了修心，還需要修身，有個強壯體魄。道士邊修行邊習武，這樣內外兼修的做法，的確是承接了老子思想。

　　這樣子，我們就理解了本章的前兩層意思。第一層是道與萬物的互動

關係，第二層講身心雙修。讀到這裡，似乎還不夠過癮，還會有疑惑接踵而來：這前後兩層意思是個什麼關聯呢？

對於這個問題，研習第三層意思就會明白了。

首先，內修和外用兩者的目標是有共通之處的。修心的目標是明，修身的目標是強。

什麼算是明和強？或者說它們有沒有標準？老子給出了答案：「見小曰明／守柔曰強」。道可大可小，三十二章講「道恆無名樸／唯小／天下莫能臣」。小，就是道。見到了道，也就是領悟了虛靜、謙下、順自然的道之精髓，頭腦開悟，心靈慧明，醍醐灌頂、大徹大悟、神清氣爽的通透。在這一點上，儒、釋、道是相通的，比如王陽明言「此心光明，亦復何言」、佛說「明心見性」。心被私心雜念曚蔽，就像鏡子蒙上了灰塵。內修本心，擯棄了雜念，失去的光澤又回來了，心才敞亮，大智慧才又生發出來。這就是「見小曰明」。

而在外用之時，要強身健體，並不是用剛強之法，而是要守住柔順和柔弱。所以道家才會創出太極拳，而不是剛猛的南拳。

易經中有兌卦，卦辭是「亨，利貞」，用和諧貞正的態度和方法實現通達，雙方都歡喜。卦像是剛爻得中、柔爻在外。表現在人身上就是「剛中而柔外」，內秉剛健之德，外抱柔和之姿，堅行正道。老子的「守柔曰強」很接近兌卦的含義。

這還沒能完全解答我們的疑惑。接下來的才是關鍵——「用其光／復歸其明／毋遺身央」。這是內修和外用之間更深一層的關係，它們各自是有側重的。

一個「用」字，說清了光的可用性，光線是用來使的。「復歸」二字，則道明了光的來源，光線來自明，比如陽光來自太陽，一定不能只盯著光線，要往回找光源，回歸發光體、光的起點。「毋遺身央」，不要丟了中間，不能忘記其核心是什麼、其本源在哪裡，不能忘本忘根。連起來就是

說，光線用歸用，但不能忘記光是來源於明的，明才是最核心的、最需要堅守的。明是什麼？「見小日明」，那就是道了。

光可以代表一切外在的事物，即萬物。身，是萬物的本身、真身。借用體用之說，那麼明是體、光是用，也就是道是體、物是用，永遠不要忘記道。「是謂襲常」，這是不顯山不露水的常道。「襲」，左衽袍，穿在裡面的衣物，引申為藏。「常」，指古人穿的下裙，基本義是永久的、固定不變的，有規則、規律。

用這層意思去理解身心雙修，就能體悟，在修身與修心之間，重點在修心，修心才是根本。這正貼合道與萬物之間的互動關係，正是尊道貴德的緣由所在。

聯想到修心之法，一定要「塞其／閉其門」才行嗎？一定要把外用修身和內在修心分割來看嗎？未必。古已有云「大隱於朝，中隱於市，小隱於野」，閒逸瀟灑的生活不一定要去山水林泉間才能體會，更高層次的隱逸是在城市的繁華嘈雜之中同樣保持內心的寧靜，在職場明爭暗鬥的博弈之中同樣守持心靈的淨土。

修行不是關家裡、進山裡，其實，處處都是修行地。

修心也不是什麼事都不做。動念起坐，皆為修行。「和心足於內，和氣見於外」（嵇康），欲起即落，念動即止，起坐自然。

第五十二章　毋遭身央：要外修其形只現柔和，更要內修其心明心見性

第五十三章
行於大道：多為治下著想，多為民辦事，才不會招來謾罵

使我絜有知，行於大道，唯迤是畏。大道甚夷，民甚好徑。

朝甚除，田甚蕪，倉甚虛。服文采，帶利劍，厭飲食，財貨有餘。是謂盜竽，非道也哉。

上一章講到內修外用、內外雙修的觀點，並且說，修習是首要的。本章，從字面上看是在批判當時的政治生態，實則是在刻畫一個違背大道的群體形象，從反面讓我們理解內修本心之必要。老子希望大家多為治下著想，多為民辦事，這樣才不會招來謾罵。

老子批判的這個群體，是當時的執政者，可見，老子五千言的確是主要寫給治國者的。我們理解《道德經》，毋須去看它的這個角度，還是應該從中讀出對我們的思想和價值觀、對我們的職業生涯、對我們的為人處世有啟發的東西。

「春秋無義戰」，國君為了稱霸而四處擴張，官僚為了個人奢淫生活到處煽風點火，勞民傷財，老百姓苦不堪言。老子對當時的治國理政情形看不慣，在本章中提出了強烈的批判。而且，不僅是言語的批判，還動了粗口，大罵國君、官員是強盜頭子。為什麼會這樣？因為官員也罷，民眾也罷，都心中無道，只會幹些離經叛道的事情。

「絜」，本義是指量物體的周圍長度，也泛指衡量。本章第一句「使我絜有知」，意思是假如我多少知道點的話，這是老子謙虛的說辭。也可以擴展開來理解 —— 有點常識的人都知道。知道什麼呢？「行於大道／唯迤是畏」。要走就走大路，走彎彎曲曲的小路，是要讓人擔心的。為什麼呢？「迤」，同迆，彎彎曲曲、延續不絕的樣子。這樣彎曲的小路容易埋

伏強盜、隱藏猛獸什麼的，危險係數比大路要高很多。這個道理是淺顯易見的。

但是——萬事就怕「但是」——老百姓連這個常識都沒遵守。

「大道甚夷／民甚好徑」，大路平坦，老百姓卻喜歡抄小路。這個情況到現代也依然常見。比如，一片綠油油的草地上，被踩出了一條對角線式的土路，礙眼得很。其實沿著草坪的直角大路也沒多幾步路，可就是要走對角線，圖那幾步的方便，卻煞了風景。還如，開車強行插隊、高速公路塞車走路肩，違反交通規則，卻能得益，所以常有人這麼做，不管打亂了行車秩序，不顧延緩了行車速度，最終個人獲益群體受損。再如，總期盼著不必奮鬥一夜暴富，總想著玩點小聰明，丟了匠心，做事情浮於表面，只要前面的「面子」，不管「裡子」。看來，抄近道、走捷徑是幾千年來的頑疾，「民甚好徑」也是改變不了的。照說，老子自然無為的境界應該很是高深了，可是他還是對這個現象動了罵心。要麼老子的言行也有矛盾的時候，要麼這個現象實在是讓老子厭惡到極點了。呵呵。

那麼，可不可以這樣說：老子的思想確實是很高深、很獨到的，在心理疏導、做事方法等方面給了我們很多的啟發。但是，不必當成解決一切思想、心理和現實問題的靈丹妙藥。有些問題，悟老用老也是解決不了的。所以，堅信老子，但不可迷信老子。

迷了就是過度了，並不符合老子思想。

回到正文，在老子眼裡，「民甚好徑」，其原因在於國君、官員。執政者們很是可惡。老子是這麼說的，「朝甚除／田甚蕪／倉甚虛」，朝堂打掃得乾乾淨淨，但是田地荒蕪，糧倉空空如也。

這就是批評官員做表面文章了。國富民強才是正道，該去努力為之，怎麼能只顧著樓堂館所呢？得先掃天下，再掃自己那一屋呀。范仲淹「先天下之憂而憂，後天下之樂而樂」是與老子觀點相通的。

這批評得還不深刻，老子繼續講「服文采／帶利劍」，穿著華麗、身

帶利劍，這就是指高級官員了，因為只有他們才有資格佩劍。這些人，「厭飲食／財貨有餘」，大吃大喝，酒足飯飽，家裡還有存貨有積蓄。「是謂盜竽」，這是一群強盜頭子啊。「厭飲食」中的「厭」指飽、滿足。「盜竽」中的「竽」就是成語濫竽充數提到的樂器，是古時樂隊的主要樂器，有點像交響樂隊中的小提琴，是整個樂隊的主力和靈魂，「盜竽」就是強盜頭子、罪魁禍首了。

為什麼吃得好穿得好的官員會是強盜頭子呢？因為老百姓沒吃沒穿，沒有讓老百姓過上好日子，因為他們靠剝削老百姓才過上這樣的日子，沒有為老百姓辦實事。

這樣的行為「非道也哉」，不是道之所為啊，而是背道而馳、離經叛道的呀。

這下能看懂老子的主張了。老子既批評了官員是「盜竽」，也恨老百姓不能成鋼，「民甚好徑」。當然，官員雖有世襲，好多也來自老百姓，老百姓身上的惡習被帶到了官場，都有好高騖遠不踏實、浮誇形式不扎實的毛病。

所以，正道是怎樣的呢？答案顯而易見 —— 必須復歸於道，修心為上；要放棄投機取巧，用大智慧，不搞小聰明。大智慧才能獲大益，才能獲得長期的益處。

同時，作為領導者、管理者，一定要正心正行。上梁自正，才會不讓下梁歪斜。

此外，先人後己，成人達己。一人富不如全民富，只有讓人民先把生活過好了，官員生活好，這才是真的好。心中真有下屬、真成就下屬的管理者，才是合格的。事事占便宜、處處沾利益，這樣的領導者只會讓下屬嗤之以鼻。

第五十三章　行於大道：多為治下著想，多為民辦事，才不會招來謾罵

第五十四章
建德抱一：以道內修，成為最好的自己，去造福一方、影響一片

善建者不拔，善抱者不脫，子孫以祭祀不絕。

修之身，其德乃真；修之家，其德有餘；修之鄉，其德乃長；修之邦，其德乃豐；修之天下，其德乃博。

以身觀身，以家觀家，以鄉觀鄉，以邦觀邦，以天下觀天下。

吾何以知天下之然哉？以此。

本章仍然是第五十二章的延續。上一章講了反面典型。本章要從正面講得道之人該是怎麼樣的。得道之人，在本章中被命名為善建者、善抱者，他們強調修心之本，內修深厚，能看懂人間世，能建設人世間。為什麼有此一說呢？因為本章的兩個關鍵字，一為「修」，二是「觀」。

本章第一句是「善建者不拔／善抱者不脫」。大多認為，這句話是建牢固的房子，緊緊抱住東西這類的意思。如果這樣理解，那麼，接下來的一句「子孫以祭祀不絕」就無法與前面連繫起來，也無法解釋了。要有正確的理解，首先要搞懂善建什麼、善抱什麼。為此，需要連繫之前的章節。

第四十一章講「健德如偷」，意思是因為遵循規律去做事情，不妄為不折騰，看起來很安逸，愜意慵懶、無所事事似的。

本章善建的是德呀，善建者，實乃健德者。這樣的人，是「不拔」的。

「拔」有很多含義，比如抽出、提拔等，在這裡是哪個意思呢？

《爾雅‧釋詁》把意思相近的三個字放在了一起，殲、拔、殄，都做盡講。所以，「善建者不拔」，是說因為德行飽滿，能得到大家的認可，不會玩完。

又，第十章講「載營魄抱一／能毋離乎」，身心合一，永不分離，融為一體。本章善抱者，抱著的就是這個一，道也。善抱一者為什麼能「不脫」呢？「脫」，指病情突變、陰陽相離而致生命垂危的病理及其症候。清代有醫書《臨證指南醫案》，其卷三有〈脫〉篇：「脫之名，唯陽氣驟越，陰陽相離，汗出如油，六脈垂絕，一時急迫之症，方名為脫。」按此意思，善抱一者「不脫」，說的是信道行道的人，不會有生命危險。

無論是善建德者，還是善抱一者，都是尊道守道的典範。

他們是鄉賢，是清流，在家族中、在一個地域範圍內，有好的名聲和口碑，會被一代又一代的人記住，「子孫以祭祀不絕」，子孫們因此敬仰他們，也會長長久久地祭奠他們。這也是第三十三章「死而不亡者壽」的一種情形。

再往深處探求一下。建德與抱一，有關聯嗎？有的。建德，是內心的建設，是修心。抱一，在這裡更多的是身隨心走，保證身心合一。再細細品味，身隨心走，是我們的外在表現，比如言行，比如與世間萬事萬物萬人的接觸，不離不棄於內心的道和德。如此看來，依然是先修心後外用的意思。

這一層意思，與接下來要講的五「修」、五「觀」對應得上了。

五「修」是對內的，五「觀」是對外的。

五「修」（修身、修家、修鄉、修邦、修天下）而能德真、德余、德長、德豐、德博。其中的緣由，我們不做過多的詮釋，只需要理解一點，在多大的範圍行道布德，就會有多大範圍的受益。這一點，與「修身持家治國平天下」有相似之處，當然也存在明顯的邏輯差異。老子的五「修」中，沒有層層遞進的意味。身、家、鄉、邦、天下，所有區域是平等、平行的關係。

每個人，在自修其身的同時，都要在自己能力可及的最大範圍、在能夠影響到的最大範圍內，按照道與德的方式去做事，以此惠及一方水土。

這可以看作老子向我們提出的一份使命和責任。

五「觀」，即觀身、觀家、觀鄉、觀邦、觀天下，有推己及人的意思。自己達到道的要求，心裡就有了道的基準線，用這條基準線去衡量外界，能看出外界的情況究竟是怎樣的。外界是虛靜的還是浮躁的，是無為的還是亂為的，是謙遜的還是傲慢的，全都衡量得出來。這是一層含義。

另外兩層的含義會不會有呢？值得考慮。

第一個，以身觀身，除以己身觀彼身的意思之外，有沒有以彼身觀己身的意思？對《老子》的理解，是千人千解的，所以不必限制這個可能性。根據外界的訊息，比如外界對自己言行的反映，由外而內地反觀自己，以人為鑒，來看看自己身上的道是否端正，德是否完滿，同時，看到外界的精華，又大膽地吸收。這樣，加速了自身的完善。

第二個，「觀」，本義指有目的地仔細察看，引申為對事物的認識和看法。那麼，其中除了凝視、審視的意思，有沒有行為影響的含義？用自己的言行去影響他人，以自家的形象去影響他家。尤其在治理亂象、尋求破局的時候，自己身先士卒，做出榜樣，做出業績，來帶動外界的改變。老子強調的是修心與外用的統一，從這個角度講，「觀」在觀看、思考之外還有行為之義，也合情合理。

推己及人，又能反觀自我，還能言行合一。這樣的老子，「吾何以知天下之然哉？以此」。運用這樣的方法，天下林林總總的事情就了然於胸了，「不出於戶／以知天下」也就在情理之中了。

這個時候的境界，這個時候的心境，這個時候的瀟灑，讓我想起蘇軾那首著名的詞：「羽扇綸巾，談笑間，檣櫓灰飛煙滅。」

當然，與赤壁之戰時的諸葛亮所不同的是，老子提倡不爭、反對戰爭。

第五十四章　建德抱一：以道內修，成為最好的自己，去造福一方、影響一片

第五十五章
至和至精：護元氣、修精氣、固力氣，任何階段都要保持活力滿滿、上進之勢

含德之厚者，比於赤子，蜂蠆虺蛇弗螫，攫鳥猛獸弗搏。

骨弱筋柔而握固。未知牝牡之會而朘怒，精之至也。

終日號而不嗄，和之至也。

知和曰常，益生曰祥，心使氣曰強。

物壯則老，謂之不道，不道早已。

上一章講到，加強修心，並把德播撒出去，惠及於外。老子在本章給善建者、善抱者又增加了一個頭銜 —— 含德之厚者。

他們在五「修」、五「觀」之後，又將達到一個新的境界，即「比於赤子」，跟嬰兒很相像。他們具有三個特點：力至、精至、和至，能夠不老。

在前面的章節中，我們已經提到，嬰兒與女性是老子很喜歡用來喻道的載體。在本章中，老子再次用了赤子，也就是嬰兒，來比喻德行高的人。他說，嬰兒不會被蜜蜂、蟲、蛇刺咬，凶猛的鳥獸也不會去抓他。為什麼呢？因為嬰兒元氣滿滿，百毒不侵，而且不會對外界產生威脅，沒去招惹麻煩，麻煩自然不會找上門。本句的幾個生僻字，是這樣解釋的：「虺」（ㄏㄨㄟˇ），古代中國傳說中的一種毒蛇，常在水中。「螫」，毒蟲或毒蛇咬刺。

「攫鳥」，凶猛的鳥。由此可見，德行高的人，妖魔鬼怪、牛鬼蛇神這些亂七八糟的東西，一般是不敢來犯的，因為正氣傍身。

透過觀察，老子發現嬰兒有三個特點。第一個特點：「骨弱筋柔而握固」。嬰兒的筋骨柔弱，小手握著東西的時候，看起來是似抓似未抓的樣子，但要從他手裡把東西抽取出來，卻是不易。手雖小，抓握東西很牢，

其力氣不是死力氣，如果用一個詞來表示，可以是氣力，氣之力。內氣足，必然勁力大。

第二個特點：「未知牝牡之會而脧怒／精之至也」。嬰兒不知陰陽交合的事情，生殖器卻是翹起的。「脧」（ㄐㄩㄢ），男性生殖器也。

「怒」，有版本寫為「作」，其實怒不僅有生氣的意思，也有奮發、氣勢盛的含義，比如心花怒放。嬰兒的這個生理現象，是什麼原因呢？老子認為是「精之至也」，身體裡的精氣充盈，不僅會讓生殖器翹起，整個身體都會是鼓鼓的。

第三個特點：「終日號而不嗄（ㄒㄧㄚˋ）／和之至也」。嬰兒無論大哭還是大叫，聲音再響、時間再長，喉嚨都不會沙啞。想想身邊孩子的情況，確是如此呀。可見老子的很多思想都源於現實、出自生活。進而透過觀察和思考，建立起自己的思維體系。「號來演奏樂器或唱歌，左部的「禾」為聲旁，表示讀音。「和」指聲音相應和，其中有和諧的含義。用在這裡可以理解為和之氣。

這個和氣，不是溫和的氣度，而是指元氣，即中醫裡講的人體內能使各器官發揮機能的原動力。葉夢得《石林燕語》卷三記載了北宋名臣文彥博的一段軼事。元豐末，文潞公致仕歸洛，入對時，年幾八十矣。宋神宗見其康強，問：「卿攝生亦有道乎？」潞公對：「無他，臣但能任意自適，不以外物傷和氣，不敢做過當事，酌中恰好即止。」、「攝生」、「道」、「任意自適」……這些都很眼熟，看上去就有親切感，因為與老子思想相通。這裡所說的和氣，就是元氣。

這麼看來，嬰兒有了力氣、精氣、元氣，這是一股氣還是三股氣？仔細想想，應該是同出一源，互有差異。元氣是天生的，從娘胎裡帶來的，是最純、最真，也是最為底層的氣、最基礎的氣。精氣是元氣基礎上加上後天精華的沉澱而成，可以修煉得到，比如小說裡的得道成仙或者變了人形的妖精，修的就是精氣。力氣則是見於外的，是內氣的外用。嬰兒有這

三股氣，大人也有，但與嬰兒相比，大人隨著成長，元氣在削弱，力氣在增加，精氣的多少則因個人修行而異。但是，含德之厚者，是能與嬰兒一樣的，三氣皆盈，尤其是元氣足。

搞清楚了這些，就容易理解後幾句話了，因為三句話對應三股氣。「知和日常／益生日祥／心使氣日強」，這是德行高的人為我們指出的養生、修心之路。各版本都有「知常日明」，放在中間，顯得似乎有點多餘了。第十六章有「歸根日靜／靜是謂復命／復命常也／知常明也」，第五十二章還有「見小日明／守柔日強／用其光／復歸其明／毋遺身央／是謂襲常」，對「常」和「明」的解釋在本章不再贅述。

「知和日常」。「知和」，不一定是指知道陰陽調和。「常」，是規律已經融入普通得不能再普通的日常。《易・繫辭傳》有云「乾知大始，坤作成物」，「知」猶為也，另解主也。其中，就不止有知道的意思，而且有行動之義。元氣是先天帶來的，「知和」，可以理解為保有元氣，守住真氣。

放到生活哲學角度中去理解，我們要從「和」的本義出發。「和」與「龢」常常通用，在春秋以前常使用「龢」。

「龢」的字形，左邊的「龠」像一排竹管合拼而成，是笙和簫之類的吹奏樂器，右邊為「禾」字，表讀音。這些樂器一齊吹奏，聲音悅耳動聽，顯得很調和、和諧。這就是樂隊合奏的交響樂。

每種樂器都在吹奏，發出自己的音，同時又遵循同一個樂譜，不顯雜亂，反顯厚重和動聽。從這個字義中我們會理解，和是不同個體融合成的內容豐富的整體，它提倡整體但不排斥個體，而每個個體也都尊重和符合整體。懂得這一點，就可以知曉道的一面。這一觀念其實是最基本的規律、最核心的規則，需要把它作為常識，無意識中就能運用出來。這是對「知和日常」的引申理解。

「益生日祥」。第五十章提到兩個詞，「生生」、「善攝生」，與本章的「益生」有關聯。大多觀點把它與「生生」等同，所以，理解成貶義，認為

是過於愛護生命，是不吉祥的。「祥」，凶兆之義。對這個理解，我是存疑的。「益」在《道德經》中聞道者曰損」（四十八章）。由此推斷，「益生」更會與「善攝生」相近。「祥」，本意指有關吉凶的徵兆，沒有善惡之分。老子則多用其吉意，比如「夫兵者／不祥之器也」（三十一章）。所以，老子是用讚許的口吻說「益生曰祥」的，修煉精氣、保養生命是件好事。這是對應著精氣來講的。精氣透過後天修行得來，汲取日月精華。這也是養生之必備。推而廣之，在人的一生中，要學習、生活、工作，面對形形色色的人，處理各種各樣的事，這都是修行。在這個過程中，可取人之長，可完善自我，一路補充能量，不斷地向前，讓自己的人生充滿明亮的色彩。這是「益生曰祥」帶給我們的啟示。

「心使氣曰強」。老子主張柔弱，用到「強」字，有時是正面意思，比如「自勝者強」（三十三章），「強行者有志」（三十三章），「守柔曰強」（五十二章）；有時是反面意思，比如「善者果而已矣／毋以取強焉」（三十章），「強梁者不得其死」（四十三章），「堅強者死之徒也」（七十八章），「兵強則不勝／木強則烘」（七十八章）。連繫前後句來看，「心使氣曰強」還是表達正面意思多些的。「心使氣」中的「心」，是意念；這個「氣」，是元氣、是精氣；「使」，是把元氣、精氣轉化為力氣。這就是嬰兒「握固」的原因，因為嬰兒的元氣滿滿，而且無思無慮、無欲無求。元氣在無意識的引發下，筋骨雖柔弱，使出來的力氣卻是大的，也能把東西抓牢。長大成人，已是元氣減、意念多，雖有後天精氣彌補，卻沒有元氣那麼純、那麼真，加之心有所思，就讓抓力衰減，不那麼「握固」了。待到老年，意念少下來了，元氣、精氣卻是大減的，更要握不固了。

歸納起來講，無論養生，還是為人處世，一要保持虛靜，少私寡慾，尤其不能縱慾，讓元氣駐於身更長久一些，慢些流失。

二是正心、謙下，不狂不躁、不郁不悶，配以適當、適度的鍛鍊，儲備精氣。三是內心堅強、意志堅定，挫商（抗挫折的能力）足夠，讓意念

力保持強大。當三者合而為一，不僅能力得以發揮，成力所能及之功，還能驅動潛能，做力所不能及之事。

這大概也是道之所至，保持柔弱得以不老的祕訣吧，「物壯則老／謂之不道／不道早已」。

不老，不只是長生，還要有生活品質。現代人的平均壽命是七十七歲，從個體來講，再長也就八九十年。這個生命進程，一定是要有生命品質的，比如身心健康、身心愉悅、此心光明，這才是保量保質的壽命。

不老，是一直在成長。物壯則老，壯了，就到了頂點，開始走下坡路了。對這一點，曾國藩體會很深，他說，人生最好的狀態是「花未全開，全月未滿」。要保持不老，一定不要讓自己呈鼎盛之勢。

這樣，一方面，要保持生命力。心死之人一定是衰老的，不求上進、心灰意冷的狀態也與死之將至無異。所以，活力指數高才是元氣滿滿的表現，要不斷學習、不斷成長、不斷攀登、不斷追求。有必要指出的是，不是要去追求名利，不是去拿更高的職位、賺更多的錢，而是完善自我，讓人生完滿。

另一方面，承認自己的不完美。每個人都有優缺點。只有優點的人，是不存在的。自信爆炸，也是壯的表現。因此，看好自己的優點，不乏自信；同時，知道自己的缺點弱點，毋須自卑自憐，不必自暴自棄，只記住一點，保持進取的意識和能力，才是永不老的。而所講的完美或不完美，都不是世俗角度的，是人之本性角度的。

再一方面，人生有起伏，即便有條件的時候，福不可享盡，勢不可用盡，盡則走衰。做這些不合於道的事，容易早早地去見老祖宗。

第五十五章　至和至精：護元氣、修精氣、固力氣，任何階段都要保持活力滿滿、上進之勢

第五十六章
知者弗言：少說多做，完善自我，融入環境，柔和處事，方為正道

知者弗言，言者弗知。

塞其闥，閉其門；和其光，同其塵；挫其銳，解其紛。

是謂玄同。

故不可，得而親，亦不可得，而疏；不可，得而利，亦不可得，而害；不可，得而貴，亦不可得，而賤。故為天下貴。

五十二章後的幾個篇章，從道為何物，到修為之路，再到對有道之人的描寫，一路而來，一氣呵成。本章還將繼續，在善建者、善抱者、含德之厚者的基礎之上，再來一個新的稱呼，叫知者。

知者，是不是智者，聰慧之人？是，又不完全是。在《道德經》中，用「知」字的地方不少。第三章中，「恆使民無知無欲也／使夫智不敢」，同時使用了「知」、「智」，可見，本章的「知者」

不會是第三章的「智者」，那麼是指什麼人呢？這要看他知的是什麼？我認為他知的是深明大道。那麼，「知者」，就是有大智慧的得道之人，與「含德之厚者」的意思差不多。

「知者弗言／言者弗知」，對這句話的理解，不能簡單地照著字面意思來，而要與前面的章節連繫起來，尤其是第二章的「行不言之教」。「弗言」與「不言」，應該都有不妄言的意思。

而用字有差異，說明老子想要表達的還有更多的含義：不僅不說大話謊話，不說狠話硬話，不說假話套話，而且不會多說、不會囉唆。如果正好相反，那此人一定還沒有摸著道的邊。

我們很容易從一個人的話語中讀懂他的所思所想，甚至明白他的價值

觀和思維方式。不妄言、不囉唆的知者，只會好好去做事。那麼，他會有怎樣的思想底色？又會有哪些言行呢？

老子說了三層意思：一為「塞其闊／閉其門」，自己修行到最好；二為「和其光／同其塵」，融入環境，不會格格不入；三為「挫其銳／解其紛」，處事柔和，不讓爭端起。

「塞其闊／閉其門」，在第五十二章有同樣的話，意思是閉門修行，專心內求，清修己心，存清淨無為的思想。在此不再贅述。

「和其光／同其塵」。孔子講「君子和而不同／小人同而不和」，和與同，既有共通之處，也存在差異。和，是發揚個性而又維護整體，是一支樂隊。同，是完全一致，像是克隆出來的，只有鐵板一塊，不允許有個性差異。日常怎麼處理個體與整體的關係？只利個體有損整體的事，不去做，這是底線，比如，強行插隊滯阻行車速度。作為管理者，只顧整體而不顧及個體的事情，也不宜去做，比如一言堂的行事風格，個別決策上的決斷不能算一言堂，如果成了一種工作風格，即便可能出於整體利益，但說到底也還是只顧著個人。個體與整體的有機統一，不是一句空話套話。和展現的不僅是一種個人境界，還是尊重他人、胸襟豁達、攜手共進的風範。

再回到原文。塵是塵土，極為普通的東西；光，與塵相對，那一定是很光耀的東西了。「和其光／同其塵」，是說與光耀相和，與塵土相同，對方是光，那我們也成為光，對方是塵土，那我們也就成為塵土。那聽起來很像變色龍呀？它會因變而變，而且這個變色龍，具有道家思想，是正心正念的，變色不變心，所以不會做出出格的事情，不會給人以投機分子的感覺。這樣跟人打交道，才是站在對方的角度去考慮問題，與對方並肩站立，同在一條戰線上，不會對立。舉兩個具體的例子，主管視察，有人撐傘，讓大家在太陽底下晒，不符合道。會見賓客，無有適當的禮節，也不符合道。

知者的思想底色基本講清了，那麼，他又是怎麼處理事情的呢？「挫其銳」，把自己的稜角磨平，有理由相信，老子這麼說不是教人圓滑，而是勸人變柔和。此外還「解其紛」，一旦有矛盾，就妥善處置，不迴避也不讓矛盾擴大，排除各種紛爭。

挫銳解紛，用柔和的方式解決問題，能把事情處置得妥妥當當。這已是很好的了。當然，更佳的情形是無事無爭，不起事端。這樣的思維方法、思想底色，「是謂玄同」。深奧微妙的相同，當然是同於道，其所要表達的是：這一切都是遵道而行的風格。

說到這裡，老子又要繼續說他的道了。首先需要搞清楚該「不可得而親亦不可得而疏」怎麼斷句。

是「不可得／而親……」還是「不可／得而親…」？我傾向於這樣的斷句——「不可／得而親，亦不可得／而疏」。得什麼？不可得什麼？那就要搞清楚這一句的主語是什麼了。本章最後一句是「故為天下貴」，應當是與「尊道而貴德」（五十一章）關聯。貴的就是道，就是德。

所以，得和不可得的都是道。

如此，就好理解了。不能因為得道就覺得道很親切，得不到道就認為道很疏遠；不能因為得道就覺得道對我們有益處，得不到道就認為道會帶來壞處；不能因為得道就覺得道很貴重，得不到道就認為道很卑賤。其實，道無所謂親疏，無所謂利害，無所謂貴賤，你得到或不得到，道都在那裡，不親不疏、不利不害、不貴不賤。

這樣，「故為天下貴」，才是天下萬物覺得道的珍貴之處。

話雖如此，還是要去修行、去得道的。寡慾無為，凡事從客觀出發，一切依循大道，方為正道。

第五十六章　知者弗言：少說多做，完善自我，融入環境，柔和處事，方為正道

第五十七章
以正治國：上梁要正守住道，下梁不歪可自治，這是管理總綱

以正治國，以奇用兵，以無事取天下。吾何以知其然也哉？

以此。

夫天下多忌諱，而民彌貧；民多利器，而國家滋昏；人多知巧，而奇物滋起；法物滋彰，而盜賊多有。

是以聖人之言曰：我無為而民自化，我好靜而民自正，我無事而民自富，我欲不欲而民自樸。

如果說德篇從第三十八章到第五十六章側重於講述個人修為，是思維構建的話，那麼，從本章開始，有大量章節與如何把道與德運用於治國理政有關。本章文字與白話文相仿，理解起來不難，可視為以道治國之總論。

本章的闡述邏輯較以往章節有些差異。在本章中，老子先拋出了結論，然後再說依據，這是先論點後論據的表述方法。

他的結論是這樣的：「以正治國／以奇用兵／以無事取天下」。以正治國就是以道為基本準則來治理邦國，其中一個具體準則是清靜。清靜常與無為聯成句，組成了基本的道。

當然，老子用「以奇用兵」來表述他的用兵之道。對應著「奇」來理解，也可以說，老子採用了「正」之「端正」的含義，治國要光明正大，不搞歪門邪道，雖不深奧，意思倒說得通。

而用兵，則貴在出奇。用兵不能規規矩矩的，否則就是紙上談兵，一定要出奇兵，讓對手猜不著、摸不透、準備不了，戰則能勝。

而本章並未涉及兵事，到六十七章之後才談到，可見，本章有治國總

論的意味。

「以無事取天下」，第四十八章講「無為而無以為／取天下／恆無事／及其有事也／不足以取天下」，前後表達是一致的。如果政通人和，就能得民心，如果不必用兵，國家和平，這樣當然是能坐穩天下的。而多生事端，搞出一堆問題來，得不到人心，當然也就沒有資格占著領導者的位置了。

上述結論，來自老子親身的觀察。而且他看到，當時的社會有好多負面問題，透過對這些問題的反思，得出了治國之道。存在哪些問題呢？第一個，「天下多忌諱／而民彌貧」。社會上有太多的禁令，影響了生產生活的正常運轉，導致老百姓被束縛了手腳，沒有生產力，都是貧困戶無法翻身。第二個，「民多利器／而國家滋昏」。民眾手上有器械當武器，械鬥不斷，導致混亂滋生。第三個，「人多知巧／而奇物滋起」。大家心機很重，巧詐得很，社會上歪門邪道盛行，奇奇怪怪的事層出不窮。第四個，「法物滋彰／而盜賊多有」。物質主義嚴重，功利、享樂問題嚴重，出現了各式各樣的盜賊。其中有順手牽羊的，有偷搶拐騙的，有欺世盜名的，甚至還有竊國大盜。這些問題的產生，都是因為人們背道而馳，心裡全是浮躁，做事膽大妄為。

國家和社會有這麼多的問題，老子是看不上的。他讓聖人出面說了治國之道應該是這樣的：自己做到無為、好靜、無事、欲不欲，讓老百姓自我管理、自我完善、自我激勵、自我致富。

看來，聖人不只是得道高人，還出山為政做了官員。治國的話，他就是聖上，治理一方的是諸侯，管轄小片區域的也是個地方官吏，總之都有領導之責。上級不亂作為，老百姓按自己的想法和方式生活，實現自我教化；上級的風格是虛靜，能容納所有的言行，也不躁動，老百姓可以自我端正、自我改正；上級不去攪擾，老百姓自己找到致富門路；上級想著自己克制欲望，追求簡單生活，不去享樂，上有所好下必趨之，老百姓也會

更多地關注自己的言行，讓自己回歸樸素、質純。

其中有積極的一面。比如，行事風格上要能包容、能簡樸，又如，上級要首先管理好自己，讓自己成為表率。但也不免使人產生幾個疑問，上級能完全這樣做嗎？上級這樣做了老百姓就一定能管好自己、提升自己嗎？疑惑是一定有的，因為老子的看法有點理想化了。

不能把什麼都不做看作無為，那是懶散、惰政。即便順勢而為，重點也應該在為上。有的時候要去創造這個勢，要有長期「作戰」的意識，做符合趨勢、有遠見的新東西，走在趨勢的前面；要主動作為，而不是守株待兔，不是死等風來；要做貢獻，利公、利民。即便順遂規律，有的時候也要看主導規律是哪個，做好統籌協調的工作；即便順水推舟，也要掌好舵、控制方向，否則就成了隨波逐流，可能僥倖過關，但不可能事事都走運，遲早會擱淺、觸礁。

其實客觀條件也有不允許上級完全這麼做的一面。比如，水體受了全面的汙染，在這個情況下，還能順勢而為、順遂規律嗎？不能！所以，在虛靜無為之上，還有一個終極要求，就是正。我們應正心、正念、正行，否則只是綏靖縱容、同流合汙。

受到汙染的水體，能自淨嗎？答案是不一定。少量水體受汙染，還能自我淨化。如果文化已經異化、風氣已全面惡化、大滑坡已經不可遏止了，是不可能實現自我淨化的。這就必須採取斷然措施，比如，要斷了汙染源，然後進行治理，或補充新水，或培植水生植物，假以時日，才能重新潔淨。

如果這樣的水體代表的是老百姓，比如出現調皮搗蛋、懶散拖拉、錯誤百出等情況，還能讓他們自我管理嗎？顯然不能，一定要糾正。首先，需要揚湯止沸、懲惡揚善以止損；然後，重構思維體系，用新觀念替代舊觀念，以改變風氣；再者，重塑方法，用新方法取代老做派，以糾其言行。在這樣治理的過程中，要找準切入點，找到推進節奏，注意方法，才

能事半功倍。

這才是真無為。

無論是水體的治理者，還是水體中的一滴水，首要的，要先做到以道為本。從更正自己開始。

這就是修行。

第五十八章
方而不割：心中有道，懂得辯證，識得分寸，可長治久安

其政悶悶，其民惇惇；其政察察，其民獪獪。

禍，福之所倚；福，禍之所伏。孰知其極？

其無正也，正復為奇，善復為妖。人之迷，其日固久矣。

是以方而不割，廉而不刺，直而不肆，光而不燿。

本章講到的是執政風格的問題。「其政悶悶／其民惇惇／其政察察／其民獪獪」。如果執政者憨憨的、笨笨的，包容厚德，老百姓就很淳樸、憨厚。如果執政者很精明，明察秋毫，嚴苛寡德，老百姓會狡詐刻薄、錙銖必較。「獪獪」，一種獸類，意狡猾也。

執政者有權有勢，能為人民服務，也可以給人穿小鞋。老百姓只能接受管理，自然要為自己的生存盤算。上級是某種風格，老百姓也就順著走。兩種風格中，老子顯然是褒「悶悶」貶「察察」的。他的自畫像就說「俗人察察／我獨悶悶」，「察察」的都是俗人，雖指眾人，也不免是說凡俗之人。悶悶，不是裝出來的，是內心的自然表達，是性情的自然釋放。

其實，老子的這個提法隱藏著一個前提條件，就是民眾未開化，本性依然純樸，沒有受過社會的洗禮和浸染。實際情況是這樣的嗎？我們在生活中、在職場裡，能看到各色人等，聰明的、勤奮的有之，懶散的、機巧的有之。即便「其政悶悶」，也有許多的人得過且過、敷衍塞責、被動應付、拖沓推延、鑽營取巧……甚至鑽悶悶的人空子。可見，老子的觀點中有點理想主義的色彩。悶悶不是一定合道，察察也不是一定不合於道，關鍵還在於分寸，悶悶有分寸，察察也有分寸。

從對兩種執政風格的對比中，老子得出了一個大多數人都知道的著名

論斷──福禍辯證之論，禍中有福，逆境抱盼頭；福必藏禍，順境不得瑟。有了這樣的思維方式，能有既謹慎又樂觀的心態，行事方式上也會穩中有進、進中有穩，該爆發的時候衝刺，該持久的時候用耐力。

福禍相偎相依、相互轉化，正因為此，「孰知其極」？誰也不知道事情的終極狀態會是什麼樣子的，沒人能準確預測未來。「其無正也／正復為奇／善復為妖」。而無論福禍，如果沒有「正」的話，正的會變邪，善的會變惡。對於這個理兒，「人之迷／其日固久矣」，長久以來，大家都還迷糊著，都還沒明白。

感覺到老子的語氣了吧？老子覺得這好可惜呀！

這樣看來，正是人間正道。這個主心骨，任何時候都不能丟。

它包括哪些內容呢？老子說了四點：一方，二廉，三直，四光。

這四點，看上去都是正向的，而從福禍論的角度看，其中也隱藏有風險，需要採取措施規避。這個措施，就是要掌握好分寸。

第一個內容，「方而不割」。方形的東西有多條側邊，容易割傷手，卻要做到不傷人。該做何解？首先搞清「方」的含義。

身處世，不要輕易地改變自己的內心持守和行動的方向，保持恆定性。成語外圓內方意思是，人要外在隨和、內心嚴正。這幾個「方」的意思與「方而不割」的「方」是相近的。也就是說，做事不方正，只會同流合汙。做事太方正，則會曲高和寡、寡眾獨行。所以要方正而不能過於方正，有正的原則，也有適當的彈性，考慮對方的實際情況和感受。

正的第二個內容，「廉而不刺」。「廉」本義指廳堂的側邊，或者稜角。方已經講到邊的意思，所以不會重複講邊，「廉」更可能是稜角的意思。稜角是尖的，容易刺傷人。所以，第五十六章裡講「挫其銳」。要有個性，但不能是有稜有角的，需要保留適當的個性，削去其中鋒利的部分，打磨柔和，寬厚待人，莫讓人尷尬和不舒服。如果從廉政的角度來詮釋，執政者在這一點上不能有含糊，這是為人做事的底線，而如果廉潔如海瑞式，

精神雖可嘉，方式尚有可商榷之處。

　　正的第三個內容，「直而不肆」。「肆」，是肆意、肆無忌憚之意。何為「直」？一般的理解是不曲為直。王弼有一個注釋值得玩味：「因物之性，直不在一。」這已經超越物理概念，到了思想的層面。比如，兩點之間的線段是直的，而善意的謊言也算得上直。由此可見，「直」被賦予了人性的色調，就有了直率、耿直等引申的詞語。執政者要正直、要直率，不要有太多想法，不能是天花亂墜的做派，要簡單、直接、切中要害，但即便如此，也不可放縱。反面的示例在工作和生活中比比皆是，比如，好心辦了壞事，好初衷辦了錯事，無意中得罪了人等等。

　　正的第四個內容，「光而不燿」。「燿」，同耀，亮瞎眼睛、顯擺之意，要發光但不閃亮。除了含有收斂鋒芒、低調做人之意，還要注意首先要發光這一點。怎麼算發光？可以從兩方面來理解：第一，光是能量的釋放，要充滿正能量；第二，光是送出的光明，要為民做主，要為民辦事，做出實打實的成績來。這樣，才有條件去說亮不亮、耀不耀的事。有了光，發了熱，也「為而弗恃／成功而弗居」，不招人嫉恨。

　　整章看下來，感覺當主管實在不易啊，看起來有職有權，其實不能肆意張揚、徹底放飛。這也是修行之人所要面對的情況，不僅要自我約束，也受到來自外界的約束，甚至少有被理解、不時會碰壁。這是需要承受的痛。但即便如此，依然要堅定修行，堅持律己，有大氣磅礴之概，無有肆無忌憚之風。

　　懂辯證，識分寸，是一份真正的成熟，一種難得的境界。

第五十八章　方而不割：心中有道，懂得辯證，識得分寸，可長治久安

第五十九章
治人如嗇：少費周章減少消耗，是修心與管理的長久之道

治人事天莫若嗇。夫唯嗇，是以早服。早服是謂重積德。

重積德則無不克；無不克則莫知其極；莫知其極，可以有國；有國之母，可以長久。

是謂深根固柢，長生久視之道也。

本章最難理解，也最核心的字眼，一是「嗇」，二是「早服」。

漢字多義，老子寫下時想表達的實際意思是什麼，已無法考證。

「嗇」，字形像是把糧食收入穀倉，因此本義是收納穀物，「種曰稼，斂曰穡」，所以「嗇」有農事之義。「服」，也有服田之義，從事耕作。從興農的角度來理解整章的意思，也是通順的：

治理國家、祭祀上蒼，都要搞好農業，所以要早點開始耕作，這樣才能有糧食儲備（「德」通得）。有了糧食儲備，就什麼都不用怕了，別人也不知道底細，所以可以建邦立國。有了農業這個國之本，才可以保證國家的長治久安。在老子的時代，只有透過多年的農業生產，儲備下糧草，國家才能穩定，才能安全，甚至才有實力擴張。確是如此。老子倡農興農，把農業作為治國理政的關鍵，也在情理之中。

只是，這樣的理解，似乎又少了些許的思想底蘊和深意。

而核心字眼又有自己的引申義。所以，從把老子神聖化、把《道德經》深奧化的角度，還可以把本章理解成老子在把「嗇」當成一種執政理念來講，這就打通了執政與修心的關聯，而執政之法也就是修心之法。

「治人事天莫若嗇」。「治人」，就是管人，執政也。事天，則非侍奉上天之意。《孟子·盡心》講：「存其心，養其性，所以事天也。」孟子把「事

天」認定為保持本心、養護本性，這正是修心的內容。雖然儒道是兩派，但相信在一些概念上，也並非一定就相斥和對立。引入孟子對「事天」即修心的理解，並不影響本章的文思。老子講，執政也罷，修心也罷，其方法莫過於「嗇」。何為「嗇」？引申理解為愛惜、節儉。從執政、修心的角度，韓非子在其《解老》中這樣解釋，「少費謂之嗇」。

那該怎麼理解「少費」呢？兩個角度，第一，少費周章。簡潔明了，不僅直搗黃龍，直指要害，而且不亂作為，直截了當。第二，少耗精力物力。這不只是厲行節約，用現代的話說，應當是指投資報酬率高。

這兩個含義，不正是無為之道的應有內涵嗎？所以老子接著說，因為做到了簡潔明了、投資報酬率高，所以「早服」，早已經順服於道了。「早服」中的「早」，本意為早晨，引申為已經，比如早已。「服」，其古字只是右半部，像以手捕人，本意指降服、使順從。

「早服是謂重積德」，已經尊道而行了，那就是「重積德」。

「重」，程度深；「積」，累積。也就是說，按照道的方式去執政、去修心，就能很好地累積德行。

「重積德則無不克／無不克則莫知其極」。德行高了，無往不利、無所不克。什麼都能做成，大家也不清楚他的能力極限在哪裡，這表達的是實力無限、高深莫測，這與道之「淵兮」、「玄之又玄」又是相通的。讓人看不清、摸不透、搞不懂，大家就只剩佩服、仰慕，並願意跟從他了。到了這個程度，「可以有國」，就可以管理整個國家了。「有國之母／可以長久」，持續地堅持以道治國，長治久安的情形計日可期。從嗇一直推導到可以有國，而且國可以長久，環環相扣，形成了一個完整而嚴密的邏輯推理過程。

這一通推理之後，一個結論自然就浮現出來了：嗇是國家的堅實基礎，也是修心養性、長生不老之基本方法呀。正與前面的「治人事天」相呼應，結構嚴密、邏輯嚴謹。

而一切，都出自嗇。它不是小氣，而是簡明扼要，是直截了當，是節儉、重投資報酬率。

　　老子是我們大家的一字之師。

第五十九章　治人如嗇：少費周章減少消耗，是修心與管理的長久之道

第六十章
治國如烹：依物性而動，不妨礙百姓，是以道治理的高招

治大國若烹小鮮。

以道蒞天下，其鬼不神；非其鬼不神也，其神不傷人也；非其神不傷人也，聖人亦弗傷也。夫兩不相傷，故德交歸焉。

本章繼續講執政理念，而且是講如何對待百姓。「治大國如烹小鮮」，對這句名言的解讀，仁者見仁，智者見智。「烹」，是指不翻動，還是指物性、火候、調味、手法兼備？老子的側重點在哪裡？他究竟要強調什麼？本句中的「小鮮」，是僅指小魚，還是泛指所有的菜？「治大國如烹小鮮」，是指小菜一碟、舉重若輕的態度，還是另有所指？

這些疑問，要先解讀好後一句才能釋疑。「以道蒞天下／其鬼不神／非其鬼不神也／其神不傷人也／非其神不傷人也／聖人亦弗傷也／夫兩不相傷／故德交歸焉」，對這一句的解讀，首先要從理解鬼、神、人、聖人入手。聖人，指德行高的人，連繫第一句「治大國」，具體指有德的執政者。如此，本句講到的人，就是民眾、老百姓了。而鬼呢，神呢，又指什麼？

我們這樣思考這個問題：一個人在無助的時候，在表達願望的時候，會祈求神靈保佑，除此之外，還會向誰求助呢？老祖宗啊。如果神是指神靈，那麼，鬼有沒有可能是指祖宗？當然。

《論語・為政》中講，「非其鬼而祭之，諂也」，不是自己的祖先還要去拜祭，這是諂媚的表現。「鬼」，即祖先。相信在老子的時代，宗廟祭祀、祈拜上天是比較普遍的做法。

有了這些理解之後，解讀其他內容就容易多了。「以道蒞天下／其鬼

不神」，以道治理國家，無所謂祖宗是不是靈驗的。

為什麼？因為道就能讓國家長治久安、天下太平，不需要祈求祖宗保佑了。「非其鬼不神也／其神不傷人也」，不僅無所謂祖宗靈驗與否，而且神靈也不會出來妨礙老百姓。「其」，虛詞，無實義。「傷」，妨礙之義，比如無傷大雅、大傷風化。老子接著說，「非其神不傷人也／聖人亦弗傷也」，不僅神靈不出來妨礙老百姓，執政者也不會妨礙老百姓。

治國理政，不求神靈，不靠祖宗，不要領導，只需要一招——不傷人，不去妨礙老百姓自由發揮就可以。此外，也正與第五十七章的觀點一脈相承，「我無為而民自化／我好靜而民自正／我無事而民自富／我欲不欲而民自樸」。無為、好靜、無事、欲不欲，都是「烹小鮮」式的做法。

神不妨礙老百姓，聖人也不妨礙老百姓。「夫兩不相傷／故德交歸焉」，兩者的交集、共同點就是德了。老百姓隨性自然，怡然自得，謂我自然，那樣的景象是何等祥和。整句話，以道起（道蒞天下），以德收（德交歸焉），完美！

現在可以回頭去看「烹小鮮」的所指了，尤其要連繫「不傷人」的含義。我傾向於把「烹小鮮」視為泛指做菜。

第一，依物性而動。「烹」，先煎後煮的方法。是大火煎還是小火煨，是小火煎還是大火煨，要根據食材情況來決定。

老百姓有自己的物性，也要依著這個來做，這樣才能做到不傷人，才能讓老百姓自化、自正、自富、自樸。

第二，不亂搞。不會做菜的人，鏟子亂動，食材散亂在整個鍋裡。大廚師用鍋鏟，少有攪動，抖動幾下，就能讓食材齊整地混合，裝盤時還能保持食材本來的樣子。

第三，講協調。要把菜做好，得知道各種調料的搭配方式，一次就能成功，而不會淡了放鹽又多了，鹹了放水又淡了。搭配得好，才能保留食材本色，鹹淡總相宜。無為、好靜、無事、欲無欲與此大致是相通的。這

樣看起來也會處置輕鬆、應對自如。

　　所以，歸結到一點，以道莅天下，還是要把重道、守道、行道作為出發點，作為第一要務呀。

　　說的是「烹小鮮」，講出的是既高深又淺顯的道理。老子是思考的高手，是高明的智者。我們學老用老，也是值得一試的。

第六十章　治國如烹：依物性而動，不妨礙百姓，是以道治理的高招

第六十一章
大邦宜下：任何情況下，都持守一顆謙卑的心

大邦者，下流也，天下之牝。

天下之交也，牝恆以靜勝牡。為其靜也，故宜為下也。

大邦以下小邦，則取小邦；小邦以下大邦，則取於大邦。

故或下以取，或下而取。

故大邦者，不過欲兼畜人；小邦者，不過欲入事人。夫皆得其欲，大者宜為下。

講執政領域的行道實務，已經有好幾個章節了。作為執政領域不可或缺的內容，外交工作也是要講一講的。在老子看來，外交工作要以靜下為原則。

本章文字容易看懂。大國，要處下，要像母性一樣謙柔。

在兩性交往時，雌性以靜定的狀態征服雄性。因為這份靜定，所以能謙卑處下。在兩國之交中，如果大國謙虛地對待小國，能獲得小國的依附；如果小國謙卑地對待大國，能取得大國的信任。所以說，「或下以取／或下而取」，總之各自都做到下，就都能達到自己的目的。再具體點講，大國沒有太多想法去兼併他國，小國也不用想著去低聲下氣地侍奉大國。但實際情況是大家的想法有差別。大國想的是征服小國，小國想的是能夠生存下來。兩者能兼得嗎？老子覺得能兼得，並提出了路徑：「大者宜為下」。雖然大國小國都要做到「下」，但首先，也是最重要的，是大國要謙卑處下。

這能給我們哪些人生的啟迪呢？

在打交道時，雙方所具備的條件是有差異的，比如職務有高低、財力有多少、社會地位有高低、影響力有大小，這就像大國與小國。人是社會

動物，在相互交往的過程中，要怎麼看、怎麼辦？

第一，共同的目標不是你輸我贏、你死我活，而是和平相處，都能有空間和機會。第二，心態平等，地位平等。尤其強者，更要持有地位平等的觀念，如果認為高人一等，就容易傲慢待人，甚至以強凌弱。弱者，更側重於保持平等的心態，不要見到主管就覺得低人一等，就心靈發顫地去迎合。這都是沒有必要的。

第三，以謙卑為常態。弱者容易自感卑微而謹慎小心，而強者容易時不時地露出自己的優越感。能不能真做到謙卑，做到真謙卑，確是一個考驗，考驗修行的純度；也是一個檢驗，檢驗修行的深度。

修行進了骨髓，到了無有意念的程度，就能隨性而為。到那個時候，這個性情是真性情，再怎麼做都不會超過道的範圍。

所以，就讓我們做到真謙卑吧！

第六十二章
坐而進道：選用有道人才，有利事業發展

> 道者，萬物之主也，善人之寶，不善人之所保也。
>
> 美言可以市，尊行可以加人。人之不善，何棄之有？
>
> 故立天子，置三卿，雖有拱之璧以先駟馬，不若坐而進此。
>
> 古之所以貴此道者，何也？不謂求以得、有罪以免歟？
>
> 故為天下貴。

本章講到道的定位和帶來的好處，向天子、三卿這些高官顯貴「推銷」道，也可以看作馭下之策。

老子首先講，道是世間萬物的主宰，它被善人奉為寶貝，也是不善人的保護傘。經過前面的研習，這句話的邏輯內涵應該是能理解的，所以這裡不再做過多的解釋了。

為了吸引大家的注意，老子要說說道能帶來的甜頭，「美言可以市／尊行可以加人」。要理解這句話，首先要搞懂幾點。

第一，何為「美言」，何為「尊行」？這不是現代理解的說點好話、做點好事。嘴巴抹了蜜似說話、狗腿奉承，都不是老子眼中的美言、尊行。只有符合道的言行才是美言、尊行。比如，說出的話出於真心和善意，是真性情的流露，都是率真的純美。又如，舉止不見矯揉造作，都是內心的精誠。

這樣的一言一行，不是無厘頭的，不是陰暗和偽詐的，既能潤人心田，感到舒適，也能讓人有所領悟，感到力道。要說具體所指，那實在是很多，可以在修行時細細揣摩。

第二，是誰的言與行？從前後句的連繫看，是指得道之人的。

第三，「市」是什麼意思？從字面上理解，一定是與市場有關的，也就

是買賣了。什麼東西才會有交易？這東西應該是大家喜歡的，受到大家歡迎的，畢竟有了需求才有供給。

第四，「加人」又是指什麼？有版本寫為「賀人」，其實不然，原文就是「加人」。「加」，是增加，可以引申為益、重。「加人」，就是對人有益處，大家會給得道之人加分。

這樣，整句話的意思就出來了：得道之人的言談受到大家的追捧，他的舉止能得到大家的重視、尊重。看來，守道、行道可以帶來這麼多益處。「人之不善／何棄之有」，不善之人怎麼捨得丟棄道呢？連繫後面一句話，這個不善之人有點像是在指天子和三卿，認為當時的天子和三卿不好，罵他們不善人，不是什麼好人。

對於這些人，老子罵歸罵，但也知道這些人還是在高位，不可能全滅了。既然還是領導者和執政者，沒辦法，還得死馬當活馬醫呀，還得進言呀。於是老子說，「故立天子／置三卿／雖有拱之璧以先駟馬／不若坐而進此」。所以說，在天子登基、「聘任」三卿這些高級執政者的時候，頒發玉璧、配上這段文字很有畫面感。在老子看來，聘任文件、辦公條件不重要，重要的是選用頭腦裡有道的人做天子。要是天子、執政者有這樣的政治信仰，那國家治理就不在話下了。如果現在這些高管們腦袋裡沒有道，就得加強後天學習，經常地拿出《道德經》來研讀研讀，加強道的教育，淨化心靈，昇華思想。這可比聘任文件、辦公條件重要得多。

為加強說服力，接下來繼續說道的好處。「古之所以貴此道者，何也」？自古以來如此看重道，為什麼呀？不正是因為「求以得／有罪以免」嗎？只要你尊道行道，就能有求必得、有罪可免。這好處可就很大了，確實有吸引力啊！「故為天下貴」，大家都會覺得很重要，都會趨之若鶩。

可轉念一想，老子不是淡泊名利的嗎？這樣說話，還是那個老子嗎？我們或許可以這樣去理解：老子認識到當時政治昏暗、民不聊生的現實，很不滿意。作為一名官員，不可能不去思考社會治理問題，他有了自己的

政治見解、政治抱負和政治追求，只是沒有機會發揮出來，所以都寫進了《道德經》裡。

老子內心的想法並不是隱遁山林，只是提供一種新的視角、新的思路和新的方法。正所謂「無為而無不為」，無為是一種理念、是一種方法，目的還是在無不為。

老子不曾免俗。所以，研習《道德經》也需辯證地看、辯證地學，汲取其中精華，為我所有，為我所用。如果你是管理者、高級領導者，自己要做到內心有道呀。要選拔任用的也是內心有道的人。這樣做起事情來會又好又快。

如果說你自己就是個普通人，也不要緊，也可以借鑑老子的意見，用道來武裝自己的頭腦，為接下來的任務和使命做好準備。

第六十二章　坐而進道：選用有道人才，有利事業發展

第六十三章
猶難無難：掌握辯證思維，把困難看大點並作於易，終是無有艱難

為無為，事無事，味無味。

大小，多少。圖難乎？其易也；為大乎？其細也。

天下之難事作於易，天下之大事作於細。是以聖人終不為大，故能成其大。

夫輕諾必寡信，多易必多難。是以聖人猶難之，故終無難矣。

本章是對執政者的一些細節提示。主要有兩點：第一，做小事，做在細處；第二，把困難估計得足一些，把問題設想得大一些。這樣才能順利成事，而且是成大事。

研讀到本章，有一個感受越發地清晰起來。下篇，相對於上篇而言，讀起來不怎麼拗口，表達也不那麼深奧，風格大變，看起來都不像上篇的那個老子了。也許，下篇是想側重於對實踐的指導吧。

回到對正文的解讀。「為無為／事無事／味無味」。「無為」、「無事」，之前章節都出現過，即不能妄為，不生是非。「無味」還是第一次出現，它是個什麼味呢？老子總是正話反說，越是日常寡淡的東西，他越覺得津津有味。寡淡，再帶點哲思，容易想到的是「恬淡」這個詞。這就接近無為、無事的意思了。

在道家看來，以不妄為的方式才能有所作為，以不滋事的方法才能做成事情，而恬淡才是世間最美妙的味道。這些都展現出辯證的思維。

沿著這個思維方式，「大小／多少」的意思，也很容易理解了。

以小才能成大，以少才能積多，無論再大、再多，也都是來源於小，來源於少的。荀子〈勸學〉道：「不積跬步無以至千里，不積小流無以成江海。」

　　邏輯鋪墊好了，也就找到了解決問題的切入點——「圖難乎／其易也／為大乎／其細也」。怎麼解決難題呢？要從容易著手的地方入手。怎麼做大事呢？要從小事、細節做起。現代有一種說法，叫細節決定成敗。而按照老子「為大乎／其細也」的說法，這個決定成敗的細節不是枝微末節，而是服從和服務於大的，大是目標、方向、導向。只有目標不虛、方向不偏、導向不錯，細節才有力量、才有貢獻，否則，只是一地雞毛，不值一文。

　　而如果只有大，不顧細，會怎麼樣呢？那各種的大就是天邊的雲朵，好看歸好看，但沒有落腳點，終是一無所成。因此，聖人「終不為其大／故能成其大」，聖人不會犯只為大不為細這樣的低級錯誤。

　　對於難易的看法，也是相同的。覺得很容易的事情，就會掉以輕心，吊兒郎當地做下來，最終可能陷入困境。這就叫「多易必多難」。聖人明白這個道理，所以「猶難之／故終無難矣」。

　　兩個「難」都是困難的難字，但有讀音和含義上的差異。前一個「難」作動詞，讀為ㄋㄢˋ，後一個「難」是名詞，讀為ㄋㄢˊ。

　　這句話的意思是，把問題想得複雜些，把事情看得困難些，這樣，做事情的時候能時常提醒自己，有所警覺後，不易犯錯，終歸不會陷於困境。

　　這是一種合於道的做事方法。

　　這樣看，老子在本章中從大處著眼，先說了一個很大的概念，「為無為／事無事／味無味」，然後逐漸地往細微處走，最後落在了一個做事想得困難些這個具體的點上。其實，這個思維方式本身就符合本章的核心思想。

第六十四章
為之未有：自始至終讓事物保持安定、無隱患的狀態，則無敗事

其安易持，其未兆易謀，其脆易泮，其微易散。

為之於其未有，治之於其未亂。

合抱之木，生於毫末。九層之臺，作於虆土。百仞之高，始於足下。為之者敗之，執之者失之。是以聖人無為也，故無敗也，無執也，故無失也。

民之從事也，恆於幾成事而敗之，故慎終若始，則無敗事矣。

是以聖人欲不欲，不貴難得之貨；

學不學，而復眾人之所過，能輔萬物之自然，而弗敢為。

本章老子繼續點撥執政者，這就像一堂接著一堂的從政培訓課程，也給我們展示了管理視野和方法。對於本章的理解，多是從字義本身出發，卻少了對其內在邏輯性的考量，有點遺憾。

所以，我嘗試把兩者結合起來進行解析，希望能出點新意。

本章講了三層意思，都是圍繞兩個核心詞展開的，即未有、未亂。

第一層意思，是做事的最高境界，注重布局，時常保持未有、未亂的狀態。上一章講到，「聖人猶難之／故終無難矣」。聖人有很強的預判性和計劃性，做事的時候都想在了前面、做在了前面。這是他的做事風格。本章延續著這個思路，列舉了四種情形來幫助大家理解：「其安易持／其未兆易謀／其脆易泮（ㄆㄢˋ）／其微易散」。四種情形可以分為兩類。

前兩種情形是一類，說的是在事情比較順的時候如何持、如何謀。一個局面，在比較穩妥、穩定的時候人才容易持守，如果是個亂局，就只有收拾爛攤子的份，人也一定是焦頭爛額、應接不暇、費神費力。而一件事

情，在它還沒有徵兆的時候才容易謀劃，一旦事情已經啟動、發酵，再想打方向盤，就很難了。

這反映的是，要想無不為，需要未雨綢繆，「為之於其未有」，一定要讓事物「安」、「未兆」。

後兩種情形是另一類，說的是事情出亂子了，泮了散了，該如何去治。一個東西，變脆了就容易碎，乾柴易斷是同理。

而一個物體，變小了就容易散，沙塵暴就是這樣的。這說明的是，想讓事物不泮不散，需要防微杜漸，「治之於其未亂」，也就是要早些動手，讓它保持在不變脆、不變小的狀態。

能做到這些，一定是個運作高手。但是，還是會有沒把握住、沒掌控好的時候，事情也就脫離了未有、未亂的狀態，成了有、亂。那該怎麼辦呢？這就是第二層意思：亂局之時要無為、無執、慎終如始。

老子繼續用場景描述的方法來講有、亂時的處置方式。三個場景是這樣的：「合抱之木／生於毫末／九層之臺／作於虆土／百仞之高／始於足下」。有版本把最後一個場景寫成「千里之行／始於足下」，一個攀高一個行遠，意思相近，但考慮到更接近老子原作，我們採用了更古的版本。「虆」（ㄌㄟˇ），指土筐。「九層之臺／作於虆土」，再高的亭臺樓閣，也是由一筐一筐的土給堆起來的。樹木成材、高臺築建、登高觀景，呈現給我們的都是美好印象。而我認為，正是這一份美好印象，帶偏了我們的思維。

連繫前一句未有、未亂的布局起始，以及後一句「為之者敗之／執之者失之」，就能知道，老子沒有從初始的點點滴滴開始、從基礎做起的意思，實際要表達的是現在有、亂的狀態以及這個狀態會帶來的結果。

「毫末」、「虆土」、「足下」就是有，其結果是出現了「合抱之木」、「九層之臺」、「百仞之高」。我們已經知道，老子提倡「有之以為利／無之以為用」（第十一章），雖然不排斥有，但更肯定無。莊子在〈人間世〉中也講：

「是不材之木也，無所可用，故能有如此之壽。」可見，老、莊都不主張樹木成材做家具，自然成長於山林才是道的主張，所以，「合抱之木」並不是好的現象。此外，老子極力呼籲君王過儉樸的生活，他十分珍惜百姓勞力，不會贊同徵集民工修建高臺，所以，「九層之臺」也並非讚美之詞。

只要動了建樓的念想，開始了第一筐土的基建工作，開始跨出了第一步，就會一發不可收拾，造成大的惡果，亂也就緊隨而來。這是老子所表達的。對於這個情形，其實有另一個短句描述得更為貼切，即「大風起於青萍之末」。從管理學視角來看，比較符合「海因里希安全法則」或「海因里希事故法則」，也叫「300：29：1 法則」，即當一個企業有三百起隱患或違章，接下來非常可能發生二十九起輕傷或故障，另外還有一起重傷、死亡事故。我們也可以反過來理解，重大事故是有徵兆的，它的前面會出現三百個隱患、二十九次小事故，這是三百次的提醒、二十九次的警告。

大事故是隱患累積而來的，要怎麼看待和對待毫不起眼、無關痛癢的隱患呢？老子說，「為之者敗之／執之者失之」。有了隱患和小的事故，說明問題苗頭已經出現。這個時候，如果亂作為，一定會走向失敗；如果不改變思維和方式，持續抱有隱患不會帶來損失、全都不是事的想法，必然會走向失敗。

聖人有道的頭腦，是遵道而行的，所以時常保持清醒，能從細微處看到隱藏的風險，會根據情勢做出改變，順勢而為。

但是，老百姓並沒有聖人的思想境界、視野和處事水準，「民之從事也／恆於幾成事而敗之」。老百姓辦事，常常是「行百里者半九十」，為什麼呢？沒做到「慎終如始」，沒能堅持到底。「慎」，在這裡不是謹慎的意思，可以理解為誠，對真實性加以強調，相當於確實。「慎終如始」，意為確實要做到終與始一樣呀！

語氣中含著肯定，帶點感嘆。而「始」，就是未有、未亂的狀態。

始終保持這個狀態，不讓任何的裂隙出現，有了鬆動的徵兆就快速而

徹底地做出處置，這樣才能無敗事。

說了這麼多，未有、未亂怎麼才能做到呢？老子在第三層意思中做了解答。

怎麼做到未有？「欲不欲／不貴難得之貨」。聖人想的是不要有太多欲望，少私寡慾，不看重珍稀貨色。「我欲不欲而民自樸」（第五十七章），老百姓都心靈純淨、言行質樸，沒有功利心，沒有爭鬥心，這就能達到未有的狀態。

怎麼做到未亂？「學不學／而復眾人之所過／能輔萬物之自然／而弗敢為」。首先要搞清「學」的含義。《道德經》中，多處用到「學」、「教」二字，按現代的通識，這是兩個相對的概念。

其實，「學」的本義是對孩子進行啟蒙教育使之覺悟，即《說文解字》所謂「覺悟也」，對應讀音為ㄐㄧㄠˋ，讀作ㄒㄩㄝˊ時原本專用於表示接受教育，如此看來，是學教合一的。如果將「學不學」理解成「教不教」，那對整句話就豁然開朗了。

怎麼做到未亂呢？第一，教不教，不胡亂地教，不去干涉。

針對不同的對象，採用不同的方式，因材施教，不亂加料，只是去啟發、去發掘、去發揮眾人的自主性。第二，「復眾人之所過」，簡單地說，就是為人填坑。當眾人自主作為卻出現過失的時候，不是簡單指出來，也不是進行批判，而是做一個動作——「復」（復，通覆）。眾人挖了坑就去填，他們有了過失就去彌補，但僅限於彌補，而不去干涉和干預。第三，「能輔萬物之自然」，按照萬物自然之態，不去添磚加瓦，也不用添油加醋，只是順著眾人的性情，因勢利導。仔細想來，這三點展現的都是弗敢為的思想呀。如果做到了這三點，還會出亂子嗎？

看來，要做成事情，就要讓事情保持未有的狀態；要做好治理，就要讓局面保持在「未亂」的狀態。這樣，結果是合於道的，過程或者說路徑，也順應自然。

第六十五章
不智治國：小聰明不如大智慧，方可至大順

古之為道者，非以明民也，將以愚之也。

夫民之難治也，以其知也。故以知治國，國之賊也；以不知治國，國之德也。

恆知此兩者，亦稽式也。恆知稽式，是謂玄德。玄德深矣，遠矣，與物反矣，乃至大順。

前幾章，老子緊密圍繞道體，呼籲執政者們守道行道。其中，有理念的宣導，比如「方而不割」的識分寸、「治人事天莫若嗇」的少耗費，也有舉措的宣揚，比如外交上的靜下策略，內政上的大事「作於細」、易事「猶難之」的方法；有對事的，比如保持未有與未亂之大好局面，也有對官員的，如坐而進道。

現在，要說到治民之策了，它以民風淳樸為法則。

老子是這麼說的，「古之為道者／非以明民也／將以愚之也」。

這可不是現代理解的愚民政策。如果老百姓都愚蠢至極，執政者能調動得了一群傻子和笨蛋去生產糧食、去打仗擴張嗎？顯然不可能的。所以，其中「將以愚之」的策略另有他解。老子講過「我愚人之心也哉」（第十五章），應當不會無緣無故地說自己愚蠢，而是說自己擁有一顆愚鈍的心。另外，也講聖人「其政悶悶／其民惇惇」（第五十八章），老百姓性情敦厚，就是老子眼中愚的狀態。所以，行道之人治理民眾的方法，不是「明民」而是「愚之」。

「夫民之難治也／以其知也」。如果老百姓小聰明太多、心機太重，就很難治理了。所以，「以知治國／國之賊也／以不知治國／國之德也」。「賊」，災禍也；「德」，同得。如果用投機取巧、偏心、搞小團體的方法去

治國理政，那上有所好下必趨之，老百姓也都會動歪心思。上下都是玲瓏心，這是國家的災禍。而如果用淳樸、憨厚的方式治國，上梁正，則下梁不易歪，民風淳樸，那是國家的福氣。

「恆知此兩者／亦稽式也」。兩種治國方式，會得到兩種不同的結果，這都是「稽式」。「稽」，考察；「式」，範式。「稽式」，就是經過考察驗證過的範式，也就是準則。準則，也就是道了，其「深矣／遠矣／與物反矣」。這與第二十五章意思是相同的，「吾未知其名／字之曰道／吾強為之名曰大／大曰逝／逝曰遠／遠曰反」。

這是說這個準則就是道。那麼，符合道，「乃至大順」，就能一切順利了。

意思很是明了。帶領國民前進，需要「以不知治國」，這與「以正治國」是一脈相承的。在我們的日常中，也是如此。管理者自己要少有心機，教人淳厚。任何人都不要耍小聰明，老老實實做人，踏踏實實做事。這是正途。

第六十六章
善居於下：不爭利、不施壓，保持謙和，方得民心

江海之所以能為百谷王者，以其善下之，是以能為百谷王。

是以聖人之欲上民也，必以其言下之；其欲先民也，必以其身後之。故居前而民弗害也，居上而民弗重也，天下樂推而不厭也。

不以其無爭歟？故天下莫能與爭。

本章的內容與前面多個章節相關聯。比如，第三十二章「譬道之在天下也／猶川谷之於江海也」，第七章「是以聖人後其身而身先／外其身而身存」，第八章「水善／利萬物而不爭／居眾人之所惡／故幾於道矣⋯⋯夫唯不爭／故無尤」。它們講的是同一個觀點：執政者要處下與不爭。

江海之所以是「百谷王」（即百溪之王），「以其善下之」，是因為它處於下游的緣故。「谷」，不是指山谷，而是小河小溪。

在下游，所有的上游來水都能接納下來，能容。從上游而來的何止有清水，還有各種的雜物，它也都無一不收下，大度。所以，它不是小河小溪，而是大江大海了。這與道的精神是一致的。

這是自然之道。

執政者對待民眾，也要以江海為榜樣。「是以聖人之欲上民也／必以其言下之」，想要成為人上之人，必須言語謙遜。第三十九章講，「必貴以賤為本／必高以下為基／是以侯王自稱孤／寡／不穀」，我是僕人，是來服務大家的，大家才可能讓我居上位。沒人情願給自己找個從嚴管理的婆婆，這是人之常情。「其欲先民也／必以其身後之」，要想領導百姓，還必須讓老百姓先於自己得到利益，不能去搶食，不要去爭功。大家看到了你的讓，看清了你的好，也就願意追隨和支持你。

「故居前而民弗害也／居上而民弗重也／天下樂推而不厭也」。這樣的領導者，站在前面領頭，老百姓不覺得有什麼妨礙；站在臺上、身居高位，老百姓也不覺得有壓力和負擔。這樣的領導者，不僅不惹人厭，而且還會受到愛戴，大家都樂意推舉他當領導者。

這情形，不正是緣於無爭嗎？「夫唯不爭／故天下莫能與之爭」（第二十二章）。

不爭就是處下。處下即為上！

第六十七章
小國寡民：各安其好，無有爭鬥，是理想的最佳狀態

小國寡民。

使有十百人之器而勿用，使民重死而遠徙。又有舟車無所乘之，有甲兵無所陳之。

使民復結繩而用之。甘其食，美其服，樂其俗，安其居，鄰國相望，雞犬之聲相聞，民至老死不相往來。

這是老子設想的理想社會，是他心中的烏托邦。通行版本（王本）一般放在第八十章。我們遵從帛書本的順序，還原到第六十七章的位置。也正因這麼一還原，再連繫上下章節的內容，對本章的理解就有了新的角度。小國寡民，不只是面積小、老百姓少的意思，更蘊含著不爭的思想。

我們來看看老子心中的國度，是什麼樣子的？

第一，政務簡單，「使有十百人之器而勿用」。「器」，國家行政工具和手段。即便是只管得著幾十、上百人的行政措施，也無用武之地。為什麼？因為老百姓自化、自正，各安其位，不需要人來管理。

第二，民眾善攝生，「使民重死而遠徙」。老百姓都看重生死，而且遠離遷徙。「遠」，不是指距離的遠近，而是指遠離的動作。

老百姓都安居樂業，哪會願意到處搬家呢？也沒搬家的必要呀。

這也說明社會是安定的，民眾的日子是幸福的。

第三，無有戰爭之憂，「又有舟車無所乘之／有甲兵無所陳之」。戰車、戰士、武器，都放在一邊不去用。這說明國際關係良好，沒有矛盾衝突，大家相安無事，不會有搶地盤、擴疆土的戰爭。

第四，民眾生活悠閒，「使民復結繩而用之／甘其食／美其服／樂其

俗／安其居／鄰國相望／雞犬之聲相聞／民至老死不相往來」。用原始人使用的結繩之法，就可以把事情記錄下來，可見老百姓的淳厚樸實，生活簡單。而且，衣食住行，樣樣都很稱心，不需要多餘的想法。鄰里之間，也和睦共處，各過各的日子，用不著你來我往。這一切其實是說，大家都虛靜謙下，無有欲求，不會出現相互侵占的情形。

字裡行間，完全是一副田園牧歌般的生活場景，寧靜、安詳的氣息撲面而來，令人神往。但也能感覺到，並不故步自封，也有鄰國關係，而且處理國際關係的方式很是高超。還有發展著的生產力，能讓老百姓衣食無憂，安居樂業。一切都那麼秩序井然。

各安其好，與世無爭。

第六十八章
為人予人：有利他之心，為不爭之行，這樣會越做越有

信言不美，美言不信。知者不博，博者不知。善者不多，多者不善。

聖人無積。既以為人，己愈有；既以予人矣，己愈多。

故天之道，利而不害；人之道，為而弗爭。

這是通行版本的最後一章，第八十一章。按照帛本的次序，歸於第六十九章。其內容繼續前面幾章的主旨思想：不爭、不爭，還是不爭。

如果按字面意思去理解「信言不美」、「知者不博」、「善者不多」，就切斷了與後面內容的連繫了。所以，我們要重新審視。其實，它們是相互關聯的三個層次——理念層面、觀點層面、行為層面。

「信言不美／美言不信」。「信」，有確切的意思。「美」，是華麗的意思。「信言」，則是很確切的話，也可以理解為道的理念。道的理念，不是很華麗的，而是樸實、實在、真實的。

道來自對生活的總結歸納，用通俗的語言表達出深邃的思想。

而華麗的辭藻可能就不那麼肯定和確切了。從這一點看起來，老子說得還是有點絕對的。可能太迫切地想表達主張，也就沒顧上其中邏輯的嚴謹性。

「知者不博／博者不知」。「知」，理解為智，機巧也。「博」，有大而廣泛的意思，也由此引申到通曉和透澈地了解，比如博古通今。這句話的意思是，機巧之人，不能充分理解道的精髓，而通曉道的人，不會有機巧之心。這就是活得通透與否的差異。

這是觀點層面的。

「善者不多／多者不善」。這與後一句「聖人無積」有關聯。

行道之人，方為善者。他一心服務他人，為人民謀幸福，不為自己著想，所以，想法不多，少私寡慾，給自己留下的東西也不多。而一個自私自利的人，肯定是不符合道的，怎麼也不會是道眼中的善人。

因此，「聖人無積」，得道的執政者「無積」，無所謂個人的累積，不考慮積蓄也不講究個人身分，名與利都沒考慮過，但卻是豐富和豐厚得很的。「既以為人／己愈有／既以予人矣／己愈多。」思想上他是為他人的，所以越為他人，自己得到的越多。

行動上他是給予人的，所以越是給予自己收穫的越多。正如第七章所言，「聖人後其身而身先／外其身而身存／不以其無私邪歟／故能成其私」。

這就是老子眼中的道。而且，就他看來，道分為天之道和人之道。從大自然的道來說，「利而不害」，善利萬物而無有任何的損傷，正如第三十四章所講，「大道氾兮／其可左右／萬物恃之以生而不辭／功成而不名有」，「衣養萬物而不為主」、「萬物歸焉而不為主」，只有道為萬物所利用，全然不見道有任何所圖。而人之道是遵從天之道的，對於社會領域的道而言，為而不爭，做是做了，但一定不會去爭名逐利，而「夫唯不爭／故莫能與之爭」（第二十二章）。

把不爭進行到底了！

第六十九章
持而保慈：與人以愛，與己以嚴，低調行事，路會越來越開闊

> 天下皆謂我道大，大而不肖。夫唯不肖，故能大。
>
> 若肖，久矣其細也夫。
>
> 我恆有三寶，持而保之。一曰慈，二曰儉，三曰不敢為天下先。夫慈，故能勇；儉，故能廣；不敢為天下先，故能為器長。
>
> 今舍其慈，且勇；舍其儉，且廣；舍其後，且先；則死矣。
>
> 夫慈，以戰則勝，以守則固。天將建之，如以慈垣之。

執政理念和政策建議的幾章，文字接近白話文，從字面上就能看懂所要表達的意思，不見深奧，只見務實。本章，老子拿出了他的三個寶貝，重點講治國理政要帶著慈愛之心。

第一段講道，看起來與後面「三寶」等內容沒有關聯，有觀點甚至認為它應該是第三十四章的內容。我們權且不去調整其位置，只將之看成本章的一個引子。

「天下皆謂我道大／大而不肖」，天下都認為「我」講的道很大，大到不會衰退也不會消失。其實，不只大家這麼認為，老子自己也是這麼說的，「道大／天大／地大／人亦大」（第二十五章），「復歸於無物／是謂無狀之狀／無物之象／是謂惚恍／隨而不見其後／迎而不見其首」（第十四章），道就是無邊無際的，就是大的。

仔細思索這句話，其中隱隱地包含著老子的一點小遺憾，就是道深奧無比，讓人不可捉摸，沒有得到大家的理解、支持和接受，「下士聞道／大笑之」（第四十一章）。雖然沒有被理解，但老子並沒有氣餒，繼續宣揚他的道，「夫唯不肖／故能大／若肖／久矣其細也夫」。這個「肖」，一般

理解為似，我們採用它的另一個含義 —— 衰退、衰微、消失。《莊子·列禦寇》中「達於知者肖」，也是這個字義。因為不會衰退，看起來一直在成長，所以就很大，這有點像宇宙雖大但還在擴張。而如果衰退了，時間一長也就變小了，那就不是真的道了。哪些是真的道呢？

這就引出了三寶，它們是老子自己一直奉行的三個主張，也可以看作他的價值觀吧，「一曰慈／二曰儉／三曰不敢為天下先」。

「慈」，在現代人的印象中，經常用於形容母親，叫慈母，也經常用在佛教，叫慈悲心腸。結合這兩個方面去理解「慈」的含義，它是一份發自內心的憐愛，無論對待親人，還是對待眾生，均無二異。親愛利子謂之慈，惻隱憐人謂之慈，給人安樂也謂之慈，都是愛人之心。慈有什麼作用呢？「夫慈／故能勇」。

「勇」，力及所至、生命勃發甬甬然也。擁有慈愛就能有力量，會積極進取。用為母則剛去理解是不是也還貼切？

開闊「儉」，一般理解為厲行節約、生活儉樸，老子把它作為三寶之一，確含此意。其實，從字形上說，「人」與「僉」相結合，表示在人前人後都言行一致、厲行節約的人，其本義是生活上自我約束、從不放縱的人。所以，老子奉行的儉，側重於講自我約束，包括但不限於生活上的節儉。「儉／故能廣」，有自我約束，就是對自己有要求，能廣交朋友，能把事業做大，能把生活過開闊，能得到廣泛好評。這是不言而喻的。

第三件寶是「不敢為天下先」，也就是持守謙下之道，積極但低調，進取卻不出頭。「器」是各種國家機器，「不敢為天下先／故能為器長」的意思是謙虛處下，能做執政者，推而廣之，其實，還可以把各類事情做成。

可惜，這麼好的寶貝，大家卻沒能好好利用。老子講，「今舍其慈／且勇／舍其儉／且廣／舍其後／且先」，想要勇、廣、先的結果，但丟了慈、儉、後這些根本，也就是說目標是好的，方法卻錯了，沒有走一條正

確的路。舍慈取勇、舍儉取廣、舍後取先，在老子看來，這都是捨本逐末的做法，最終只有一個結果，「則死矣」，死路一條。

說是三寶，好像是平等共存，都很重要的。而實際上，在三寶之中，老子是有所側重的。他最看重的是慈，所以本章最後單獨對慈做強調，「夫慈／以戰則勝／以守則固」。我們不要簡單地把戰和守看成戰爭場景，可以把視野放寬，比如，戰為順境作為，守為逆境儲備累積。老子告誡我們，無論在哪種情形之下，都要保有慈愛之心。「天將建之／如以慈垣之」，天要立誰，也將賦予他慈的品格。看起來，人做事，天幫忙，都要靠慈。

「建」，建立、豎起之意。「如」，猶將要也。「垣」，本義為牆，築牆圍繞，衛護之意。以慈愛衛護他，含有用慈愛武裝他的意思。

老子把慈愛置於核心位置，這是為什麼？當然是因為慈有作用，「能勇」，「以戰則勝／以守則固」。另外，從三寶的對比中也能找到原因和線索。自我約束的儉中有對自己的愛，珍惜自己才會對自己有要求呀。「不敢為天下先」中有對天下、對民眾的愛。只有對老百姓有感情，才有資格做執政者，才會飽含深情地為人民服務，才不會去搶奪、占有老百姓的利益。

這種對自己、對天下的感情，本質上也是慈。

所以，要寬以待人、嚴於律己、處事低調、對人謙下。這或許可以是現代對三寶的詮釋。

第六十九章　持而保慈：與人以愛，與己以嚴，低調行事，路會越來越開闊

第七十章
不爭之德：不爭是古已有之的大準則，任何人都要秉持

善為士者不武，善戰者不怒；善勝敵者弗與，善用人者為之下。是謂不爭之德。

是謂用人，是謂配天，古之極也。

從第六十六章講善下而無爭，直至第六十九章講以慈為核心的三寶，都包含不爭的含義。本章繼續講不爭，講應用層面的不爭。不同角色的人，應該怎麼應用不爭的理念呢？老子在本章中講到了四個角色。而不同角色的人，在應用不爭的理念時各有不同的方式方法，他們是怎麼應用不爭的理念呢？我們來逐個解析一下。

「善為士者不武」。善為士者，應當就是上士之流了，指有道行的執政者。如果說與後一句「善戰者」相對應，那「善為士者」也可以泛指德行高的文官。「武」，不是野蠻地動武，而是勇猛、猛烈的意思，如孔武有力。「善為士者不武」，即德行高的文官在執政治民時不會採用剛猛的方式。

「善戰者不怒」。這可不是說打仗時要沉著冷靜。「善戰者」，也就是尊道而行的武官。「怒」，在這裡不是生氣、氣憤的意思，而是心花怒放的怒，指氣勢盛。德行高的武官打仗時不會氣焰囂張，只是點到為止。

「善勝敵者弗與」。善勝敵者，指善於打勝仗的人。「弗與」，何為「與」？敵也。《左傳‧襄公二十五年》記載了一個打仗的故事：鮮虞在一條窄路上遇敵，大叫：「一與一，誰能懼我？」聲勢夠威猛！這裡的「與」，就是敵的意思。「善勝敵者弗與」，就是說善於打勝仗的人不會針尖對麥芒地對抗。

最後一個是善用人者，他會怎麼做呢？「為之下」，採取謙下的姿態。

反過來理解最後兩個角色，是不是保持謙下才能善用人，不對抗才能善勝敵呢？

不武、不怒、弗與、為之下，「是謂不爭之德」，都是不爭的具體展現。透過這句話，我們也可以或者更可以理解「武」、「怒」、「與」的真實含義了，如果解釋為武鬥、憤怒、給予，是不符合不爭這個內涵的。

也正因為這樣去理解，我們把三個「是謂」分成兩個層次：

「是謂不爭之德」與前面四個角色的做法合併在一起去理解，「是謂用人／是謂配天／古之極也」則完整地歸於另一段內容。而且，這一段內容缺少主語，而這個主語，正是「不爭之德」。

這有點繞，我們來捋一下。先從「配天」開始。《莊子·天地》有這樣的故事，堯問自己的老師許由：「齧缺可以配天乎？」齧缺是許由的老師，二人都是賢人。上古時期，通常是推薦賢人做首領，所以堯就推選誰來做領導人的問題徵求老師許由的意見。「配天」指推舉首領、推選天子。如果「配天」指君王，那麼「用人」，就是被用之人、臣子了。所以，「是謂用人／是謂配天／古之極也」這句話的意思是：不爭之德，對臣子而言，對君王而言，都是自古以來的最高行事準則。

所以，不爭，古已有之，流傳至今，不可忘，不可棄，不可違。

我們作為修行者，掩上書，閉上眼，回顧一下 —— 不爭的內涵包括哪些？冥想一下 —— 與之對標對表，自己有哪些可強化、可改變的方面？

反覆思索，答案從模糊到逐漸清晰，每清晰一分，思想就昇華一分，頭腦也就通透一分。

第七十一章
慈兵必勝：心懷慈念，不出衝突，是最大的無敵

用兵有言曰：「吾不敢為主而為客，不敢進寸而退尺。是謂行無行，攘無臂，執無兵，乃無敵。」

禍莫大於無敵，無敵近忘吾寶矣。故抗兵相若，而哀者勝矣。

即便是在原始社會，也存在部落間的衝突、戰爭，所以，自古以來，軍事就是治國理政的重要組成部分。即便老子是和平主義者，有不發生戰爭的願望，但他也知道，和平不是等來的，必須有所行動，要止戰就要為戰爭做好準備，一旦出現戰爭，則以道的方式去應戰。因此，對用兵之道他有自己的主張，側重於策略制勝。

本章一開始就說「用兵有言曰」，我們理解，這是老子所言，而不是引用其他人的話。那麼，哪些是「有言」？一般認為是「吾不敢為主而為客／不敢進寸而退尺」，後一句與之緊密相關，都是講軍事策略的內容，所以也應該是「有言」的內容。

老子的軍事策略是這樣的：不主動進攻（不敢為主），而採取積極防禦政策（而為客），敵人要來，我們就迎戰。不會去冒犯他人一寸（不敢進寸），寧肯自己退避一尺（而退尺），不做炫耀武力、煽風點火、招惹是非等可能引發衝突的事情。

持有這個策略思想，「乃無敵」，就不會有敵人。無敵，不是在戰術上所向披靡，而是在策略上沒有對立面。

老子接著講，「行無行／攘無臂／執無兵」，頗有無招勝有招的意味。「行」、「攘」、「執」，是古代進入戰場準備接觸敵人的三個動作。「行」，讀ㄏㄤˊ，列陣的意思。「攘」，指振臂高呼，激發鬥志，也可緩解緊張、消除恐懼。「執」，是把武器拿好做最後的準備，比如箭搭上弦、長矛對向前

方。這些戰術動作，本該很實用，但老子卻說無行、無臂、無兵，聽起來有點玄妙，卻恰好與軍事策略銜接了起來。有足夠的實力，有了威懾和震懾作用，軍力上實現平衡，對方不敢動手，已經是策略制勝了；士兵不需要上戰場準備作戰，沒有了流血衝突，這已經是贏的局面。看起來，無敵的高境界，即無人與之為敵。

老子認為，即便這樣還是不行的，「禍莫大於無敵／無敵近忘吾寶矣」。慈、儉、不敢為天下先的三寶，在老子看來是道的核心。朋友滿天下、無人為敵，已經很厲害了，老子還是認為像是忘記了三寶，離道還有距離，會帶來災禍。這該怎麼理解？

雖然無人為敵，但敵意並不曾消失，只是大家怕殺敵一千自損八百，都不敢真動手，但還是會虎視眈眈、躍躍欲試、伺機而動。

這是老子所認為的禍端。老子所希望的天下無戰事，是各方都心存慈愛，都能自我約束，都不會去想占先。如此地深挖思想根源，那就有點理想化了。

回到老子的思路上來，講本章的最後一句，「故抗兵相若／而哀者勝矣」。抗兵相若，正好說明老子的策略意識。大家軍事實力相當，實現了策略平衡。這個時候，誰能勝？哀者。「哀」，指的不是其引申義悲哀、哀傷，而是本義憐憫，那就是慈了。可見，不是哀兵必勝字面上的意思，而是慈愛者必勝。又回到了三寶的核心 —— 慈。

事事慈悲，人人慈愛。能做到嗎？我認為，從心靈出發點而言，慈心慈意必須有。在實務操作層面，還是要看看對象、講講分寸。

第七十二章
披褐懷玉：不必注意外在，關鍵的是身懷本領

吾言甚易知也，甚易行也。而天下莫之能知也，莫之能行也。

言有宗，事有君。夫唯無知也，是以不我知。

知我者希，則我貴矣。是以聖人被褐而懷玉。

本章是勸告大家學道行道。在寫下這些文字的時候，老子的情緒，是略有遺憾？帶點感慨？還是心平氣和地描寫？我們不得而知。但在字裡行間，倒是可以看出這樣一個客觀事實：

老子應該是一直在宣傳自己的觀點，只是在當時，各方的心思為功名利祿所占，社會風氣比較浮誇躁動，所以大家不大能接受老子的觀點，也少有人去遵照施行。

他是這樣說的，「吾言甚易知也／甚易行也／而天下莫之能知也／莫之能行也」。「我」的觀點很容易理解，也很容易施行。

但是，天下不怎麼能懂，不怎麼去用。

「言有宗／事有君／夫唯無知也／是以不我知」。說話總是有主旨的，做事也會有主線。但是大家不了解這兩點，所以也不明白「我」的觀點和施政意見。這層意思很好理解。我們都知道，說話不能是胡說八道的，得有自己的看法。

做事情呢，也不能不可靠、不著邊際，還得有主心骨。孔子對同樣的問題說過自己的看法，「言有物而行有格」。

老子繼續說，「知我者希／則我貴矣」，真正懂「我」的人、真正效法於「我」的人都很珍貴呀！「希」，不必解釋成稀少的意思，而是與「貴」相對應。「則」，是效法、學人所長的意思。

人才難得呀！正是因為如此珍貴，所以也反襯出聖人是珍貴的，「是

以聖人被褐而懷玉」，聖人穿粗布衣服也美玉在懷呀。老子提倡少私寡慾，只要滿足基本的生活需要就好，所以聖人穿的是粗布衣服，不是衣著華麗、服文彩的。同時，他十分倡導個人修行，希望眾人得道，具備高尚的道德情操，像是懷抱著美玉似的。從這一點出發，去理解「被褐而懷玉」，就可見其中的「而」是又的意思，「被褐」、「懷玉」，是並列關係。

如果理解成轉折關係，倒可能會誤解老子，以為他在抱怨沒能過上好的物質生活，如此，就不是老子了。老子這是覺得，可以衣著普通，但要身懷絕技；可以相貌平平，但肚子裡得有貨，有真本事、真本領。

本章的字面意思很通俗，深想起來，就有疑惑了。老子講，道「玄之又玄」、「無狀之狀」、「恍兮惚兮」，摸不著、看不透，是那麼深奧，怎麼又說「甚易知」呢？從最近這些章節來看，道的應用又確實很貼近實戰，倒是「甚易行」的。那會不會自相矛盾的？為了搞清這個問題，引用梁漱溟先生對做學問八層境界的精闢之見，以幫助理解。

一九二八年，梁先生應邀在廣州中山大學哲學系進行一場以「思維的層次和境界」為主旨的演講，總結做學問的八個階段、八層境界。第一層境界是「形成主見或者說偏見」，對問題有自己淺顯的想法。第二層境界是「發現不能解釋的事情」，心裡有疑問但還沒有答案，又不甘心隨便跟著人家說，也不敢輕易自信。

第三層境界是「融會貫通」，古人今人曾用過的心思，慢慢融會到自己心中。第四層境界是「知不足」，總疑心對方比我高明，疑心他必有我所未及的見聞，疑心他必有精思深悟過於我。第五層境界是「以簡御繁」，心裡全是一貫的系統、整個的組織，舉重若輕，很複雜很沉重的宇宙，在我手心裡也異常輕鬆。第六層境界是「運用自如」，如果學問已經通了，就可以解決問題。

第七層境界是「一覽眾山小」，學問裡面的甘苦都嘗過了，再看旁人的見解，其中得失長短都能夠看出來。第八層境界是「通透」，思精理熟

之後，心裡沒有一點不透的，講出的每一句話都非常晶亮透闢。

老子說「甚易知」、「甚易行」就在第五層境界之上了。有了梁先生這麼一些話，我們就可以理解為什麼深奧的道是「甚易知」的。

「凡有系統的思想，在心裡都很簡單，彷彿只有一兩句話。凡是大哲學家皆沒有許多話說，總不過一兩句。」「道理越看得明透，越覺得無話可說，還是一點不說的好。心裡明白，口裡講不出來。」「真學問的人，學問可以完全歸自己運用。假學問的人，學問在他的手裡完全不會用。」……

這何止是求學問的八層境界，也是我們修行的八大步驟呀！

「如果大家按照我的方法去做功夫，循此以求，不急不懈，持之以恆者，則祛俗解蔽，未嘗不可積漸以進。」（梁漱溟）被褐而懷玉。要有真功夫，不求假把戲。要內秀，不在乎外秀。

第七十二章　披褐懷玉：不必注意外在，關鍵的是身懷本領

第七十三章
以其病病：正確的自我認知，包括承認缺點，是進步的階梯

知不知，尚矣；不知知，病矣。

是以聖人之不病，以其病病，是以不病。

字少事大，本章尤其能展現出一點。在這一章中，我們不僅容易被「知」、「病」二字搞蒙，而且，因為字少，理解起來有多樣的角度，哪一種理解更接近老子原意，並不好掌握。此外，各版本的表述有很大差異，比如「不不知知」、「不知不知」等。

我們採納「不知知」的版本。

上一章講到，「天下莫之能知也」、「夫唯無知也／是以不我知」。

天下人不了解道，也沒明白「言有宗／事有君」的道理，所以對普通人而言，未知領域實在太多。那該怎麼辦？不知道的就讓他們一直不知道嗎？老子不是這樣想的。任何一個人，有了那麼多的個人主張，都會有一個樸素的想法，就是希望推及天下，讓君民共知、全員共用。老子也不例外，他要給大家「洗洗腦」，鼓動大家轉變觀念，接受道的主張。

依照這樣的思維，就有了本章的內容。

老子說，「知不知／尚矣」，大家不知道其實不大要緊，能清醒地認識到自己還不了解道，這就是極好的了。「不知知／病矣」，如果自己都不知道卻認為自己了解道，那可很不好甚至說是有害的了。而得道的聖人之所以能完滿無瑕、無有百害，「以其病病」，是因為他認識到不了解道就是一件不好的事。常識告訴我們，只有真正認識到不好，才容易自發自覺地去改正。

那麼，既然知道了不了解道是不好的，就會主動去了解道。

以上是連繫上下章節內容所解讀的本章的本義。其他的理解，都是由此引申出來的。只可惜的是，大家都忘記了探究本義，一頭鑽進了衍義之中，真是被釋老大家們給帶跑了。話雖如此，也還是要看看本義帶給我們的啟示的。

第一個啟示，對自己要有一個正確的認知。關於「知／不知」，有好多種理解，比如知道卻像不知道、知道自己有所不知等，如果單從本義出發，就是知道不知道的。而「不知知」，則是不知道卻說自己知道。人的認知都是有限的。如果畫一個圓，圓內是所學，圓外是未知領域。那麼，學得越多，圓的半徑越大，圓周越長，與未知領域的接觸也越廣，越會發現自己所知少。

對於一種情形，我們不搞「鴕鳥心態」，承認無知也無妨的。

同時，也一定要謙虛謹慎，懂得有毛病並不可恥的道理，明白人無完人的道理，不自以為是、剛愎自用、趾高氣揚。

第二個啟示，承認不足是進步的階梯。知不足而奮進，望山遠而前行。該學還繼續學，正所謂活到老學到老。該奮鬥還繼續奮鬥，世上無難事，只要肯登攀，一切事在人為，當然，是以無為而無不為的方式。

第三個啟示，是問題就是問題，不掩蓋不修飾。聖人「以其病病」，知道毛病就是毛病，這展現的不僅是頭腦清醒，還有豁達的心胸、開放的立場。粉飾太平的事，聖人是不會去做的。

正視問題的事，聖人自然而然地就做了。老子的辯證法也罷，唯物辯證法也罷，都認同事物多面性、相互連繫性以及相互作用性，哪可能全是高光時刻呢？只承認成績不承認問題的做法，只是皇帝的新裝，與辯證法相去甚遠。老子講，以正治國，正心、正念、正行、正果。問題歸問題、成績歸成績、優點歸優點、弱點歸弱點……

此乃道之所至。

第七十四章
民不畏畏：首先做好自己，才能得到他人的認可

民之不畏畏，則大畏將至矣。

毋狹其所居，毋厭（ㄧㄚ）其所生。夫唯弗厭（ㄧㄚ），是以不厭（ㄧㄢˋ）。

是以聖人自知而不自見，自愛而不自貴也。故去彼取此。

怎麼對待百姓、民眾和屬下，是一個極為重要的問題。老子用道的眼光，看到了君民關係的玄機。之前有講到這個話題，比如，第三章「不尚賢／使民不爭／不貴難得之貨／使民不為盜／不見可欲／使民不亂／是以聖人之治也／虛其心／實其腹／弱其志／強其骨」，第六十五章「古之為道者／非以明民也／將以愚之也」等。本章，則聚焦於侯王，從雙方互動的角度去闡述如何對待下屬。

首先，要對版本做點說明。第一點，是「民之不畏畏／則大畏將至矣」還是「民之不畏威／則大威將至矣」？通行版本是後者，更古久的版本是前者。我們選用前者。因為如果是後者，解釋成老百姓不害怕威權那就有了威嚴，不符合老子的理念。

老子反對威權主義，倡導按道的方式執政，那麼就不該出現威權，又何來「畏威」之說呢？此外，也無法與後面的句義銜接起來，這一點我們留在後續再說。如果是「不畏畏」，一個字疊加使用，符合老子的用詞習慣，比如「病病」，也有用同一字的動賓結構，比如「為無為／事無事／味無味」。第二點，「毋狹其所居」還是「毋狎其所居」？我們採用古久的版本「狹」，更符合語境。

第三點，「厭」還是「壓」？其實，厭有兩個讀音，一個ㄧㄚ，動詞，一個ㄧㄢˋ，名詞。為反映原文，我們沒有用「壓」替代動詞的「厭」。

解釋清楚了上述三點，其實，本章的意思也就出來了。「民之不畏畏／則大畏將至矣」，如果老百姓不害怕需要害怕的東西，那麼，就很自然地會對侯王大為敬重。前兩個「畏」，是懼怕老百姓最擔心什麼呢？擔心衣食住行沒有著落，擔心天下動盪、民不聊生。這在任何時代、任何地域都是老百姓最基本、最樸素的需求，在老子的時代，這個需求恐怕更為突出。如果侯王以道治天下，老百姓安居樂業，吃穿用行都不用愁，沒有什麼需要害怕、可以擔心的事情了，在對待侯王的態度上，肯定是「太上／下知有之／其次／親譽之」，領導者這麼好，一定是要敬重有加的。

所以，老子想對侯王說，「毋狹其所居／毋厭其所生」。老子講到了老百姓賴以生存的兩點，一居住，二生計，這是有家有業的狀態啊。這兩點，是侯王千萬要保障好的，不能有任何「畏」，是敬服的意思，後一個的欺壓，「夫唯弗厭／是以不厭」，侯王不壓榨、欺壓，老百姓對侯王也就不厭了。那何止是不討厭呀，還一定是大畏，大為崇敬的。

要實現這樣的局面，該怎麼辦呢？老子提出了具體的施政措施。「是以聖人自知而不自見／自愛而不自貴也」，要求侯王首先做好自己，做到自知自愛，從改造自己做起，不能自見自貴。這繼承了內修的思路，也是從根子上去解決問題。總體上，還是勸告侯王少私寡慾，去甚、去泰、去奢，一心為民。

「自知者明」，「不自見／故明」。說得直白點，要有一個正確的自我認知，知道自己來自哪裡、自己是誰、自己該去往哪裡，時時刻刻保持清醒，不要自我表揚、自我炫耀。這樣才是個明白人啦！這是自知。

此外，還要自愛，對自己有正確的態度，對自己要有要求，像小鳥愛惜自己的羽毛一樣注意自己的一言一行，懂得自重，而不是自輕，也不是自貴。

道理極簡單，確定能做到嗎？

獨處時能做到，在物質主義盛行的環境下，在名利場內，還能守得住嗎？

　　「長恨此身非我有，何時忘卻營營？夜闌風靜縠（ㄏㄨˊ）紋平。小舟從此逝，江海寄餘生。」

　　守住那片心的寧、心的淡！

第七十五章
勇於不敢：既意志堅定又順勢而為，才是天之道

勇於敢則殺，勇於不敢則活。此兩者，或利或害。天之所惡，孰知其故？

天之道，不戰而善勝，不言而善應，不召而自來，坦而善謀。

天網恢恢，疏而不失。

前面的第七十四章，以及後面的第七十六、第七十七章，都在講民（老百姓），而穿插其中的本章，卻在說勇於不敢、天之道，其主旨更近似於第七十八、第八十章的柔弱，以及第七十九章的天之道與人之道。會不會在章節排序上出了點問題？

我們是存疑的。

本章的含義從字面上就可以理解。基於其中的內涵已經在前面很多章節中講過，對其中的邏輯可以不再過多解剖，只點下幾個緊要處。

「勇於敢則殺／勇於不敢則活」。那什麼是「勇」？什麼是「敢」？雖然兩字可以組成一個詞，但兩者的含義是有差別的。

「勇」者，氣也，側重於意志。「敢」，是有勇氣、有膽量做某事，側重於行為。這樣就好理解「勇於敢則殺／勇於不敢則活」這句話了。意志堅定但如果魯莽行事，容易惹來殺身之禍，這是匹夫之勇、有勇無謀之態，能想到的形象，有魯智深、張飛、李逵。

另外，有勇氣但順勢而為，而且有所為有所不為，那就能活得很滋潤。要做成事情，不只是膽量的問題，還要知道怎麼妥當地做事、怎麼把事情做妥帖。這就要求，第一，不是什麼事情都能做，做事是有邊界的，有的事情不能去碰；第二，講究做事的方式方法，無為而治。

老子把這個道理的來源，歸結為天，正所謂「人法地／地法天／天法

365

道／道法自然」（第二十五章）。天厭惡「勇於敢」，誰也不知道其中緣故，因為天高深莫測呀。

那麼，什麼是天之道呢？老子接下來說，「不戰而善勝／不言而善應／不召而自來／坦而善謀」。毋須解釋其中邏輯，已經能理解所要表達的意思只有一個：自然而為即天道，否則不能善勝、善應、善謀。「天網恢恢／疏而不失」。「天網」，也就是天之道了，它很是廣闊，看起來很稀疏，但從來沒有缺位過。

也就是說，自然而為的規律，任何人、任何事物，都脫離不開它的約束、它的指引。

天之道，就像一張漁網。有很多的網眼，但是能打上魚來。

對魚群來說，那張網是無處不在的。天道無所不在，必須把它當作行動指南、行為指引。此外，網眼有大有小，想打多大的魚就用多大網眼的漁網。這是網的廣泛適用性，要因勢而變，不能不變。

天之道，也是裹住豬八戒的那張蜘蛛網，可變大可變小，越亂動越收得緊。違逆自然之道，只會吃苦頭。越背離，越痛苦。

唯一的解脫是順應天道，勇於不敢，無為而為。

應物而動，本性不迷。

第七十六章
代司殺者：各安其位，保持各方面穩定的狀態

若民恆且不畏死，奈何以殺懼之也？若民恆且畏死，而為奇者吾得而殺之，夫孰敢矣！

若民恆且必畏死，則恆有司殺者。夫代司殺者殺，是代大匠斲也。夫代大匠斲者，則希不傷其手矣。

第七十四章講到，處理君民關係，侯王首先要做到自知、自愛。本章，則提出了另一個施政措施：嚴禁嚴刑苛法。

「若民恆且不畏死／奈何以殺懼之也」。老百姓什麼情況下不畏死？如果民不聊生，生不如死，就會有死了算了的想法。如果深受痛苦，生無可戀，也會以死相搏。官逼民反，好多參與者想的都是反正一死，不如拼一次、搏一搏，也許還有條活路。

在這個時候，你還在說「我要殺了你」，以死相逼，老百姓是不會害怕的，只會冷眼相向，反抗之心更加堅定。

相反，「若民恆且畏死／而為奇者吾得而殺之／夫孰敢矣」。

如果老百姓活得有滋有味、幸福美滿，那倒是要怕死的，都想長壽，多點時間享受這美好生活。這個時候，亮出刑罰的標準，誰還敢犯法呢？大家早已不想去犯法了。這就講到了制定規則所需具備的條件。

規則制定好了，到了規則施行的時候。百姓安居樂業，但總會有不守規矩的人、不守規矩的地方。對於違反規則的情況，需要施行刑罰，「則恆有司殺者」，該由專門的司法部門來施行。

「夫代司殺者殺／是代大匠斲也／夫代大匠斲（ㄓㄨㄛˊ）者／則希不傷其手矣」。如果侯王喜歡親力親為，要代替司法部門去施行刑罰，這就像一個生手代替巨匠做手工一樣，越俎代庖，不僅做不好，而且還會傷到自己的手。

老子這是想表達什麼呢？是說領導者要做「紅臉的關公」，保持好人的人設，而「白臉的曹操」，由下屬去做嗎？這樣的理解，有點太淺薄了，而且立場也不大對，解讀成了法家的權術，絕非老子對道的主張。老子的終極理想是回到原始狀態，部落首領是按照道與德的標準、受到大家的愛戴而共推出來的。後來「樸散而為器／聖人用則為官長／夫大制無割」（第二十八章），為了管理，才有了國家機器、行政部門，有了侯王和各級執政者。

在施政過程中，從個人角度說，執政者們要尊道、守道、行於道，從組織角度說，都各司其職，不亂了秩序。這是老子想要表達的意思。

本章對管理工作是有些提示的。比如，需要讓大家先有所得，享受到成果，然後再定一些規矩，規矩才有效。這是建立制度的時機問題。第二，制度不能是緊箍咒，而是量規、準繩，所以不是不建章，在新生事物出現之初，可以讓新生事物肆意發展一下，然後再定制度，如果確實要先立制，也只是先建立粗線條的規範，而不宜過細。第三，待新生事物全面展開，看清了其中情形，再進行更合時宜的規範。制度是為了引導和規範工作，不是攔河壩，而是防洪堤，所以也不宜亂立制。

比如，領導者做其該做的事情，不要去插手下屬部門和人員的事務。這都是自然無為的展現。而這句話的內涵也是十分豐富的。不插手，並不等於什麼都不做。定向、日常的指導和支持、糾正等，也是必須去做的。只是即便做，也是採用無為的方式，如，討論過程中讓大家充分發表意見，集思廣益；在保持方向的前提下，可以接受屬下自己的處理方式甚至是適當的誤差。

可見，一個好的概念，是要全面、正確地理解其內涵的，否則在使用中就一定會走偏，做出來的就不是那麼一回事了。

第七十七章
無以生為：不剝削百姓，不沉溺享樂，保持恬淡才是真的尊重生命

人之飢也，以其取食稅之多也，是以飢。百姓之不治也，以其上有以為也，是以不治。民之輕死也，以其求生之厚也，是以輕死。

夫唯無以生為者，是賢貴生。

前幾章講如何對待下屬的問題，老子提到，做領導者的，要自愛、自知，不能嚴刑苛法，不能越俎代庖。本章，繼續講這個話題。

有句話叫「射人先射馬，擒賊先擒王」。解決了領導者的問題，可以說問題就解決了大半，或者說就不會出現大的問題。這種思維和方式，在老子那裡就已經有所展現。老子在本章中要求侯王嚴於自律，對己「無以生為」，讓老百姓能過上好日子。「人之飢也／以其取食稅之多也」。老百姓吃不飽，是為什麼呢？因為農業稅太重了。好不容易種點糧食，大多交了賦稅，自留得少，食不果腹，養活不了自己。

「百姓之不治也／以其上有以為也」。老百姓不好治理，原因在哪裡呢？是領導者有好多亂七八糟的想法，搞來搞去，老百姓無所適從，節奏被打亂了，局面就混亂了。上位者只覺得刁民難纏，卻不知其實根源都在自己身上。

民生凋零，社會混亂，老百姓為了生存，肯定要鋌而走險，不重生死。「民之輕死也／以其求生之厚也」，老百姓鋌而走險，根源在於「求生之厚」。結合前一句「取食稅之多」，可以理解，這「求生之厚」的主角就是取食稅的那些人，也就是各級執政者了。執政者們要揮霍，所以才會去收重稅，用民脂民膏來支撐他們的奢靡生活。此外，還可以理解，「以其」二字是關聯的，「因為」之義，「其」並非指執政者。老子隱去了主語，大

概是想表達得委婉些，減少點麻煩吧。其實，其中含義很是清晰。

對於出現的問題，該怎麼去解決呢？「夫唯無以生為者／是賢貴生」。「無以生為」的「生」與「求生之厚」的「生」有相同的意思，而「是賢貴生」的「生」則是生命之義。而「賢」，在這裡是動詞，有尊重、崇尚的意思。《韓非子‧外儲說左上》講明君治理國家要有方法，批評一種現象——「其觀行也，賢其遠」，意為觀察行動時，一味讚賞遠離實際的作風。此外，「貴生」的貴，是形容詞，講生命之寶貴。

那麼，老子的施政要領就清楚了：不去享樂、不過奢靡生活，才是真的尊重生命呀。這又回到了他一貫的主張——少私寡慾，生活簡樸，把主要精力放在怎麼讓老百姓過上好日子上，而不是自己享樂。看得出來，老子看不慣執政者們的做派，所以反覆提點。

時間已經過去數千年，老子話語的力量沒有減輕，分量還是那麼厚實。對於今天的我們，言猶在耳，餘音繞梁。

恬淡最真味。

第七十八章
柔弱居上：做一個謙謙君子

　　人之生也柔弱，其死也筋肕堅強。萬物草木之生也柔脆，其死也枯槁。故曰：堅強者死之徒也，柔弱者生之徒也。

　　是以兵強則不勝，木強則烘。強大居下，柔弱居上。

　　最後幾章，有點總結的意思，把落腳點放在了柔弱上頭。

　　本章再次強調柔弱居上的觀點，後面三章，則是柔弱在不同領域的運用。在前面的章節中，已經多次講到柔弱這個主張。無論是水、雌牝、嬰兒的比喻，還是「柔弱勝強」、「天下之至柔／馳騁於天下之至堅」、「弱者／道之用」等表述，都是一脈相承的。

　　在本章中，老子用人和草木作引子講故事。「人之生也柔弱／其死也筋肕堅強」，人活著的時候身體是柔軟的，死後身體就僵硬了。「萬物草木之生也柔脆／其死也枯槁」，路邊的小花小草，看起來很柔軟脆弱，但它們是活的，是有生命的，如果死了，就變成枯枝爛葉了。那麼，是要生還是要死呢？一比較就看得出來。老子那麼注重養生，顯然是要選生。「肕」（ㄖㄣˋ），指肌肉。

　　要生，那就要選擇柔弱。

　　如果選堅強，「兵強則不勝／木強則烘」。一個國家，軍事再強大，也還是不能取得勝利。為什麼呢？可以這麼理解，兵強馬壯，雖然可以取得軍事勝利，但是搞得社會動盪、民不聊生，也不是民心所向，這其實很失敗。而木頭呢，如果強了，要麼「其死也枯槁」了，枯槁的木頭，只能當柴燒，要麼長得太成才，被砍掉做家具了，哪能自由自在於山林、自然生長於田野呢？「烘」，燎也，火燒。

　　老子的結論顯而易見，「強大居下／柔弱居上」，在強大與柔弱之間，

還是柔弱為好呀。

柔弱，不是軟弱，它發源於內心的虛靜、謙下。心底無私天地寬，無欲則剛，不爭而天下莫能與之爭，無有差別之心……這些心理底色，一個都不能少。如果滿嘴的應承，卻並非發自真心，那就只是場面上的作秀，看起來柔軟無比、讓人受用，實則是背離道體的。

柔弱，也不是無能，它在外表現為順自然。心態是積極的，持久地保持生命力和蓬勃向上的力量。與環境是融合的，和其光，同其塵，不吵不衝。言行是恰當的，不強求不亂作為，無為而無不為。

此乃謙謙君子。謙謙有度，和風拂面。

第七十九章
高者抑之：守好王道，要服務他人、成就他人

天之道，猶張弓也，高者抑之，下者舉之；有餘者損之，不足者補之。

故天之道，損有餘而益不足。人之道則不然，損不足而奉有餘。

孰能有餘而有以取奉於天者乎？唯有道者。

是以聖人為而弗有，成功而弗居也，若此其不欲見賢也。

上一章的柔弱居上，具體該怎麼做呢？老子用了搭弓射箭的動作來解釋。

射箭的時候，對準靶心，「高者抑之／下者舉之」，如果瞄高了，就往下壓一壓，如果瞄低了，就往上抬一抬，這也叫「有餘者損之／不足者補之」。這是天之道的核心要旨，也就是順其自然了。

然後開始批評人之道。人之道「損不足而奉有餘」，本來就不夠的，卻還要損傷它，讓它更少。剝奪來的供奉本已很富足的。這是在描述當時的社會現象，老百姓糧食不夠，執政者們還要「取食稅之多」，還要「求生之厚」。對於這樣的人之道，老子是一定要批判的。在這一點上，人之道與天之道是相背離的。

那樣的人之道還是真道嗎？已然不是了！

老子接著說，「孰能有餘而有以取奉於天者乎／唯有道者」。

誰能生活富足了還有意願取法於天呢？舉個通俗點的例子，有錢人願不願意發揚道的精神，奉獻、服務，用自己的財富去幫助還沒有富裕起來的人呢？這樣做，自己的財富是有損失的（損有餘），但卻能讓大家走向更好的道路（益不足）。願意這樣去做的人是有道者，是符合天之道的人。所以，人道要效法天道。

聖人是具備天之道的執政者，他會怎麼做呢？「為而弗有／成功而弗

居也／若此其不欲見賢也」。該做的就去做，但不會占為己有；有成績了，也不會居功至偉。聖人不想張揚、顯擺自己的賢德。

細細想下，聖人都已經是執政者了，有了職務，高高在上，占據了資源高地，本已是有餘的狀態了。如果還去搶占功勞，把大家的努力算到自己的名下，這是不是有損於大家的？這就是損不足了。損不足而奉有餘，那就大大不應該了。

所以，守好天道，要服務他人，成就他人，要全面履職，但求心安。

讓我們靜下心來，品讀一下這段電影旁白。

看到和聽到的，經常會令你們沮喪，世俗是這樣強大，強大到生不出改變它們的念頭來。可是如果有機會提前了解了你們的人生，知道青春也不過只有這些日子，不知你們是否還會在意那些世俗希望你們在意的事情，比如占有什麼，才更榮耀，擁有什麼，才能被愛。

等你們長大，你們會因綠芽冒出土地而喜悅，會對初升的朝陽歡呼跳躍，也會給別人善意和溫暖，但是卻會在讚美別的生命的同時，常常，甚至永遠地忘了自己的珍貴。

願你在被打擊時，記起你的珍貴，抵抗惡意；願你在迷茫時，堅信你的珍貴，愛你所愛，行你所行，聽從你心，無問西東。

第八十章
受邦之垢：居弱處下，能戰勝一切，成為人主

天下莫柔弱於水，而攻堅強者莫之能勝，以其無以易之也。

弱之勝強，柔之勝剛，天下莫弗知也，莫能行也。

是以聖人之言云，曰：「受邦之垢，是謂社稷之主；受邦之不祥，是為天下之王。」正言若反。

本章繼續講柔弱，告誡執政者們要自我約束、自我要求，時常處下。

「天下莫柔弱於水／而攻堅強者莫之能勝」。這是天下不變的道理。對此，天下人都知道，但卻不怎麼去施行。知易行難啊！

但是聖人卻不會這樣。他的觀念正好與世人相反。他說，「受邦之垢／是謂社稷之主／受邦之不祥／是為天下之王」，受得起國家的汙垢和諸多的壞事，就能打下江山、坐擁天下，成為侯王、天子。那麼，哪些是汙垢和壞事情？肯定不是忍辱負重這麼簡單。按照正言若反的提法，那些世人眼中的汙穢和壞事情，卻正是合於道的。比如水「居眾人之所惡」，這算不算汙穢之地？比如不爭，大家都在爭名逐利，老子卻要大家虛靜為上，這算不算不祥（壞事情）？但是，這些卻都是柔弱好過剛強的道理所在。所以，一切下、弱、柔的做法，比如，前面提到的「曲」、「枉」、「窪」、「敝」、「少」、「賤」、「嗇」、「慈」、「儉」、「後」、「孤」、「寡」之類，都算得上詬和不祥了。

這顯然不是普遍意義上的詬和不祥，而老子想要說明的核心依然是謙下、柔弱之義。

讓我們記住那七字箴言——虛靜、謙下、順自然。於潛意識裡、觀念中、言行上都是一致的道，一樣的德，滿滿的正。

第八十章　受邦之垢：居弱處下，能戰勝一切，成為人主

第八十一章
恆與善人：寬宏大度，不苛責於人，向外界展示善意

和大怨，必有餘怨，焉可以為善？

是以聖人執左契，而不以責於人。故有德司契，無德司徹。

夫天道無親，恆與善人。

按照《道德經》帛書版的順序，本章是德經的最後一章，可以理解為在對待民眾方面要守柔，要善待民眾。

「和大怨／必有餘怨／焉可以為善」。如果出現了很大的問題，怨聲載道的，即便花大氣力去調和矛盾、解決問題，最終還是會留有餘怨的。每個人的生活中都可能有類似的經驗，心裡的疙瘩即便解開了，也會留下痕跡。在老子看來，這不是好事情。

什麼才是好事情呢？就是不要讓大怨出現。

所以老子說，在處理官與民的關係時，聖人「執左契／而不以責於人」。「契」，是用竹木製成的「合約」，中間刻橫線，兩邊刻相同的文字，記下財物的名稱、數量等，劈為兩片。左片為左契，刻著負債人姓名，由債權人保存。右片為右契，刻著債權人的姓名，由負債人保存。索物還物時，以兩契相合為憑據。針對這樣的情況，老子說了兩個相反的場景，首先是稱讚的，「有德司契」，執政者們拿著欠條，但是不以此責難老百姓，因為知道百姓生活不易，善待百姓，不會像黃世仁般逼債。也知道逼債逼急了，就要出大怨，局面更加難以收拾和復原。

這是有德的展現。

而無德呢？「無德司徹」。「徹」，雖有治理的意思，但從前後文來講，更可能與「左契」相對應，與收稅有關。《孟子・滕文公上》講：「夏後氏

五十而貢，殷人七十而助，周人百畝而徹，其實皆什一也。」、「徹」，是周代的稅收制度。無德的執政者，只會機械地執行國家稅收制度，不考慮百姓的實際情況，威逼百姓交稅。

對於這正反兩方面的情形，老子做了歸納，「天道無親／恆與善人」。天道無有差別之心，對它而言，任何人都無所謂親疏遠近，所要做的只是時時刻刻地與人為善。這是勸告執政者們守柔要做到不責於人。

人生最難的是不責於人。尤其是在占據優勢的時候，也能做到不咄咄逼人，不仗勢欺人，這是何等寬容大度！何等柔弱謙下！在老子看來，這是最大的善。

與人為善，不是委曲求全，首先得自己立得穩、行得正。

與人為善，也不是和稀泥，做老好人，而是要依於道、行於道。

最後一章，不見總結陳詞的跡象，還是如往昔般娓娓道來、一如既往地淡定從容，講到哪裡是哪裡，說完了就不再寫下去。

說它是戛然而止的休止符，莫不如說是盡興而歇的停頓號，意味悠長，空山迴響……

跟著老子去修行已然完畢，後面的修行之路更長，希望大家能學老用老，以通透的心、無為的法，活出一片藍藍的天。

就此別過，各自安好。

後記

　　一千個人眼中有一千個哈姆雷特。對於《道德經》，也是如此，千人千解。

　　用了十一個月的時間，撲在了《道德經》這五千言上，與老子來了一次親密接觸，生生把神交已久化為了實實在在的思想交流，在一字、一句、一段、一章中體會老子的思想，感悟道的智慧。其間，有一氣呵成、下筆有神的暢快，有被一字卡頓、幾天不能動筆的惆悵，終是打通任督二脈，描畫出了自己心中的老子。寫作的過程，雖有苦樂，更多平和，於我而言，確是一場修行。

　　但我不敢說，這就是老子，只是有心去接近老子的原作、原意。所以，參研前人、翻閱古典，主要有陳鼓應先生《老子注譯及評介》、林語堂先生《老子的智慧》、任繼愈先生《老子繹讀》、張其成先生講讀老子《大道之門》等。同時，力求解老有新意。為此，力爭掌握幾個基礎：

　　第一，基於高明先生《帛書老子校注》考證的版本。也就是說，以帛書甲本、帛書乙本為基，參考王弼本等。帛書本的抄寫時代離《道德經》成書時期更近，衍文和後人的篡改會少些，可能更貼近老子原作。

　　第二，講清一字一句。古人解老，會限於個人的知識面。

　　我們現代有更多的方式了解更多的知識點，為解老學老提供了更寬、更多的視角。比如，我們可以查閱更多的資料，去搞懂某一個字的演繹過程，探求其本義。在老子的時代，所用漢字沒有現代那麼豐富，《道德經》中常有一字多義的用法，弄通字的演變及其本義，可以更好地感受老子的所思所想。尤其是，如果能查找到春秋時期，甚至更早期的文獻，比如《周易》、《詩經》、《韓非子》、《莊子》等中這個字的基本含義，那就更有可能回到老子所處的環境、眼中的世界、心中的期許。

後記

第三，注重段與段之間、章與章之間的邏輯連繫。《道德經》是一部完整的經典，需要從整體的角度去掌握，而不可斷章取義。

老子也是個邏輯嚴謹的人，如果只是逐字逐句地去解老釋老，會破壞其邏輯性。所以，我們要摸索出句與句之間、段與段之間的關聯。從寫作實踐看，這是出新意的有效方法，突破了前人。

第四，在理解文字時，盡量去設想老子在那個時代會遇到、見到的場景。《道德經》的思想，來源於對生活的觀察、對社會的思考。所以不能脫離那個時代的情景。我盡力去設想，用可能是當時的事例，比如堆稻穀、戰爭等，去詮釋，以期觸及老子他老人家的心境。

《道德經》中有哲理，是深邃的思想，我雖盡量以通俗易懂的語言去詮釋，但仍然免不了些微學術的味道，一些表達甚至還略顯晦澀。有的時候，只可意會不可言傳，也難免出現表述不準確或者疏忽、錯誤。對此，懇請讀者朋友理解和諒解。

需要感謝的人很多。家人是第一讀者，給了我很多好的點子和啟發，基本都寫入了書中。朋友的鼓勵也是關鍵，每每提及自己在解老，朋友們都滿是鼓勵和肯定，希望能一睹為快。

感謝家人和朋友們！

更要感謝每一位讀完此書的人。大家與我一路修行，我已十分知足。如果還能在思維方式、工作方法、修身路徑抑或其他的方面給你帶去感悟，那對我就更是極大的鼓勵了。

對於老子的思想該持什麼樣的態度？我的觀點是：可堅信但毋須迷信，因為即便老子有大智慧，他也有自己的局限。

中國人的文化思維是複雜多樣的，比如蘇軾、王陽明、曾國藩這些大家名流，其實都是雜家。所以，對於老子的道，只需掌握其思維和處事方法就好，讓它成為我們價值觀的一部分，甚至可以是核心的那一部分，但毋須沉迷其間，還可以吸納各種思想精髓，兼容並蓄，融會貫通，為我所用。

坦率地講，我個人更喜歡道篇，因為其思想與智慧更加飽滿。德篇，側重於實際操作與應用，只好多在文字上古文今譯。不過這樣也好，更可見老子五千言並非虛言、套話、無厘頭，對我們的生活、工作有實際的作用。在道篇，我們總結了虛靜、謙下、順自然的七字口訣，在德篇，個人偏好以正治國的觀點，正心、正念、正行、正果，如果沒有這個「正」做思想的核心，對道的一切理解，都會走向片面甚至扭曲。

　　人間正道是滄桑，要堅守正道，會有坎坷。在物質利益面前，在功利主義、短期主義環境下，能不能保有「道之所在／雖千萬人吾往矣」的魄力和決心？怎麼守住道體、靈活行道？這是在讀老學老之後更加長久的修行。

　　修行無止境，朋友們須努力。

後記

附錄：《道德經》全文

▌道篇

▶ 第一章

道，可道，非恆道。名，可名，非恆名。

無，名天地之始也；有，名萬物之母也。

故，

恆無，欲以觀其妙；恆有，欲以觀其徼。

兩者同出，異名同謂。

玄之又玄，眾妙之門。

▶ 第二章

天下皆知美之為美，惡矣；皆知善，斯不善矣。

有無相生，難易相成，長短相形，高下相盈，音聲相和，前後相隨，恆也。

聖人居無為之事，行不言之教。

萬物作而弗辭，為而弗恃，成功而弗居。

夫唯弗居，是以弗去。

▶ 第三章

不尚賢，使民不爭；不貴難得之貨，使民不為盜；不見可欲，使民不亂。

是以聖人之治也，虛其心，實其腹，弱其志，強其骨。

恆使民無知無欲也，使夫智不敢。

弗為而已，則無不治矣。

▶ **第四章**

道沖，而用之又弗盈也。

淵兮，似萬物之宗；湛兮，似或存。

吾不知其誰之子也，象帝之先。

▶ **第五章**

天地無仁，以萬物為芻狗；聖人無仁，以百姓為芻狗。

天地之間，其猶橐籥歟？虛而不淈，動而愈出。

多言數窮，不如守沖。

▶ **第六章**

谷神不死，是謂玄牝。

玄牝之門，是謂天地根。

綿綿兮若存，用之不堇。

▶ **第七章**

天長地久。

天地所以能長且久者，以其不自生也，故能長生。

是以聖人後其身而身先，外其身而身存。

不以其無私邪歟，故能成其私。

▶ **第八章**

上善若水。

水善，利萬物而不爭，居眾人之所惡，故幾於道矣。

居善地，心善淵。予善天，言善信，政善治，事善能。動善時。

夫唯不爭，故無尤。

▶ 第九章

持而盈之，不若其已；揣而銳之，不可長葆。

金玉盈室，莫之守也；富貴而驕，自遺咎也。

功遂、身退，天之道也。

▶ 第十章

載營魄抱一，能毋離乎？

搏氣致柔，能嬰兒乎？

滌除玄鑒，能毋疵乎？

愛民治國，能無為乎？

明白四達，能無知乎？

天門開闔，能為雌乎？

▶ 第十一章

三十輻，同一轂，當其無，有車之用也。

埏埴而為器，當其無，有埴器之用也。

鑿戶牖，當其無，有室之用也。

故有之以為利，無之以為用。

▶ 第十二章

五色使人目盲；五音使人耳聾；五味使人口爽；

馳騁畋獵，使人心發狂；難得之貨，使人之行妨。

是以聖人之治也，為腹不為目。

故去彼取此。

▶ 第十三章

寵，辱若驚。

貴，大患若身。

何謂「寵，辱若驚」？寵之為下，得之若驚，失之若驚，是謂寵，辱若驚。

何謂「貴，大患若身」？吾所以有大患者，為吾有身也。

及吾無身，有何患？

故貴，以身為天下，則可以托天下矣；

寵，以身為天下，則可寄天下。

▶ **第十四章**

視之而弗見，名之曰微；聽之而弗聞，名之曰希；揎之而弗得，名之曰夷。此三者不可致詰。

故混而為一，其上不皦，其下不昧，繩繩兮不可名。

復歸於無物，是謂無狀之狀。無物之象，是謂惚恍，隨而不見其後，迎而不見其首。

執今之道，以御今之有，能知古始。

是謂道紀。

▶ **第十五章**

古之善為道者，微妙玄通，深不可識。夫唯不可識，故強為之容：

豫兮其若冬涉水；猶兮其若畏四鄰；儼兮其若客；渙兮其若冰釋；敦兮其若樸；曠兮其若谷；混兮其若濁；望兮其未央哉；澹兮其若海；飂兮若無止。

眾人熙熙，如享於太牢，而春登臺。我泊焉未兆。

俗人昭昭，我獨昏昏。儽儽兮，若無所歸。

俗人察察，我獨悶悶。沌沌兮，如嬰兒之未咳。

眾人皆有餘，而我獨遺。我愚人之心也哉。

眾人皆有以，而我獨頑以鄙。我欲獨異於人，而貴食母。

▶ 第十六章

致虛極也，守靜篤也。

萬物並作，吾以觀其復也。夫物芸芸，各復歸其根。

歸根曰靜，靜是謂復命。復命常也，知常明也。

不知常，妄作凶。知常容，容乃公，公乃全，全乃天，天乃道，道乃久，沒身不殆。

▶ 第十七章

太上，下知有之；其次，親譽之；其次，畏之；其次，侮之。

悠兮，其貴言也，成功遂事，而百姓謂我自然。

▶ 第十八章

故大道廢，有仁義。智慧出，有大偽。六親不和，有孝慈。

國家昏亂，有貞臣。

▶ 第十九章

絕聖棄智，民利百倍；絕仁棄義，民復孝慈；絕巧棄利，盜賊無有。

此三者以為文，不足，故令有所屬：

見素抱樸，少私寡慾，絕學無憂。

▶ 第二十章

唯與阿，其相去幾何？美與惡，其相去若何？人之所畏，亦不可以不畏人。

濁而靜之徐清，安以動之徐生。

保此道，不欲盈。夫唯不欲盈，是以能蔽而不，成。

▶ 第二十一章

道之物，唯恍唯惚。惚兮恍兮，中有象兮；恍兮惚兮，中有物兮。幽兮冥兮，中有精兮；其精甚真，中有信兮。

自今及古，其名不去，以順眾父。吾何以知眾父之然也？
以此。

▶ **第二十二章**

「曲則全，枉則正，窪則盈，敝則新，少則得，多則惑。」

是以聖人抱一，以為天下牧。

不自見，故明；不自是，故彰；不自伐，故有功；不自矜，故長。

夫唯不爭，故莫能與之爭。

古之所謂曲全者，豈語哉？誠全歸之。

▶ **第二十三章**

希言自然。飄風不終朝，暴雨不終日。孰為？天地。天地而弗能久，又況於人乎？

從事於道者，道者同於道，德者同於德；失者同於失。

同於道者，道亦樂得之；同於德者，德亦樂得之；同於失者，失亦樂得之。

信不足，安有不信。

▶ **第二十四章**

企者不立，跨者不行。

自見者不明，自是者不彰，自伐者無功，自矜者不長。

其在道也，曰餘食贅行，物或惡之，故有道者弗居。

▶ **第二十五章**

有物混成，先天地生，寂兮寥兮。獨立而不改，周行而不殆，可以為天地母。

吾未知其名，字之曰道，吾強為之名曰大。大曰逝，逝曰遠，遠曰反。

道大，天大，地大，人亦大。域中有四大，而人居一焉。

人法地，地法天，天法道，道法自然。

▶ 第二十六章

重為輕根，靜為躁君。是以君子終日行不離靜重，雖有榮觀燕處，則超然。

奈何萬乘之王而以身輕於天下。輕則失本，躁則失君。

▶ 第二十七章

善行者無轍跡，善言者無瑕讁，善數者不以籌策，善閉者無關楗而不可啟也，善結者無繩約而不可解也。

是以聖人常善救人，而無棄人；物無棄材。是謂襲明。

故善人者，不善人之師；不善人者，善人之資。

不貴其師，不愛其資。雖知乎大迷。是謂要妙。

▶ 第二十八章

知其雄，守其雌，為天下溪。為天下溪，恆德不離。恆德不離，復歸於嬰兒。

知其白，守其辱，為天下谷。為天下谷，恆德乃足。恆德乃足，復歸於樸。

樸散則為器，聖人用則為官長，夫大制無割。

▶ 第二十九章

將欲取天下而為之，吾見其弗得已。

夫天下神器也，非可為者也。為者敗之，執者失之。

故物或行或隨，或噓或吹，或強或羸，或培或墮，是以聖人去甚，去奢，去泰。

附錄：《道德經》全文

▶ 第三十章

以道佐人主，不以兵強於天下。其事好。

還師之所居，荊棘生之。大軍之後，必有凶年。

善者果而已矣，毋以取強焉。果而毋矜，果而毋伐，果而毋驕，果而毋得已，是謂果而毋強。

物壯則老，是謂之不道。不道早已。

▶ 第三十一章

夫兵者，不祥之器也，物或惡之，故有道者弗居。

君子居則貴左，用兵則貴右。故兵者非君子之器，不祥之器也，不得已而用之，恬淡為上。

勿美也，若美之，是樂殺人也。夫樂殺人，不可以得志於天下矣。

是以吉事尚左，凶事尚右。是以偏將軍居左，上將軍居右，言以喪禮居之也。

殺人眾，以悲哀蒞之。戰勝，以喪禮處之。

▶ 第三十二章

道恆無名樸，唯小，天下莫能臣。

侯王若能守之，萬物將自賓，天地相合，以雨甘露。民莫之令而自均焉。

始制有名，名亦既有，夫亦將知止，知止所以不殆。

譬道之在天下也，猶川谷之於江海也。

▶ 第三十三章

知人者智，自知者明。

勝人者有力，自勝者強。

知足者富，強行者有志。

不失其所者久，死而不亡者壽。

▶ 第三十四章

大道汜兮，其可左右。萬物恃之以生而不辭，功成而不名有。

衣養萬物而不為主，恆無欲，可名於小；萬物歸焉而不為主，可名為大。

是以聖人之能成大也，以其不為大也，故能成大。

▶ 第三十五章

執大象，天下往。往而不害，安平泰。

樂與餌，過客止。

故道之出言，淡乎其無味。視之不足見，聽之不足聞，用之不可既。

▶ 第三十六章

將欲歙之，必故張之；將欲弱之，必故強之；將欲去之，必故舉之；將欲奪之，必故予之。是謂微明。

柔弱勝強。

魚不可脫於淵，邦之利器不可以示人。

▶ 第三十七章

道恆無名。

侯王若守之，萬物將自化。

化而欲作，吾將鎮之以無名之樸。

鎮之以無名之樸，夫將不欲。

不欲以靜，天下將自正。

附錄：《道德經》全文

德篇

▶ 第三十八章

孔德之容，唯道是從。

上德不德，是以有德；下德不失德，是以無德。

上德無為而無以為，上仁為之而無以為，上義為之而有以為，上禮為之而莫之應，則攘臂而扔之。

故失道而後德，失德而後仁，失仁而後義，失義而後禮。

夫禮者，忠信之泊也，而亂之首。

前識者，道之華也，而愚之始。

是以大丈夫處其厚不居其薄，處其實不居其華。故去彼取此。

▶ 第三十九章

昔之得一者，天得一以清，地得一以寧，神得一以靈，谷得一以盈，侯王得一以為天下正。

其誡之也，謂天毋已清將恐裂，地毋已寧將恐發，神毋已靈將恐歇，谷毋已盈將恐竭，侯王毋已貴以高將恐蹶。

故必貴以賤為本，必高以下為基。是以侯王自稱孤、寡、不穀。此其賤之本歟？非也。故至數歟，無歟！

是故不欲祿祿如玉、珞珞如石。

▶ 第四十章

返者，道之動。弱者，道之用。

天下萬物生於有，有生於無。

▶ 第四十一章

上士聞道，勤而行之；中士聞道，若存若亡；下士聞道，大笑之。不笑不足以為道。

故建言有之：「明道如昧，進道如退，夷道如纇。

上德如谷，大白如辱，廣德如不足，健德如偷，質真如渝。大方無隅，大器免成，大音希聲，大象無形。」

道褒無名。夫唯道，善始且善成。

▶ **第四十二章**

道生一，一生二，二生三，三生萬物。萬物負陰而抱陽，沖氣以為和。

人之所惡，唯孤、寡、不穀，而王公以自名也。故物或損之而益，或益之而損。

▶ **第四十三章**

古人之所教，亦我而教人。故「強梁者不得其死」，我將以為教父。天下之至柔，馳騁於天下之至堅。

無有入於無間，吾是以知無為之有益。

不言之教、無為之益，天下希能及之。

▶ **第四十四章**

名與身孰親？身與貨孰多？得與亡孰病？

甚愛必大費，多藏必厚亡。

故知足不辱，知止不殆，可以長久。

▶ **第四十五章**

大成若缺，其用不弊。

大盈若沖，其用不窮。大直若屈。大巧若拙。大辯若訥。

靜勝躁，寒勝熱。清靜為天下正。

▶ **第四十六章**

天下有道，卻走馬以糞。天下無道，戎馬生於郊。

罪莫大於可欲，禍莫大於不知足，咎莫憯於欲得。

故知足之，足恆足矣。

▶ **第四十七章**

不出於戶，以知天下；不窺於牖，以見天道。

其出彌遠者，其知彌尠。

是以聖人不行而知，不見而明，弗為而成。

▶ **第四十八章**

為學者日益，聞道者日損。

損之又損，以至於無為。

無為而無以為，取天下，恆無事，及其有事也，不足以取天下。

▶ **第四十九章**

聖人恆無心，以百姓之心為心。

善者善之，不善者亦善之，得善也。信者信之，不信者亦信之，得信也。

聖人之在天下也，歙歙焉，為天下渾心。百姓皆注其耳目，聖人皆孩之。

▶ **第五十章**

出生入死。生之徒十有三，死之徒十有三。而民生生，動皆之死地之十有三。夫何故也？以其生生也。

蓋聞善攝生者，陵行不避兕虎，入軍不被甲兵。兕無所投其角，虎無所措其爪，兵無所容其刃。夫何故也？以其無死地焉。

▶ 第五十一章

道生之，德畜之，物形之而器成之，是以萬物莫不尊道而貴德。

道之尊、德之貴也，夫莫之爵，而恆自然也。

故道，生之、畜之、長之、育之、亭之、毒之，養之、覆之，生而弗有，為而弗恃，長而弗宰，是謂玄德。

▶ 第五十二章

天下有始，以為天下母。既得其母，以知其子。復守其母，沒身不殆。

塞其兌，閉其門，終身不堇。啟其悶，濟其事，終身不棘。

見小曰明，守柔曰強。用其光，復歸其明，毋遺身央；是謂襲常。

▶ 第五十三章

使我絜有知，行於大道，唯迆是畏。大道甚夷，民甚好徑。

朝甚除，田甚蕪，倉甚虛。服文采，帶利劍，厭飲食，財貨有餘。是謂盜竽，非道也哉。

▶ 第五十四章

善建者不拔，善抱者不脫，子孫以祭祀不絕。

修之身，其德乃真；修之家，其德有餘；修之鄉，其德乃長；修之邦，其德乃豐；修之天下，其德乃博。

以身觀身，以家觀家，以鄉觀鄉，以邦觀邦，以天下觀天下。

吾何以知天下之然哉？以此。

▶ 第五十五章

含德之厚者，比於赤子，蜂蠆虺蛇弗螫，攫鳥猛獸弗搏。

骨弱筋柔而握固。未知牝牡之會而朘怒，精之至也。

終日號而不嗄，和之至也。

知和曰常，益生曰祥，心使氣曰強。

物壯則老，謂之不道，不道早已。

▶ **第五十六章**

知者弗言，言者弗知。

塞其兌，閉其門；和其光，同其塵；挫其銳，解其紛。

是謂玄同。

故不可，得而親，亦不可得，而疏；不可，得而利，亦不可得，而害；不可，得而貴，亦不可得，而賤。故為天下貴。

▶ **第五十七章**

以正治國，以奇用兵，以無事取天下。吾何以知其然也哉？

以此：

夫天下多忌諱，而民彌貧；民多利器，而國家滋昏；人多知巧，而奇物滋起；法物滋彰，而盜賊多有。

是以聖人之言曰：我無為而民自化，我好靜而民自正，我無事而民自富，我欲不欲而民自樸。

▶ **第五十八章**

其政悶悶，其民惇惇；其政察察，其民獪獪。

禍，福之所倚；福，禍之所伏。孰知其極？

其無正也，正復為奇，善復為妖。人之迷，其日固久矣。

是以方而不割，廉而不刺，直而不肆，光而不燿。

▶ **第五十九章**

治人事天莫若嗇。夫唯嗇，是以早服。早服是謂重積德。

重積德則無不克；無不克則莫知其極；莫知其極，可以有國；有國之母，可以長久。

是謂深根固柢，長生久視之道也。

▶ 第六十章

治大國若烹小鮮。

以道蒞天下，其鬼不神；非其鬼不神也，其神不傷人也；非其神不傷人也，聖人亦弗傷也。夫兩不相傷，故德交歸焉。

▶ 第六十一章

大邦者，下流也，天下之牝。

天下之交也，牝恆以靜勝牡。為其靜也，故宜為下也。

大邦以下小邦，則取小邦；小邦以下大邦，則取於大邦。

故或下以取，或下而取。

故大邦者，不過欲兼畜人；小邦者，不過欲入事人。夫皆得其欲，大者宜為下。

▶ 第六十二章

道者，萬物之主也，善人之寶，不善人之所保也。

美言可以市，尊行可以加人。人之不善，何棄之有？

故立天子，置三卿，雖有拱之璧以先駟馬，不若坐而進此。

古之所以貴此道者，何也？不謂求以得、有罪以免歟？故為天下貴。

▶ 第六十三章

為無為，事無事，味無味。

大小，多少。圖難乎？其易也；為大乎？其細也。

天下之難事作於易，天下之大事作於細。是以聖人終不為大，故能成其大。

夫輕諾必寡信，多易必多難。是以聖人猶難之，故終無難矣。

附錄：《道德經》全文

▶ 第六十四章

其安易持，其未兆易謀，其脆易泮，其微易散。為之於其未有，治之於其未亂。

合抱之木，生於毫末。九層之臺，作於虆土。百仞之高，始於足下。為之者敗之，執之者失之。是以聖人無為也，故無敗也，無執也，故無失也。

民之從事也，恆於幾成事而敗之，故慎終若始，則無敗事矣。

是以聖人欲不欲，不貴難得之貨；

學不學，而復眾人之所過，能輔萬物之自然，而弗敢為。

▶ 第六十五章

古之為道者，非以明民也，將以愚之也。

夫民之難治也，以其知也。故以知治國，國之賊也；以不知治國，國之德也。

恆知此兩者，亦稽式也。恆知稽式，是謂玄德。玄德深矣，遠矣，與物反矣，乃至大順。

▶ 第六十六章

江海之所以能為百谷王者，以其善下之，是以能為百谷王。

是以聖人之欲上民也，必以其言下之；其欲先民也，必以其身後之。故居前而民弗害也，居上而民弗重也，天下樂推而不厭也。

不以其無爭歟？故天下莫能與爭。

▶ 第六十七章

小國寡民。

使有十百人之器而勿用，使民重死而遠徙。又有舟車無所乘之，有甲兵無所陳之。

使民復結繩而用之。甘其食，美其服，樂其俗，安其居，鄰國相望，雞犬之聲相聞，民至老死不相往來。

▶ 第六十八章

信言不美，美言不信。知者不博，博者不知。善者不多，多者不善。

聖人無積。既以為人，己愈有；既以予人矣，己愈多。

故天之道，利而不害；人之道，為而弗爭。

▶ 第六十九章

天下皆謂我道大，大而不肖。夫唯不肖，故能大。

若肖，久矣其細也夫。

我恆有三寶，持而保之。一曰慈，二曰儉，三曰不敢為天下先。

夫慈，故能勇；儉，故能廣；不敢為天下先，故能為器長。

今舍其慈，且勇；舍其儉，且廣；舍其後，且先；則死矣。

夫慈，以戰則勝，以守則固。天將建之，如以慈垣之。

▶ 第七十章

善為士者不武，善戰者不怒；善勝敵者弗與，善用人者為之下。是謂不爭之德。

是謂用人，是謂配天，古之極也。

▶ 第七十一章

用兵有言曰：「吾不敢為主而為客，不敢進寸而退尺。是謂行無行，攘無臂，執無兵，乃無敵。」

禍莫大於無敵，無敵近忘吾寶矣。故抗兵相若，而哀者勝矣。

▶ 第七十二章

吾言甚易知也，甚易行也。而天下莫之能知也，莫之能行也。

言有宗，事有君。夫唯無知也，是以不我知。

知我者希，則我貴矣。是以聖人被褐而懷玉。

附錄：《道德經》全文

▶ **第七十三章**

知不知，尚矣；不知知，病矣。

是以聖人之不病，以其病病，是以不病。

▶ **第七十四章**

民之不畏畏，則大畏將至矣。

毋狹其所居，毋厭其所生。夫唯弗厭，是以不厭。

是以聖人自知而不自見，自愛而不自貴也。故去彼取此。

▶ **第七十五章**

勇於敢則殺，勇於不敢則活。此兩者，或利或害。天之所惡，孰知其故？

天之道，不戰而善勝，不言而善應，不召而自來，坦而善謀。

天網恢恢，疏而不失。

▶ **第七十六章**

若民恆且不畏死，奈何以殺懼之也？若民恆且畏死，而為奇者吾得而殺之，夫孰敢矣！

若民恆且必畏死，則恆有司殺者。夫代司殺者殺，是代大匠斲也。夫代大匠斲者，則希不傷其手矣。

▶ **第七十七章**

人之飢也，以其取食稅之多也，是以飢。百姓之不治也，以其上有以為也，是以不治。民之輕死也，以其求生之厚也，是以輕死。

夫唯無以生為者，是賢貴生。

▶ **第七十八章**

人之生也柔弱，其死也筋肕堅強。萬物草木之生也柔脆，其死也枯槁。故日：堅強者死之徒也，柔弱者生之徒也。

是以兵強則不勝，木強則烘。強大居下，柔弱居上。

▶ 第七十九章

天之道，猶張弓也，高者抑之，下者舉之；有餘者損之，不足者補之。

故天之道，損有餘而益不足。人之道則不然，損不足而奉有餘。

孰能有餘而有以取奉於天者乎？唯有道者。

是以聖人為而弗有，成功而弗居也，若此其不欲見賢也。

▶ 第八十章

天下莫柔弱於水，而攻堅強者莫之能勝，以其無以易之也。

弱之勝強，柔之勝剛，天下莫弗知也，莫能行也。

是以聖人之言云，曰：「受邦之垢，是謂社稷之主；受邦之不祥，是為天下之王。」正言若反。

▶ 第八十一章

和大怨，必有餘怨，焉可以為善？

是以聖人執左契，而不以責於人。故有德司契，無德司徹。

夫天道無親，恆與善人。

跟著老子去修行，用「道」闖關升級：

無止盡的貪欲、人性間的猜疑、勾心鬥角的職場……以不變應萬變，做最真實的自己

作　者：楊煜萍

發 行 人：黃振庭

出 版 者：崧燁文化事業有限公司

發 行 者：崧燁文化事業有限公司

E-mail：sonbookservice@gmail.com

粉 絲 頁：https://www.facebook.com/
　　　　　sonbookss/

網　址：https://sonbook.net/

地　址：台北市中正區重慶南路一段六十一號八
　　　　樓 815 室

Rm. 815, 8F., No.61, Sec. 1, Chongqing S. Rd.,
Zhongzheng Dist., Taipei City 100, Taiwan

電　話：(02)2370-3310

傳　真：(02)2388-1990

印　刷：京峯數位服務有限公司

律師顧問：廣華律師事務所 張珮琦律師

定　價：550 元

發行日期：2024 年 01 月第一版

◎本書以 POD 印製
Design Assets from Freepik.com

國家圖書館出版品預行編目資料

跟著老子去修行，用「道」闖關升
級：無止盡的貪欲、人性間的猜
疑、勾心鬥角的職場……以不變
應萬變，做最真實的自己 / 楊煜萍
著 . -- 第一版 . -- 臺北市：崧燁文
化事業有限公司 , 2024.01
面；　公分
POD 版
ISBN 978-626-357-887-6(平裝)
1.CST: 道德經 2.CST: 研究考訂
121.317　112020806

電子書購買

臉書

爽讀 APP